1917 РЕВОЛ

Revolution

Russland und Europa

Herausgegeben von
Julia Franke, Kristiane Janeke und Arnulf Scriba
für das Deutsche Historische Museum

SANDSTEIN VERLAG

Das Deutsche Historische Museum
dankt der Ernst von Siemens Kunststiftung
für die großzügige Unterstützung
bei der Realisierung der Ausstellung.

Inhalt

Vorwort

«Wie soll man die Ereignisse schildern? Wo die Worte hernehmen, um den begeisterten Irrsinn der nächtlichen Versammlungen im Taurischen Palais festzuhalten, nach denen wir in gespenstisch weißen Nächten heimgingen, und jene blutroten Nebel des ‹Oktober›?»

Die Worte fehlten ihm dann doch nicht: Der russisch-deutsch-litauische Philosoph, Historiker und Schriftsteller Fedor Stepun war ein historisch gebildeter und in die Ereignisse tief verstrickter Zeitzeuge, wie es keinen Zweiten gibt. Er diente in der entscheidenden Phase des Ersten Weltkrieges als Artillerieoffizier der zaristischen Armee und fungierte 1917 gar, wenn auch notgedrungen recht kurz, als Leiter der politischen Verwaltung im Kriegsministerium unter Alexander F. Kerenski.

In seinen autobiografischen Schriften finden wir beides: das Leiden der Menschen im leichtfertig vom Zaun gebrochenen Weltkrieg, aber auch den unbestechlichen Blick auf die entsetzlichen, aller Befreiung Hohn sprechenden Begleiterscheinungen der Revolutionen – der nur vor diesem Leidenshintergrund verstehbaren Revolutionen gegen die autokratische Zarenherrschaft. Schon die erste Revolution während des Weltkrieges, die Februarrevolution 1917, mochte Stepun nicht. Und doch hörte er von ihr «mit freudigen Gefühlen: Endlich war über der ausweglosen Trübsal des sich von innen zersetzenden Krieges das Licht eines Auswegs erschienen.»

Aber die neue Provisorische Regierung verkannte die Zeichen der Zeit. Sie missachtete den Wunsch der Bauern und Soldaten nach Frieden, Land und Brot. Mit dem Sturz der Romanows jedoch oder der gesetzlichen Etablierung bürgerlicher Grund- und Freiheitsrechte allein war es nicht getan – und mit einer Fortführung des Krieges auf Seiten der Alliierten schon gar nicht.

Was folgte, und mit der Machtübernahme der Bolschewiki – der Avantgarde eines freilich im Land kaum vorhandenen Proletariats – ab dem Herbst 1917 seinen Fortgang nahm, verhieß nichts Gutes. Gewiss, eine neue, revolutionäre Gesellschaft, ja, ein «Neuer Mensch» – das waren Ziele, die insbesondere in den städtischen Bevölkerungen und unter ihnen wiederum vor allem unter Intellektuellen und Künstlern auf Zustimmung stießen. Aber gerade Menschen dieser Professionen gehörten auch zu den frühen hellsichtigen Kritikern der Revolution. «Mit jeglicher Revolution ist es längst vorbei», vermerkte bereits im Dezember 1918 die in St. Petersburg lebende symbolistische Lyrikerin und Schriftstellerin Sinaida N. Hippius in ihrem Tagebuch. «Wann genau das passiert ist, weiß ich nicht. Unser ‹Heute› ist in keiner Hinsicht eine Revolution. Nicht nur das, es ist ein ganz gewöhnlicher FRIEDHOF.»

Was wir von Stepun und Hippius – und vielen anderen Zeugen der Ereignisse – erfahren können, eröffnet einen authentischen Blick auf die Hoffnungen, die viele Russen mit dem Umsturz verbanden, aber es vermittelt auch einen Eindruck von den Folgen der Februar- und Oktoberrevolution. Es ist dieser oft widersprüchliche Zusammenhang zwischen dem Gewollten und dessen Umsetzungen, der insbesondere der Oktoberrevolution von Anfang an eingeschrieben war.

Die Utopie großer Ziele und die Realität der zunehmenden Gewaltexzesse bestimmten auch die Außenwahrnehmung. Was liegt da näher, in der dafür idealen

Form einer Ausstellung nicht allein nach der Vorgeschichte der Revolutionen im Zarenreich und ihren Verläufen zwischen Aufstand und Bürgerkrieg zu fragen – sondern auch und vor allem nach ihren Ausstrahlungen in Europa. Darin liegt der Kern dieser Ausstellung. Der «Aufbruch in ein Niemandsland der Geschichte», als den Gerd Koenen einmal die Oktoberrevolution charakterisierte, hat in Russland, in der daraus entstandenen Sowjetunion, aber auch im Nachkriegseuropa zweier Weltkriege epochale Veränderungen im politischen und mentalen Haushalt der Staaten hinterlassen.

Unsere Ausstellung nimmt deren Spuren auf und bringt sie zur Anschauung. Sie bildet damit zugleich eine ideale Ergänzung zur Ausstellung «1917 Revolution. Russland und die Schweiz», die bis zum 25. Juni dieses Jahres im Schweizerischen Nationalmuseum in Zürich überaus erfolgreich präsentiert werden konnte. Und ähnlich wie in Zürich sind auch wir in Berlin – nicht zuletzt dank der gelungenen Kooperation unserer beiden Museen – einer Vielzahl von Menschen und Institutionen zu Dank verpflichtet.

Mein erster Dank gilt Ulrike Kretzschmar, die das Projekt nicht nur als Abteilungsdirektorin Ausstellungen auf den Weg gebracht und mit Erfolg umgesetzt, sondern es bis April 2017 auch als Präsidentin a. i. begleitet hat. Für das Zustandekommen der Ausstellung und ihres begleitenden Katalogs gilt mein Dank dem Projektleiter Arnulf Scriba, den Kuratorinnen Julia Franke und Kristiane Janeke sowie der Projektassistentin Susanne Narock. Konstruktiv beraten wurden sie von einem versierten Fachbeirat, dem mit Helmut Altrichter, Jörg Baberowski, Stefan Karner, Horst Möller, Igor Narskij, Werner Plumpe, Martin Sabrow und Jutta Scherrer Expertinnen und Experten aus universitärer Forschung und aus Museen angehörten. Nadine Rasche und Werner Schulte danke ich für die Ausstellungsgestaltung, Regina Gelbert für die Betreuung des Leihverkehrs, Mirko Kubein für die Medientechnik, Manuela Itzigehl und Nathalie Scholz für das Controlling, Boris Nitzsche, Hanna Nogossek, Nicola Schnell, Peter Schützhold, Sonja Trautmann und Barbara Wolf für die Presse- und Öffentlichkeitsarbeit sowie Ilka Linz und Wanda Löwe für die Betreuung des Katalogs und das Lektorat. Danken möchte ich auch Patrick Helber, Nathanael Kuck, Friedrun Portele-Anyangbe und Brigitte Vogel-Janotta vom Fachbereich Bildung und Vermittlung sowie der Wissenschaftlichen Volontärin Melanie Huchler für die Umsetzung der Inklusiven Stationen. Mein Dank gebührt ebenfalls den Mitarbeiterinnen und Mitarbeitern der Werkstätten und der Restaurierung unter der Leitung von Nicholas Kaloplastos bzw. Martina Homolka sowie den Sammlungsleiterinnen und Sammlungsleitern des Deutschen Historischen Museums für die fachliche Beratung und Unterstützung bei der Auswahl der in der Ausstellung präsentierten Objekte unseres Hauses. Nicht zuletzt bin ich all jenen Museen, Archiven, Bibliotheken und Privatsammlern zu Dank verpflichtet, die mit ihren Leihgaben zur erfolgreichen Umsetzung der Ausstellung beigetragen haben.

Raphael Gross

Einführung

Vor 100 Jahren erlebte Russland einen gesellschaftlichen und politischen Umbruch, der die Welt verändern sollte: Erst wurde der Zar gestürzt, dann übernahmen Wladimir I. Lenin und mit ihm die Bolschewiki die Macht, die sie in einem blutigen Bürgerkrieg verteidigten. Am Ende dieses Prozesses war aus der Monarchie des russischen Imperiums die Union der Sozialistischen Sowjetrepubliken (UdSSR) geworden.

Welche Bedeutung hat die Russische Revolution heute noch? Mit dieser Frage beginnt die Ausstellung im Deutschen Historischen Museum anlässlich des 100. Jahrestages. Verschiedene Antworten darauf geben zehn Persönlichkeiten aus Deutschland und Russland, bevor sich die Besucherinnen und Besucher selbst ein Bild von den Ereignissen und ihren Folgen im Spiegel ebenso unterschiedlicher wie einzigartiger Exponate aus Russland, Deutschland und weiteren europäischen Ländern machen können.

Das Deutsche Historische Museum widmet der Revolution in Russland eine Sonderausstellung, um sie als Ereignis von welthistorischer Bedeutung ins Gedächtnis zu rufen. Sie war der Ausgangspunkt für den Aufstieg der Sowjetunion zur Weltmacht und hat das gesamte 20. Jahrhundert geprägt. Bis heute sind die Auswirkungen in Russland und den umliegenden Regionen ebenso wie in den Strukturen der internationalen Gemeinschaft zu spüren. Darüber hinaus hatte der erste Versuch, einen sozialistischen Staat aufzubauen, in dem soziale Gerechtigkeit und politische Gleichheit herrschen sollten, erhebliche und nachhaltige internationale Wirkungen.

Das Ziel, durch eine «Weltrevolution» auch jenseits russischer Grenzen den Umsturz in anderen Staaten zu erwirken, sowie die Rezeption der Revolution in vielen Ländern der Welt haben deren Entwicklung teilweise langfristig beeinflusst. Davon betroffen ist insbesondere auch die deutsche Geschichte: Zwar waren die Blockbildung in der zweiten Hälfte des 20. Jahrhunderts und damit die Teilung Deutschlands erst eine Folge des Zweiten Weltkrieges, doch die Russische Revolution war zweifellos eine Wegbereiterin der Polarisierung der politischen Systeme. Dies bilden auch die Sammlungen des Deutschen Historischen Museums ab, zu denen die Bestände des Museums für Deutsche Geschichte (MfDG) in der DDR gehören. Sie zeugen von der herausragenden Bedeutung der «Großen Sozialistischen Oktoberrevolution» für den Gründungsmythos des ostdeutschen Staates.

Das welthistorische Ereignis und seine Auswirkungen sind die beiden Schwerpunkte der Ausstellung «1917. Revolution. Russland und Europa»: Sie führt den Besucher durch die Geschichte der Revolution und verdeutlicht deren weitreichende Folgen. Dabei betont die Ausstellung sowohl die Komplexität der Ereignisse als auch deren Ambivalenz und zeigt, dass es «die Revolution» nicht gegeben hat, sondern vielmehr verschiedene, zeitlich versetzte oder parallele, teilweise widersprüchliche revolutionäre Prozesse, in denen soziale, politische und nationale Gruppen versuchten, ihre unterschiedlichen Ziele durchzusetzen. Ebenso vielfältig und disparat waren die Reaktionen in anderen Staaten Europas. Darüber hinaus gilt es, die Diskrepanz von Anspruch und Umsetzung, Utopie und Realität sowie Aktion und Reaktion sowohl in der innerrussischen Entwicklung als auch bei der Ausbreitung und Rezeption kommunistischer Ideen herauszustellen. Emanzipatorischem und künstlerischem Potential standen von Beginn an Terror, Gewalt und Repression gegenüber. Diese scheinbaren Gegensätze gehören zusammen und sind nicht voneinander zu trennen.

Vor diesem Hintergrund wählten wir eine Multiperspektivität, aus der für die Besucherinnen und Besucher ein – wenngleich auch immer unvollständiges – Gesamtbild entstehen kann. Die Ausstellung folgt keiner in sich geschlossenen, linearen Erzählung der Revolution und ihrer Wirkungen, sondern einem offenen Zugang, der geeignet ist, unterschiedliche Perspektiven und Interpretationen zu berücksichtigen. Sie dokumentiert den Verlauf der historischen Ereignisse in einem chronologischen Rundgang mit thematischen, ereignis- und biografiegeschichtlichen Vertiefungen und Verdichtungen. Damit ist auch der Besucher aufgefordert, sich aktiv mit verschiedenen Zugängen zum Thema auseinanderzusetzen.

Sie beginnt mit einem Panorama der russischen Gesellschaft am Ende des 19. und zu Beginn des 20. Jahrhunderts. Bäuerliche Kleidung oder Luxusgegenstände des Adels zeugen von den Spannungen und Konflikten in Politik und Gesellschaft, die der Erste Weltkrieg noch einmal verschärfte. Zugleich entfaltete sich vor dem Hintergrund der Errungenschaften der Revolution von 1905 bis 1907 ein vielschichtiges und vergleichsweise freies politisches Leben; Kunst und Kultur erlebten eine Blütezeit. Davon zeugen eine Wahlurne zum ersten Parlament oder Kunstwerke der russischen Avantgarde.

Die Ausstellung beleuchtet die revolutionären Umwälzungen, also die vielfach miteinander verwobenen politischen, sozialen, wirtschaftlichen und militärischen Aspekte, die letztlich zum Sturz der Monarchie und zum Systemwechsel geführt haben. Im Fokus steht der Prozess revolutionärer Ereignisse von der Februarrevolution 1917 über den Umsturz der Bolschewiki im Oktober bis zu einem mehrjährigen Bürgerkrieg, der die Revolution erst zu einem Abschluss gebracht und die Umsetzung ihrer Ziele ermöglicht hat. Während sich die Februarrevolution durch zahlreiche materielle Hinterlassenschaften und (bewegte) Bilder dokumentieren lässt, hat sich die Oktoberrevolution unmittelbar nur in Flugblättern und Druckschriften manifestiert.

Eine Folge der Revolution ist die Gründung der Sowjetunion 1922, die am Ende der revolutionären Umwälzungen stand. Diese brachte erhebliche territoriale Veränderungen an den neuen Außengrenzen mit sich. Im Innern bestimmten die Kommunistische Partei und das Ziel der «Weltrevolution», aber auch Emanzipation vormals benachteiligter sozialer Gruppen und das Konzept des «Neuen Menschen» die Gesellschaft, was Plakate zu breit angelegten Bildungskampagnen, zur veränderten Rolle der Frau oder architektonische Entwürfe für kommunales Wohnen verdeutlichen. Zum Aufbau der neuen Gesellschaft gehörten aber auch Terror und Repressionsmaßnahmen gegen all jene, die sich dem neuen System widersetzten. Emanzipation und Gewalt waren für die Revolutionäre von Anfang an untrennbar miteinander verbunden.

Die Revolution und der Regimewechsel in Russland stießen weltweit auf Resonanz: auf Zustimmung wie Ablehnung. Es gehörte zu den Zielen der Bolschewiki, die Revolution über nationale Grenzen hinaus in andere Länder zu tragen, um dort einen Übergang der Gesellschaften zum Sozialismus und Kommunismus zu befördern. Die Bolschewiki unterstützten daher kommunistische Bewegungen und

Aufstände, die Gründung kommunistischer Parteien sowie nationale Befreiungsbewegungen mit dem Ziel, die alten Gesellschaften zu destabilisieren und nach russisch-sowjetischem Vorbild umzugestalten. Die mit der erfolgreichen Verbreitung der Ideen des Bolschewismus bzw. der Gründung kommunistischer Parteien verbundene Stärkung der Arbeiterbewegung forderte wiederum die bürgerlich-konservativen Kräfte sowie die etablierten und neu entstandenen demokratischen Parteien und Regierungen in Europa zu einer klaren Positionierung heraus.

Die Ausstellung präsentiert anhand von thematischen Schlaglichtern die unterschiedlichen Reaktionen auf das erste kommunistische Land der Welt. Diese lassen sich exemplarisch an sechs europäischen Staaten verdeutlichen: Deutschland, Ungarn, Polen, Italien, Großbritannien und Frankreich. Von besonderer Bedeutung war dabei die Frage, wie der Erste Weltkrieg für die ausgewählten Länder zu Ende ging – mit Siegen oder Niederlagen, dem Zusammenbruch ihrer Großreiche oder Revolutionswirren –, denn dies war ein wesentlicher Hintergrund für die Wahrnehmung der Revolution in Europa. Im Fokus der europäischen Rezeption stehen sowohl Verliererstaaten als auch Siegermächte des Ersten Weltkrieges in West-, Mittel- und Osteuropa, eher agrarisch geprägte, aber auch weit industrialisierte Länder, konsolidierte ebenso wie nach Kriegsende 1918 neu gegründete Nationalstaaten.

Alle vorgestellten länderspezifischen Reaktionen eint eine starke Gegenreaktion: die Entstehung eines Antibolschewismus, der oft mit einer dezidiert antisemitischen Grundhaltung verknüpft war und häufig zu einer Legitimation für die Ausübung von Gewalt im 20. Jahrhundert wurde. Bildgewaltige Plakate zeugen von der Violenz und propagandistischen Verwendung dieses Ideologems. Eine weitere, unmittelbare Folge der russischen Revolution waren verschiedene Migrationsbewegungen. Nach dem Zusammenbruch der russischen Monarchie flohen viele Menschen vor Krieg und Gewalt sowie den veränderten Lebensumständen aus ihrer Heimat oder wurden vertrieben. Die Ausstellung wirft einen Blick auf die Lebenswege russischer Exilantinnen und Exilanten und wechselt damit auf die Ebene mikrohistorischer Erzählung und bettet diese in die Geschichte der Emigration aus Russland ein. So verdeutlicht die Geschichte einer Bibel auch die Kontinente übergreifenden Wege, die Menschen wie Dinge nach der Revolution zurückgelegt haben. Umgekehrt übte die 1922 gegründete Sowjetunion eine große Faszination auf Architekten, Intellektuelle und Kulturschaffende aus und wurde zu einem Projektionsfeld neuer Ideen und gesellschaftlicher Hoffnungen. Das Gemälde *Rote Metropole* zeugt von der Begeisterung des Künstlers Heinrich Vogeler für den neu gegründeten Staat. In den 1930er Jahren schließlich sahen sich deutsche Kommunisten aufgrund der Repressionen durch die Nationalsozialisten gezwungen, Deutschland zu verlassen, und fanden u. a. Aufnahme in der Sowjetunion.

Das Ende des Rundganges markieren Kunstwerke und Zitate, die Gedankenanstöße und Impulse für eine Auseinandersetzung mit verschiedenen Interpretationen der Russischen Revolution anbieten und die Besucher in die Gegenwart führen. Sie greifen erneut die Frage auf, welche Bedeutung die Revolution heute noch hat – womit der Bogen zum Beginn der Ausstellung gespannt ist.

Julia Franke, Kristiane Janeke

Lenin-Denkmal
Matwej G. Maniser (1891–1966)
Sowjetunion, 1925
Deutsches Historisches Museum, Berlin,
Dauerleihgabe der Stadtverwaltung
Lutherstadt Eisleben

Dieses frühe Denkmal für den russischen Revolutionsführer wurde 1926
in Puschkin bei Leningrad aufgestellt.
Einer Legende zufolge forderte die
deutsche Wehrmacht während des
Zweiten Weltkrieges die örtliche Bevölkerung auf, entweder das Lenin-Denkmal oder die Kirchenglocken zu opfern,
um sie als dringend benötigtes Metall
für die Kriegsproduktion einzuschmel-
zen. Die Bevölkerung entschied sich
für das Denkmal, und so wurde die
Skulptur nach Eisleben abtransportiert.
Da die Statue für den Schmelzofen aber
offenbar zu groß war, überdauerte sie
den Krieg. Rund zwei Monate nach
Kriegsende erfolgte in Eisleben ein
Wechsel der Besatzungstruppen von
der US-Armee zur Roten Armee. Um
diese zu begrüßen, ließ die Stadt die
Statue am 2. Juli 1945 auf dem Markt-
platz aufstellen. Die Sowjetunion soll
von dieser Geste so gerührt gewesen
sein, dass sie die Statue in einer offiziellen Zeremonie im Beisein von Walter
Ulbricht am 1. Mai 1948 der Stadt Eisleben schenkte. Nach der Deutschen
Einheit entschied der Eislebener Stadt-
rat die Demontage des Lenin-Denk-
mals, das daraufhin 1991 als Dauerleihgabe in das Deutsche Historische
Museum gelangte. *KJ*

Die Russische Revolution 1917–1921

Anfang 1917, mitten im Ersten Weltkrieg, stürzten Hungerunruhen und Massenstreiks in der russischen Hauptstadt St. Petersburg, die sich seit Kriegsbeginn 1914 Petrograd nannte, die zarische Autokratie. Die Dynastie der Romanows, die noch wenige Jahre zuvor glanzvoll ihr 300-jähriges Thronjubiläum gefeiert hatte und über ein Vielvölkerreich herrschte, das von der Ostsee bis zum Pazifik, vom Nordmeer bis zum Schwarzen Meer und nach Mittelasien reichte, dankte ab. Eine Provisorische Regierung, hinter der die Mehrheit der *Duma*, der Parlamentsabgeordneten, stand, übernahm die Führung der Staatsgeschäfte. Sie verkündete die bürgerlichen Grund- und Freiheitsrechte und versprach die Einberufung einer Verfassunggebenden Versammlung auf der Grundlage freier, gleicher und geheimer Wahlen. Doch die neue Regierung, obwohl mehrfach umgebildet, bekam das Geschehen auf der Straße und draußen im Lande nicht in den Griff; mit der Ungeduld wuchs das Chaos.

Schlange vor einem Lebensmittelgeschäft
Tomsk, 1917
Staatliches Museum für Zeitgenössische
Geschichte Russlands, Moskau

Die sich ausbreitende Anarchie machten sich im Herbst 1917 die Bolschewiki, die radikalen Anhänger Wladimir I. Lenins, zunutze. Sie stürzten in einem bewaffneten Aufstand die Provisorische Regierung und riefen eine sozialistische Räterepublik aus: Nun sollten die Banken verstaatlicht, das Land des Adels, der Kirche und der Krone nationalisiert, in den Fabriken und Betrieben eine umfassende Arbeiterkontrolle eingeführt und sofort Frieden geschlossen werden. Alle Staatsgewalt war auf die «Räte» (russisch: *sowety*, eingedeutscht: Sowjets) zu übertragen, die sich basisdemokratisch auf die Interessenvertretung der Arbeiter und Soldaten stützten, die weder ein stehendes Heer noch ein Berufsbeamtentum brauchten und den alten Polizei- und Justizapparat abschaffen würden. In einer Flut von Dekreten versuchte die neue Führung, dieses Sofortprogramm umzusetzen.

Zwar war Russland noch immer ein Land der Bauern, die Industriearbeiterschaft eine kleine Minderheit. Doch die neue Führung setzte darauf, dass der «Funke» der Revolution von Russland auf die fortgeschritteneren Staaten Westeuropas (Deutschland, Großbritannien, Frankreich) überspringen, die Dinge «im Weltmaßstab» wieder zurechtrücken, eine proletarische «Weltrevolution» auslösen werde. Insofern war die bolschewistische Revolution auch eine Kampfansage an die Regierungen der kapitalistischen Staaten des Westens, denen man den Untergang voraussagte. Mit dieser politischen Zielsetzung wurde im März 1919 in Moskau eine «Kommunistische Internationale» ins Leben gerufen, ein weltweiter Zusammenschluss aller kommunistischen Parteien.

Selbst wenn die erwartete «Weltrevolution» vorläufig – und wie sich zeigen sollte: auf Dauer – ausblieb: Die bolschewistische Politik trieb das Land in einen blutigen Bürgerkrieg, in dem sich Gegenregierungen bildeten, auswärtige Mächte (Großbritannien, Deutschland, Frankreich, Japan und die USA) intervenierten, in dem «Rote» gegen «Weiße», Stadt gegen Land, Peripherie gegen Zentrum kämpften, Terror mit Terror beantwortet und manche Region mehrfach von den wechselnden Fronten überrollt wurde, marodierende Soldaten die Zivilbevölkerung drangsalierten und massakrierten, Hunderttausende in antijüdischen Pogromen umkamen, mehr als eine Million Menschen von Seuchen und Epidemien dahingerafft wurden. Die Grundschwäche der Gegner war, dass sie nie eine politische Einheit bildeten; sie brachten die Bolschewiki zwar mehrfach an den Rand einer Niederlage, letztendlich aber obsiegte die Rote Armee. Dem Sieg folgte eine Hungerkatastrophe, der erneut Millionen Menschen zum Opfer fielen.

Diese Ereignisse haben nicht nur Russland, sie haben für die kommenden Jahrzehnte auch Europa und die Welt tiefgreifend verändert: als Herausforderung und Verheißung für alle, die im bolschewistischen Vorgehen und im sowjetischen System ein Vorbild sahen, als Warnung und verhängnisvolle Weichenstellung aus der Sicht seiner Gegner. Dabei rückten unterschiedliche Phasen und Aspekte des komplexen Gesamtgeschehens in den Mittelpunkt: die politische, «bürgerliche» Februarrevolution und ihr Scheitern als Vorspiel oder verpasste Chance einer anderen, friedlicheren Entwicklung Russlands; der bolschewistische Oktoberaufstand, die ihm folgende soziale Revolution und der Bürgerkrieg als Versuche, eine bessere, gerechtere, sozialistische Gesellschaft zu schaffen und zu verteidigen bzw. als das Abgleiten in ein totalitäres Gewaltregime, das die politische Kultur des Staates nachhaltig prägte; der nationale Sezessionsprozess, in dem sich nichtrussische Randgebiete aus der Konkursmasse des Zarenreiches zu lösen versuchten, als Anfang und Gründungsmythos der nationalen Eigenstaatlichkeit. Der überwiegende Teil der Bevölkerung dürfte die Jahre der Revolution und des Bürgerkrieges vor allem als Orgie von Tod, Hunger und Gewalt erlebt haben, viele Egodokumente und literarische Zeugnisse erzählen davon. Ganz anders erlebten sie freilich jene Künstler und Intellektuellen, die die Revolution als den langersehnten «Aufbruch in eine neue Zeit» feierten, die das Alte, das Überkommene, wenn auch gewaltsam, überwand und eine neue Gesellschaft, eine neue Kultur, eine neue Kunst, einen Neuen Menschen versprach. So unterschiedlich wie die «Bilder» der Revolution waren die Erinnerungskulturen, die darauf aufbauten und sie zu Meistererzählungen verbanden.[1] Was sollte man zu den Hintergründen dieser «Revolutionsbilder» wissen?

Die Februarrevolution, ihre Vorgeschichte und ihr Scheitern

1917 befand sich Russland im vierten Kriegsjahr. Die patriotische Stimmung, die im Sommer 1914 geherrscht hatte, hatte nicht lange vorgehalten. Der militärische Vorstoß nach Westen kam schon im Herbst zum Stehen, seit 1915 waren die Fronten festgefahren. Bis Anfang dieses Jahres hatte die Armee bereits 1,8 Millionen Mann an Toten, Verwundeten und Kriegsgefangenen verloren. Die zwei Millionen Neurekrutierten, die sie ersetzen sollten, erhielten nur noch eine Grundausbildung von wenigen Wochen. Auch ihre Bewaffnung blieb mangelhaft, weil die militärische Führung nur für einen kurzen Krieg geplant hatte. Sie verstärkten in der Armee das demokratische, radikale, rebellische Potential, und damit die Zahl jener, die nicht mehr bereit waren, nur noch in den Kategorien von Befehl und Gehorsam zu denken.

Je länger der Krieg dauerte, um so deutlicher wurde, dass auch die Wirtschaft darauf nicht vorbereitet war. Selbst in kriegswichtigen Bereichen wie Kohle und Stahl kam es rasch zu empfindlichen Engpässen. Zwar konnten manche Lücken unter Aufbietung aller Kräfte geschlossen, zivile Unternehmen auf militärische Produktion umgestellt werden. Doch andere Engpässe blieben, und jede Anstrengung in einem Bereich lief Gefahr, umso größere Löcher in anderen Bereichen zu reißen. Da die Devise hieß: «Alles für die Armee», bekam die Zivilbevölkerung die Ausfälle besonders deutlich zu spüren. Mit der Not stieg – seit 1915 – die Protestbereitschaft, die Zahl der Demonstrationen und Streiks. Lange Schlangen vor den Geschäften gehörten schon im zweiten Kriegsjahr zum Alltag, wobei es bald ebenso zur täglichen Erfahrung wurde, dass die zur Verfügung stehenden Waren zur Versorgung aller Wartenden nicht reichten. So gewann der Hunger jene Bedeutung, die ihn zum tragenden Element der Oppositionsbewegung werden ließ.

Auch im Parlament, der *Duma*, wuchs der Unmut. Die Mehrheit schloss sich zu einem interfraktionellen «Block» zusammen und forderte im Spätsommer 1915 öffentlich Reformen. Die Forderungen umfassten: eine Regierung, die sich auf das Vertrauen des Volkes stützen könne; die Abkehr von einer Regierungspraxis, die sich gegen jede eigenständige Tätigkeit der Gesellschaft wende; wer aus politischen oder religiösen Gründen inhaftiert worden war, sollte amnestiert werden; die Schikanen gegen Polen, Juden und Ukrainer müssten endlich aufhören; die Legalisierung von Gewerkschaften und die Zulassung von Arbeiterzeitungen waren weitere Punkte. Der Opposition des Parlaments schlossen sich andere wichtige und traditionsreiche Organisationen an: die Organisationen der ländlichen Selbstverwaltung und der Kongress des Städteverbandes. Um den Krieg siegreich beenden zu können, so machten beide auf ihren Tagungen im Herbst 1916 deutlich, waren politische Reformen unumgänglich.

Doch die Warnungen verhallten ungehört. Der Zar hatte auf die Forderungen des Progressiven Blocks kaum reagiert, statt das Parlament an der Verantwortung zu beteiligen, schränkte er dessen Aktivitäten ein und unterstellte die Abgeordneten bis weit hinein ins bürgerliche Lager polizeilicher Überwachung. Gegen den Rat seiner Minister übernahm er 1915 auch den militärischen Oberbefehl, ohne damit einen militärischen Durchbruch erzwingen und seine Stellung mit Erfolgen festigen zu können. Während er im Hauptquartier weilte, geriet die Politik unter den Einfluss der Zarin, deren Hofaffären und deren Beratung durch jenen ominösen sibirischen Bauern Rasputin kaum geeignet waren, Vertrauen in die Regierungspolitik zu wecken. So verspielte die Krone ihren letzten Kredit.

Wie geheimdienstliche Ermittlungen ergaben, hatten in *Duma-* und Unternehmerkreisen bereits Planspiele begonnen, wie die Reformen auch gegen den Willen des Monarchen durchzusetzen wären.

Im Januar 1917 waren progressive Industrielle, Mitglieder der liberalen Kadettenpartei und Abgeordnete des Moskauer Stadtparlaments zu vertraulichen Gesprächen zusammengekommen, um für den «Eventualfall» zu planen. Doch nicht diese Überlegungen, sondern Hungerunruhen und Demonstrationen der hauptstädtischen Arbeiterschaft brachten den Stein ins Rollen. Der Jahrestag der ersten Revolution von 1905 wurde im Januar 1917 zum Fanal. Seither rissen die Streiks und Demonstrationen in Petrograd nicht mehr ab. Die Lage sei «ernst», in der Hauptstadt herrsche «Anarchie», überall werde geschossen; es müssten sofort «Maßnahmen» ergriffen werden, morgen könne es «bereits zu spät» sein, schrieb der Parlamentspräsident Ende des Monats in höchster Sorge an den Zaren, Nikolaus II. Doch als der Zar den Befehl gab, die «Unruhen in der Hauptstadt zu liquidieren», war es bereits zu spät. Das eingesetzte Militär lief zu den Aufständischen über. Die Romanows dankten ab. Russland wurde Republik.[2]

In der Februarrevolution entlud sich ein doppelter Konflikt: die wachsenden Spannungen zwischen Autokratie und Gesellschaft und die tiefe Unzufriedenheit der hauptstädtischen «Massen» mit der etablierten politischen, wirtschaftlichen und gesellschaftlichen Ordnung. Dabei waren die hauptstädtischen Massen eindeutig die aktive, treibende Kraft, während die «bessere», bürgerlich-liberale Gesellschaft jede andere Problemlösung (einen Staatsstreich eingeschlossen) der Revolution vorgezogen hätte – schon um eine erfolgreiche Fortführung des Krieges nicht zu gefährden. Nur zögernd war sie bereit, die von den Massen geschaffenen Verhältnisse anzuerkennen und nach dem Sturz der Autokratie die Regierungsgeschäfte zu übernehmen.

So wurde ein Übergangskabinett, die Provisorische Regierung, gebildet, mit dem Vorsitzenden des Verbandes der ländlichen Selbstverwaltungs-körperschaften, Fürst Georgi J. Lwow, als neuem Ministerpräsidenten und Innenminister. Die neue Regierung schickte «Kommissare» in die Ministerien und wichtigsten öffentlichen Einrichtungen und unterstellte diese ihrer Aufsicht. Sie bemühte sich, die Soldaten zurück in die Kasernen zu bringen, um Ruhe und Ordnung auf den Straßen wiederherzu-stellen. Und sie entsandte ihre Kommissare in die Provinz. Der Verwaltungs- und Repressionsapparat des Zarismus brach auch dort erstaunlich schnell und ohne größeren Widerstand zusammen; die bis-herigen Träger der Staatsmacht wurden entmach-tet, der Polizei- und Justizapparat, auf den sie sich gestützt hatten, zerfiel.

Ein Bündel von Reformen folgte: Die bürgerlichen Grundrechte, die Rede-, Presse-, Vereins- und Ver-sammlungsfreiheit wurden verkündet; alle Stan-desprivilegien sollten fallen und die Nationalitäten und Religionen einander künftig gleichgestellt sein; in Stadt und Land waren die lokalen Selbstverwal-tungsorgane auf der Grundlage eines allgemeinen, gleichen und geheimen Wahlrechts neu zu bestellen;

die verhasste zaristische Polizei sollte durch eine Volksmiliz mit gewählter Leitung ersetzt werden und eine Justizreform folgen; das Streikrecht wurde gewährt und eine politische Amnestie beschlossen; vor allem aber sollte möglichst rasch eine Konstituierende Versammlung gewählt werden, die über das künftige Schicksal Russlands zu entscheiden hatte.[3]

Als schwerwiegender Fehler erwies sich, dass die Provisorische Regierung den Krieg an der Seite der Westalliierten fortsetzte, obwohl die Mehrheit der Bevölkerung seiner längst überdrüssig war. Uneins in der Haltung zum Krieg und zu den Prioritäten staatlicher Politik stürzte die Regierung bereits im April 1917 in ihre erste Krise. Außenminister Pawel N. Miljukow musste gehen, die Regierung wurde umgebildet, die gemäßigte Linke (Sozialrevolutionäre und Menschewiki), bisher tonangebend in Arbeiter- und Soldatenvertretungen, wurde kooptiert und auf eine staatstragende Rolle verpflichtet. Doch das Problem blieb und verschärfte sich erneut, als die Regierung im Juni mit einer militärischen Offensive an der Westfront den großen Durchbruch zu erzielen hoffte – und kläglich scheiterte.

Mit dem Krieg blieben auch die Versorgungsprobleme, die den Anstoß zum Sturz des Zarismus im Frühjahr geliefert hatten: Die immer undurchsichtiger werdende Wirtschaftslage; der offenkundig nicht aufzuhaltende Verfall des Transportsystems; der Mangel an Rohstoffen und Energie, der immer mehr Räder stillstehen ließ; die sprunghaft steigenden Lebensmittelpreise, die die Lohnerhöhungen aufgefressen hatten, bevor sie durchgesetzt waren – sie ließen die Menschen auch in den Sommermonaten nicht zur Ruhe kommen. Materielle Not, das Gefühl, im Recht zu sein, und die Furcht, ver-

tröstet zu werden, die Abstumpfung, die der Krieg mit sich brachte, und die Angst vor der Zukunft setzten die Hemmschwelle der Gewalt weit herab.

Der Oktoberaufstand der Bolschewiki und die sozialistische Revolution

Der Verfall der Staatsautorität zeigte sich in der Gewalt gegen Personen und Institutionen, in Raubüberfällen und Vandalismus, Plünderungen von Häusern und Geschäften, verbalen und tätlichen Angriffen auf Offiziere, eigenmächtigen Verhaftungen und Lynchjustiz – die bürgerliche Boulevardpresse berichtete täglich von neuen Vorfällen. Die Soldaten in den Garnisonen des Hinterlandes bestimmten selbst, wieweit sie sich an Dienst- und Disziplinarvorschriften hielten, und wurden nicht selten zur Plage für ihre Umwelt. Auch auf dem Lande schienen die Kapital- und Eigentumsdelikte, die Brandstiftungen, das wilde Holzfällen, die «Requirierung» von Vieh und Getreidevorräten ständig zuzunehmen.

Während sich die Wahlvorbereitungen für die Konstituierende Versammlung in die Länge zogen und der Termin mehrfach verschoben werden musste, drängten die Bauern, die überfälligen Agrarreformen endlich in Angriff zu nehmen. Angesichts des immer dramatischeren Verfalls der Wirtschaft sahen die Arbeiter ihre im Februar erkämpften Errungenschaften schwinden und die eigene Zukunft düster. Auch den Soldaten an der Front bot die Regierung wenig Perspektive; wann und wie sie den Krieg zu beenden gedachte, war nach dem Fehlschlag der Juni-Offensive unsicherer denn je. Entsprechend schwer fiel es, mit patriotischen Appellen, mit Mahnungen zu Besonnenheit und Geduld, mit Warnungen vor Anarchie und Chaos noch Gehör zu finden.[4]

Das alles war Wasser auf die Mühlen der extremen Linken, der Bolschewiki, der Anhänger Lenins. Eben aus dem Schweizer Exil zurückgekehrt, hatte er schon Anfang April 1917 sein Gegenprogramm entwickelt: Es setzte auf die weitere Radikalisierung der Massenbewegungen, sagte der Provisorischen Regierung den Kampf an und propagierte die «augenblickliche Beendigung des imperialistischen Krieges». Das Programm forderte darüber hinaus die sofortige Enteignung des adligen Grundbesitzes, die Nationalisierung des gesamten Bodens, die Verstaatlichung der Banken und die Einführung der Arbeiterkontrolle in den Fabriken. Lenin setzte dabei auf die Arbeiterausschüsse und Soldatenkomitees, die sich nach dem Vorbild von 1905 gebildet und zu regionalen und überregionalen Organisationen zusammengeschlossen hatten: Diese «Räte» sollten zum Rückgrat des neuen Staates werden. Ein vollständiger «Rätestaat» – von unten nach oben – sei, so sagte Lenin, fortschrittlicher und demokratischer als der westliche Parlamentarismus. Deshalb müsse man der Provisorischen Regierung die Unterstützung verweigern.[5]

Dass ein Sozialist, Alexander F. Kerenski, im Sommer das Amt des Ministerpräsidenten in der Provisorischen Regierung übernahm und dass das Kabinett mehrfach umgebildet wurde, konnte den Verfall der Staatsmacht nicht stoppen. Putschversuche von links im Juli und von rechts im August demonstrierten deren Schwäche. Dass die Regierung nach den linken Juli-Unruhen die bolschewistische Partei verbot, verschaffte ihr nur vorübergehend Luft.

Denn als im August der Oberkommandierende, General Lawr G. Kornilow, nach der Macht griff, um mit Ruhe und Ordnung auch die Schlagkraft der Armee wiederherzustellen, schienen Teile des liberalen Koalitionspartners mit den Forderungen des Generals durchaus zu sympathisieren – was einmal mehr zeigte, dass die Regierung in den sie bisher stützenden Parteien keine Basis mehr hatte, von den breiten Schichten der Bevölkerung ganz zu schweigen. Und auch an der Peripherie (namentlich in Finnland und in der Ukraine) wurden die Stimmen lauter, die der Petrograder Regierung das Recht absprachen, weiterhin für sie zu entscheiden, die Unabhängigkeit, zumindest Autonomie forderten.

Im Frühjahr 1917 waren die Bolschewiki eine unbedeutende Minderheit, und die Räte, denen sie die Staatsmacht übertragen wollten, zeigten wenig Interesse, sie tatsächlich zu übernehmen. Das änderte sich erst im Sommer und Herbst. Die Bolschewiki wurden zu einem populistischen Sammelbecken der Unzufriedenen und Zukurzgekommenen, die den Soldaten Frieden, den Bauern den Boden und den Arbeitern die Kontrolle der Fabriken versprachen. Dass sie als Arbeiterpartei kein Agrarprogramm und die Übergabe des Bodens eher skeptisch gesehen hatten, wurde über Bord geworfen, schien vergessen. Die Bolschewiki übernahmen einfach das Agrarprogramm der Partei der Sozialrevolutionäre. Und dass die Forderung nach einem basisdemokratischen Rätestaat nie zuvor in einem bolschewistischen Parteiprogramm gestanden hatte, ja nicht zu Lenins Vorstellungen passte, der sich die eigene Partei einst nur als straff organisierte «Kaderpartei von Berufsrevolutionären» vorstellen konnte, schien ihn nicht länger zu stören: Die Bolschewiki nahmen nun jeden auf, der sich ihnen anschloss.

Rat der Volkskommissare
Petrograd, November 1917
Staatliches Museum für Politische
Geschichte Russlands, St. Petersburg

Seit dem Spätsommer befand sich die Partei im politischen Aufwind: Seit September hatte sie in Petrograd und Moskau, den beiden größten und wichtigsten Städten, die Mehrheit der Räte hinter sich. Nun schien Lenin der Augenblick günstig: Die Bolschewiki mussten in die Offensive gehen, die Provisorische Regierung stürzen und die Räterepublik ausrufen. Weiter auf die Wahlen zur Konstituierenden Versammlung und auf formale Mehrheiten zu warten, wäre «Verrat an der Sache des Proletariats» und ein «Verbrechen an der Revolution». Lenin setzte seine Auffassung in der Parteiführung durch: Mitte Oktober beschloss das bolschewistische Zentralkomitee die Vorbereitung des bewaffneten Aufstandes.

Die Mittel zur Durchführung bot der Apparat des Petrograder Arbeiter- und Soldatenrates. Leitstelle der Organisation des Aufstands wurde das «Militärische Revolutionskomitee». In der Nacht vom 24. auf den 25. Oktober (nach westlichem Kalender vom 6. auf den 7. November) besetzten militärische Einheiten und bewaffnete Arbeitertrupps («Rote

Garden») auf Befehl des Militärischen Revolutionskomitees die strategischen Punkte der Stadt: das Telegrafenamt, die Brücken über die Newa, die Bahnhöfe, die Staatsbank und das Hauptpostgebäude. Die Provisorische Regierung wurde abgesetzt, eine neue, rein bolschewistische Regierung (der «Rat der Volkskommissare») gebildet und der Übergang der Staatsmacht an die Räte verkündet. So folgte auf den Sturz des Zarismus im Frühjahr, die Februarrevolution, nur wenige Monate später ein erneuter Umsturz, die bolschewistische «Oktoberrevolution». Im Selbstverständnis der bolschewistischen Führung war der ersten, «bürgerlichen» Etappe der Revolution die zweite gefolgt: Sie hatte die Provisorische Regierung gestürzt und die «Diktatur des Proletariats und der ärmsten Schichten der Bauernschaft» errichtet. Dem «bürgerlichen und gutsherrlichen Russland» war der Kampf angesagt, die «Schaffung einer sozialistischen Wirtschafts- und Gesellschaftsordnung» fortan das Ziel. Nicht nur aus Gründen der Vollständigkeit muss hinzugefügt werden, dass die angeblichen großen Errungenschaften des Oktober, der basisdemokratische Rätestaat und die Arbeiterkontrolle in den Fabriken, den Bürgerkrieg nicht überlebten; spätestens seit Ende der 1920er Jahre war auch die Übergabe des Bodens in die Verfügungsgewalt der Bauern Geschichte.

Die nationale Sezession der nichtrussischen Randgebiete

Seit der Februarrevolution hatten sich in den Randgebieten unter der Losung «Schluss mit der nationalen Unterdrückung» Bewegungen gebildet, die mit dem Anspruch auf nationale Selbstbestimmung

und geführt von bürgerlich-demokratischer Intelligenz eigene Institutionen ins Leben riefen und die Bildung bürgerlicher Nationalstaaten vorzubereiten begannen: in Finnland, Estland, Lettland und Litauen, in Georgien, Armenien und Aserbaidschan, im Nordkaukasus, in Kirgisien und an der mittleren Wolga, in der Ukraine und in Weißrussland, in Bessarabien, auf der Krim und in Baschkirien, in Turkestan und in vielen weiteren Gebieten. Sie verfolgten diese Politik nach dem Oktoberaufstand weiter, nun auch in Abgrenzung vom bolschewistischen Zentrum, im Transkaukasusgebiet, wie der für die Nationalitätenfragen zuständige Volkskommissar,

Josef W. Stalin, feststellte und was ihm zweifellos besonders missfiel, unter der «Maske des Sozialismus», geführt von einer menschewistisch-bürgerlichen Allianz.

Die bolschewistische Regierung hatte Anfang November 1917 in der «Deklaration zu den Rechten der Völker Russlands» das Recht der freien Selbstbestimmung (einschließlich der Abspaltung) propagiert und im Dezember die staatliche Unabhängigkeit Finnlands ausdrücklich anerkannt. Obwohl auch Stalin Mitte November in der *Prawda* «die volle Freiheit für das finnische Volk wie auch für die anderen Völker Russlands» bestätigt hatte, stellte er nachfolgend klar, dass das Prinzip nationaler Selbstbestimmung nicht als «Recht der Bourgeoisie, sondern als Recht der werktätigen Massen», als «Mittel im Kampf für den Sozialismus» zu verstehen sei und «den Prinzipien des Sozialismus untergeordnet» werden müsse. Dazu müsse man den Randgebieten «Autonomie» gewähren, zur Organisation einer «einheimischen Schule, eines einheimischen Gerichts, einer einheimischen Verwaltung, einheimischer Machtorgane, einheimischer gesellschaftlich-politischer Institutionen und Bildungsstätten, wobei in allen Sphären der gesellschaftlichen und politischen Arbeit die Vollberechtigung der einheimischen Sprache, der Muttersprache der werktätigen Massen des Gebiets garantiert werden muss». Autonomie diente somit der Indigenisierung und diese einer Stärkung der proletarischen Sowjetmacht in den Randregionen. Ziel sei, so hatte Stalin kurz zuvor in einem Interview mit Mitarbeitern der *Prawda* ausgeführt, eine Russländische Föderation von Republiken, in der der zentrale Rat der Volkskommissare die Kompetenzen der Außenpolitik, von Heer und Flotte, der Eisenbahnen, der Post und des Fernmeldewesens, des Geldes, des Außenhandels, der allgemeinen Wirtschafts-, Finanz- und Bankpolitik wahrnahm, Gerichtswesen und Verwaltung, Schule und Sprachen aber in der Obhut der Einzelterritorien verblieben.[6]

Freilich, auch dies waren zunächst nur Willenserklärungen, Appelle, wie sie im Winter 1917 und Frühjahr 1918 dem Allrussischen Rätekongress, auf Sitzungen des Zentralen Exekutivkomitees, des Rates der Volkskommissare und des bolschewistischen Zentralkomitees vorgetragen, in Telegrammen an Institutionen der Peripherie verkündet, in

Prawda-Artikeln entwickelt und nachgedruckt, in Zeitungsinterviews und Verfassungsentwürfen formuliert werden konnten. Sie wirklich durchzusetzen fehlten vorläufig alle Voraussetzungen.

Im Sommer 1918 herrschte an allen Fronten der offene Bürgerkrieg. Der Vielvölkerstaat schien auseinanderzubrechen. Polen, Finnland, Estland, Lettland, Litauen, Weißrussland und die Ukraine hatten bereits ihre Unabhängigkeit erklärt, der Nordkaukasus sowie die transkaukasischen Völker (Georgien, Armenien, Aserbaidschan) folgten. Rumänien hatte im Winter 1917/18 das angrenzende Bessarabien annektiert und weigerte sich, es wieder herauszugeben. In Mittelasien machten sich das Khanat von Chiwa und das Emirat von Buchara selbständig. Sibirien war ohnehin in Händen der «Weißen», und im Anschluss daran konstituierte sich im Transbaikalgebiet und in der Küstenregion die unabhängige «Fernöstliche Republik».

Doch der Sieg der Roten Armee im Bürgerkrieg bereitete auch vielen Unabhängigkeitsbestrebungen der Nationalitäten ein Ende. Die Bolschewiki ruhten nicht, bis im Süden, Südosten und Osten die ehemaligen Grenzen des Zarenreiches wieder erreicht waren. Mit Hilfe der Roten Armee wurden die gemäßigt sozialistischen, bürgerlichen oder halbfeudalen Regierungen, die sich in Weißrussland, in der Ukraine, im Kaukasusgebiet und in Mittelasien gebildet hatten, gestürzt. Eine Räteregierung, in der der bolschewistische Einfluss dominierte, trat an ihre Stelle. Neben Polen konnten nur Finnland und die baltischen Staaten ihre Unabhängigkeit behaupten.

Im Dezember 1922 vereinigten sich Sowjetrussland (die RSFSR), Weißrussland, die Ukraine sowie Armenien, Georgien und Aserbaidschan formell zur «Union der Sozialistischen Sowjetrepubliken» (russische Abkürzung: SSSR, deutsch: UdSSR oder Sowjetunion). Grundlage der neuen Föderation sollte das Prinzip der Freiwilligkeit und die völlige Gleichberechtigung der Einzelrepubliken sein, wobei jede von ihnen das vertragliche Recht behielt, aus der Föderation wieder auszuscheiden. Die neue Unionsverfassung übertrug das Modell der RSFSR auf den Gesamtstaat. Doch völlig vergessen waren die Entwicklungen der Revolutions- und Bürgerkriegsjahre nicht; zumindest wurde die Erinnerung daran Ende der 1980er/Anfang der 1990er Jahre wiederbelebt, als die Sowjetunion zerfiel und einige Teile ihre Unabhängigkeit von ihr erklärten – darunter die baltischen Staaten, Weißrussland, die Ukraine, Armenien, Georgien, Aserbaidschan und Moldawien, die sich alle auf die revolutionären Staatsbildungsprozesse von 1917/18 beriefen. Sie waren oder wurden Teil ihres kulturellen Gedächtnisses und sind es noch heute.

Die Revolution als Orgie von Hunger, Tod und Gewalt

Die Jahre der Revolution und des Bürgerkrieges, ihre Handlungsmaximen und Gewaltexzesse prägten Partei und Staat, das Land und seine politische Kultur für Jahrzehnte. Was es für die bolschewistische Führung in Revolution und Bürgerkrieg zu erringen und zu behaupten galt, waren der «Sieg der sozialistischen Revolution», die «Macht des Sowjetstaates», die «Diktatur des Proletariats», die sie in der Herrschaft der Bolschewiki verkörpert sah.

Dabei gaben Dekrete die Ziele, die Richtung vor. Sie wurden nicht durch geregelte Verwaltungstätigkeit durchgesetzt, sondern durch ihre appellative Überzeugungskraft sowie durch die Androhung und Anwendung von Gewalt. Was den vorgegebenen Zielen zuwiderlief, jede Widersetzlichkeit war «konterrevolutionär» und unter den Bedingungen des Bürgerkrieges, der nur Freunde und Feinde kannte, mit Gewalt zu brechen. Gewalt und Gegengewalt bestimmten das Geschehen: Folgt man einer Aufstellung, wie sie Mitte der 1990er Jahre in einer russischen historischen Fachzeitschrift nachzulesen war, so verlor Sowjetrussland zwischen 1917 und 1922 etwa 13 Millionen seiner Bevölkerung: 2,5 Millionen starben in den bewaffneten Verbänden, 2 Millionen an Epidemien, 1 Million als Opfer von Terror und Banditismus, bis zu 300 000 in antijüdischen Pogromen, 1,5 bis 2 Millionen emigrierten, die übrigen starben in der großen Hungersnot, die dem Bürgerkrieg 1921/22 folgte.[7] Die russischen Gefallenen des Ersten Weltkrieges werden auf 1,6 bis 2 Millionen geschätzt.

Die Entfesselung der Gewalt, die Allgegenwart von Hunger und Tod – so erlebte ein Großteil der Bevölkerung diese Jahre der Revolution und des Bürgerkrieges. Wie sie das Leben in der Hauptstadt prägten, hat Maxim Gorki in seinen Zeitungsartikeln eindrücklich beschrieben. Hier Auszüge aus einem Artikel vom 20. Dezember 1917:

«Seit dem Ausbruch der Revolution hat es schon zehntausend Fälle von ‹Lynchjustiz› gegeben. Die Demokratie richtet ihre Sünder auf folgende Weise: In der Nähe des Alexandermarktes wurde ein Dieb erwischt; die Menge verprügelte ihn sofort und stimmte darüber ab, wie man ihn hinrichten solle,

durch Ertränken oder Erschießen. Man entschied sich für das Ertränken und warf den Mann in das eiskalte Wasser. Er schaffte es aber, wieder aufzutauchen und an das Ufer zu schwimmen. Da ging einer aus der Menge hin und erschoss ihn [...].

Soldaten führen einen halbtot geprügelten Dieb ab, um ihn in der Mojka zu ertränken. Er ist blutüberströmt, sein Gesicht ist völlig zerschlagen, ein Auge ausgelaufen. Er wird von einem Haufen Kinder begleitet. Danach kommen einige von ihnen von der Mojka zurück und schreien fröhlich, auf einem Bein hüpfend: ‹Sie haben ihn ersäuft, sie haben ihn ersäuft›.

Das sind unsere Kinder, sie bauen das zukünftige Leben auf [...].

Seit vierzehn Tagen schon plündern Scharen von Menschen Nacht für Nacht die Weinkeller, besaufen sich, schlagen sich gegenseitig mit Flaschen die Schädel ein, zerschneiden sich an den Glasscherben die Hände und wälzen sich wie Schweine in Schmutz und Blut [...].

Bei diesen Weinpogromen wurden Menschen wie tollwütige Wölfe abgeknallt; so gewöhnt man sich allmählich daran, seinen Mitmenschen seelenruhig zu erledigen.

In der Prawda heißt es aber, diese Pogrome seien ‹von den Bourgeois provoziert worden›, was natürlich eine Lüge ist, ‹Schönfärberei›, die das Blutvergießen noch vergrößern wird.

Diebstahl und Plünderungen nehmen zu; schamlose Beamte lassen sich ebenso skrupellos bestechen wie früher die Beamten des zaristischen Regimes […].

Das alles geschieht im Namen des ‹Proletariats› und der ‹sozialen Revolution›, ist ein Sieg unserer Vertierung und vertieft weiter unsere Primitivität, an der wir bei lebendigem Leibe verfaulen […].»[8]

Was Maxim Gorki als Verrohung der Zivilgesellschaft beschrieb, galt erst recht für die bewaffneten Verbände im Bürgerkrieg, gleich welcher Couleur. Isaak E. Babel, der als Kriegsberichterstatter und Politkommissar die rote Budjonnysche Reiterarmee in Galizien und Wolhynien begleitete, hat diese Seite der Revolution und des Bürgerkrieges in seinen Kurzgeschichten und Tagebuchaufzeichnungen von 1920 festgehalten: Wie die Soldaten Quartier nahmen und Verköstigung verlangten; wie sie Keller, Küche und Garten leer fraßen, die Obstbäume plünderten und die Bienenstöcke aushoben. Sie requirierten Pferde, Wagen, Mehl und Hafer; gaben den Bauern dafür ihre eigenen, kranken Pferde oder stellten Quittungen aus, mit denen sich die Geschädigten ans Bezirkskommissariat wenden sollten; doch die Prozedur war ein Hohn und die Aussicht, die Quittungen einlösen zu können, gleich Null. Wenn die Truppen schließlich abzogen, hinterließen sie zerstampfte Felder und ein stöhnendes Dorf. Schon dieses Szenarium war schlimm genug. Doch oft blieb es nicht dabei; Übergriffe und Ausschreitungen waren zu häufig, um sie noch als Ausnahmen zu bezeichnen. Dann brachen die Soldaten in die Kirchen und Synagogen ein, raubten die liturgischen Geräte, zerstörten Gewänder, Kruzifixe und Torarollen oder fielen über die Frauen und Mäd-

chen des Ortes her. «Wie wir die Freiheit bringen, schrecklich», schrieb Babel am 18. August 1920 voll Sarkasmus in sein Tagebuch, es war nicht die erste Eintragung dieses Inhalts. Wer die «Sowjetmacht als Befreierin erwartet» hatte, vernahm als erstes «Gebrüll, Peitschenhiebe und [Ausfälle auf] Saujuden»; er sah in «gierige Augen» und «zittrige Hände»; erlebte eine «ungewöhnliche Armee», deren Soldaten in die Wohnungen der Bevölkerung gingen und unter Ladentische krochen. Von seinem Urteil nahm Babel auch die Vorgesetzten nicht aus, bis hinauf in den Divisionsstab. «Marodeure», «Speichellecker», «Vielfraße», «ohne Bewusstsein», «indolent», «hat mit Denken nichts zu tun» – lauten seine Charakterisierungen.[9] Dass diese Seite der Revolution in sowjetischen Darstellungen nicht vorkam und die Entdeckung, dass die bolschewistische Führung unter Lenin solches Auftreten nicht verhinderte, mitunter sogar dazu aufrief, «Bourgeois» und «Kulaken», «Ex-Offiziere», «Priester, Weiße Garden, andere zweifelhafte Elemente» baumeln zu lassen, zu erschießen, als Geiseln zu nehmen oder in ein «Konzentrationslager» zu sperren, erklärt den Schock, den entsprechende Archivfunde in den 1990er Jahren auslösten.[10]

Die Revolution als Kulturrevolution, als Aufbruch in eine neue Zeit

Die Bolschewiki verstanden sich als Avantgarde des russischen Proletariats. Von ihrem radikalen Programm, das nicht nur neue staatliche Strukturen und neue Rahmenbedingungen für die Wirtschaft versprach, sondern alles und jedes in Frage zu stellen schien, kurz: eine andere Gesellschaft und einen «Neuen Menschen» schaffen wollte, zeigten sich nicht zuletzt jene hauptstädtischen Kreise fasziniert, die seit geraumer Zeit ein radikales Umdenken, einen ähnlichen Neuanfang auch für das kulturelle Leben forderten und sich selbst dabei als literarische und künstlerische Avantgarde sahen.[11] Die Parallelen schienen auf der Hand zu liegen: So wie sich die Bolschewiki über die Tradition einfach hinwegsetzten, sich vom Bestehenden den Blick auf die Zukunft nicht verstellen ließen, hatten sie selbst die Kunstszene revolutioniert, in den letzten zehn Jahren mit der Vergangenheit gebrochen, die Orientierung an der Gegenständlichkeit hinter sich gelassen und einen kühnen Schritt in die Zukunft gewagt. Sie – das waren die Bloks, Briks und Majakowskis, Larionows und die Gontscharowas, Altmans, Malewitschs, Popowas und Punins, Jawlenskys, Chagalls und Kandinskys, Tatlins, Gabos, Lissitzkis und Rodtschenkos, um nur einige zu nennen, mit ihren Schulen des «Lutschismus», «Suprematismus», «Konstruktivismus», «Nonobjektivismus» usw. – häufig und etwas unscharf unter dem Sammelbegriff der «Futuristen» zusammengefasst. Das war und ist schon deshalb irreführend, weil sie nie eine Einheit bildeten, die Vielfalt der Individualitäten, Gruppenbildungen und Richtungen zu ihren Wesensmerkmalen gehörte wie die Rivalitäten, die permanenten Abspaltungen und die offenen Grenzen.[12]

Neuanfang in der Kultur – da waren sie sich einig –, hieß möglichst radikal mit der Vergangenheit zu brechen. Wie man sich das vorstellte, brachte Wladimir W. Majakowski in einem Gedicht 1918, in der martialischen Sprache des Bürgerkrieges, auf die Formel, Raffael, Rastrelli, Puschkin seien wie weißgardistische Generäle zu behandeln: Sie seien an die Wand zu stellen.

Am 12. April 1918 erließ der Rat der Volkskommissare ein Dekret, das verfügte, alle für Zaren und ihre Diener errichteten Denkmäler, die weder von historischem noch künstlerischem Wert waren, abzutragen, ins Depot zu schaffen oder einer anderen Nutzung zuzuführen. Er äußerte den Wunsch, dass die hässlichsten Exemplare schon bis zum 1. Mai verschwinden und erste Modelle neuer Denkmäler zur Beurteilung durch die Massen aufgestellt werden sollten. Anfang August 1918 reichte die Abteilung für Bildende Künste eine Liste von 66 Namen ein, von Revolutionären und revolutionären Vordenkern, Dichtern und Schriftstellern, Philosophen und Gelehrten, bildenden Künstlern, Komponisten und Schauspielern, die man eines Denkmals für würdig empfand. Der Rat der Volkskommissare verfügte, dass die Liste der Revolutionäre, die mit Spartakus, Tiberius Gracchus und Brutus begann, von Karl Marx und Friedrich Engels angeführt werden sollte, ergänzte die Liste der Schriftsteller, die vor allem russische Klassiker wie Leo N. Tolstoi, Fjodor M. Dostojewski, Michail J. Lermontow, Alexander S. Puschkin, Nikolai W. Gogol enthielt, strich aus der Gelehrtenliste den Religionsphilosophen Wladimir R. Solowjow, stimmte ansonsten aber zu. Allein für die neue Hauptstadt Moskau wurde im Sommer 1918 ein Wettbewerb für 50 neue Porträt-Denkmäler ausgeschrieben und ein Höchstbetrag pro Denkmal festgelegt; die Entwürfe waren bis Ende September einzureichen.

Im selben Dekret vom 12. April 1918 erging auch der «dringliche» Auftrag, die Stadt für den 1. Mai festlich zu schmücken und Aufschriften, Embleme, Straßennamen, Wappen usw. durch neue zu ersetzen, welche «die Ideen und Gefühle des revolutionären, werktätigen Russland» zum Ausdruck brächten.

Abriss des Denkmals für Zar Alexander III.
Moskau, 1918
Staatliches Museum für Zeitgenössische
Geschichte Russlands, Moskau

Was im Mai eher improvisiert begann, setzte sich im Herbst, zum ersten Jahrestag der Oktoberrevolution, sehr viel straffer organisiert fort. Bedeutende bildende Künstler wirkten dabei mit. Altman modelte den Petrograder Schlossplatz um, stellte hinter die Quadriga auf dem Torbogen des Generalstabsgebäudes eine rote Farbtafel, drapierte die Fassade mit Spruchbändern wie «Das Land – den Werktätigen», «Die Fabrik – den Werktätigen», machte aus der Alexandersäule eine kubistische Fackel der Revolution und hängte an den Winterpalast ein Plakat mit den Worten: «Wer ein niemand war, wird alles sein». Die Behörden stellten Material und Ar-

beitskräfte, und das nicht zu knapp. Die ganze Stadt sollte in das Spektakel einbezogen werden, ebenso die Provinz. Marc Chagall und seine Schüler schmückten etwa zum Jahrestag Witebsk mit Paneelen, die fliegende Menschen und schwebende Gebäude zeigten. In diesem Zusammenhang entstand wohl auch sein bekanntes Bildmotiv eines Bauern, der ein Gutshaus aus den Fundamenten gehoben hat und wie zum Wurf über dem Kopf hält. Das Jubiläum machte Schule. Straßenschmuck, Denkmalseinweihungen, Umzüge, szenische Darbietungen, Massenfeste entwickelten in den nächsten Jahren ihre eigenen Choreografien und Liturgien, mit denen sie die «alten» Feiertage verdrängen und ersetzen sollten. «Straßen sind jetzt unsere Pinsel, Plätze die Paletten», hatte Majakowski seinen Künstlerkollegen zugerufen, und er beteiligte sich auch selbst, mit Karikaturen und Versen in den Ausstellungsfenstern der Russischen Telegrafenagentur (ROSTA-Fenster), die das Weltgeschehen satirisch kommentierten. Zusammen mit den in hoher Stückzahl gedruckten Revolutionsplakaten setzten sie in Zielsetzung und Ästhetik die Tradition der russischen Volksbilderbögen (lobok, Plural: lubki) fort.

Doch eines machte die bolschewistische Führung den intellektuellen und künstlerischen Sympathisanten von Anfang an klar: dass sie ihnen die geforderte Autonomie niemals geben werde. Womit sie sich selbst vorbehielt zu definieren, wie die «neue Gesellschaft» aussehen sollte und wie sich der «Neue Mensch» in sie einzufügen hatte. Hellsichtige Köpfe wie der Schriftsteller Jewgeni I. Samjatin warnten bereits 1920, wozu das führen konnte: zu einer gläsernen Welt unter dem Joch der Vernunft – oder Schlimmerem.[13]

Die Revolution – begonnen mitten im Weltkrieg – war von Anfang an nicht nur ein innerrussisches Projekt. Nicht nur, weil die im Februar 1917 ins Amt gebrachte Provisorische Regierung den Krieg an der Seite der Westalliierten fortsetzte, die Bolschewiki nach dem Oktoberaufstand einen Frieden fast um jeden Preis schlossen und beide Seiten in den nachfolgenden Bürgerkrieg eingriffen. Lenin und seine Parteigänger wollten mehr als nur einen Umsturz der Verhältnisse in Russland, sie sagten dem «kapitalistischen Weltsystem» den Kampf an, sie wollten die europäische, die Weltrevolution. Wie reagierten die Regierungen der europäischen Nachbarstaaten auf die Ereignisse, ihre Herausforderungen, ihre Drohungen und Verheißungen? Wie ihre Bevölkerungen nach diesem mörderischen Krieg mit Millionen von Toten, nach all den Entbehrungen, enttäuschten Erwartungen und bisher nie dagewesenen materiellen und mentalen Verwüstungen? Wie die Soldaten, Arbeiter und Intellektuellen, auf die die revolutionäre Propaganda besonders abzielte? So vielschichtig wie das Geschehen, so unterschiedlich wie die Bilder und Botschaften der Revolution, so grundverschieden fielen auch die Reaktionen und Antworten in den europäischen Staaten aus, wie die Ausstellung an verschiedenen Beispielen zeigt. Das Fazit aber bleibt: Das hier beschriebene Geschehen veränderte Russland und Europa für Jahrzehnte, mit Folgen, die bis in die Gegenwart reichen.

Anmerkungen

1   Für den Gesamtzusammenhang: Helmut Altrichter: Russland 1917. Ein Land auf der Suche nach sich selbst, 2. erw.
Aufl., Paderborn 2017; Orlando Figes: Die Tragödie eines
Volkes. Die Epoche der Russischen Revolution 1891 bis
1924, Berlin 1998; Richard Pipes: Die Russische Revolution,
3 Bde., Berlin 1992–1993; ferner: 1917. Revolution. Russland und die Folgen, hg. v. Deutschen Historischen Museum und Schweizerischen Nationalmuseum, Dresden
2017; Helmut Altrichter, Jörg Baberowski u. a.: 1917 –
Revolutionäres Russland, hg. in Zusammenarbeit mit:
Damals – Das Magazin für Geschichte, Darmstadt 2016
(jeweils mit weiteren Literaturhinweisen).

2   Für die Februarrevolution immer noch unübertroffen:
Tsuyoshi Hasegawa: The February Revolution. Petrograd
1917, Seattle/London 1981.

3   Dokumentation ihrer Tätigkeit in: Robert Paul Browder und
Alexander F. Kerensky (Hg.): The Russian Provisional
Government 1917. Documents, 2 Bde., Stanford 1961.

4   Zur Entwicklung auf dem Lande: Greame J. Gill: Peasants
and Government in the Russian Revolution, London/
Basingstoke 1979; zur Entwicklung der Streikbewegung:
Diane P. Kroenker und William G. Rosenberg: Strikes and
Revolution in Russia, 1917, Princeton, NJ 1989.

5   Für die «Aprilthesen» vgl. Wladimir I. Lenin: Über die Aufgaben des Proletariats in der gegenwärtigen Revolution.
In: ders.: Werke, Bd. 24, Berlin 1974, S. 3 ff.

6   Josef W. Stalin: Werke, Bd. 4, Berlin 1951, S. 26 ff., 44 ff.,
58 ff., 65 ff., 82 ff., 136 ff.

7   Juri A. Poljakov: Vozdejstvie gosudarstva na demokra-
fičeskie processy v SSSR (1920–1930-e gody). In: Voprosy
istorii (1995), Nr. 3, S. 123.

8   Maxim Gorki: Unzeitgemäße Gedanken über Kultur und Revolution. Geschrieben von Maxim Gorki in Petrograd und
veröffentlicht in der Tageszeitung «Novaja Žizn» (Neues
Leben) von 1917 bis 1918, Frankfurt am Main 1972, S. 107 ff.

9   Isaak Babel: Erste Hilfe. Sämtliche Erzählungen, Nördlin-
gen 1987; ders.: Tagebuch 1920. Aus dem Russischen
übers., hg. und komm. von Peter Urban, Berlin 1990, hier
S. 31, 36, 39, 46, 122, 133; dazu auch Helmut Altrichter:
«Ich bin ein Fremder». Zum Zerfall Russlands in Revolution
und Bürgerkrieg. In: Historische Zeitschrift 265 (1993),
S. 661–688.

10 Nicolas Werth: Ein Staat gegen sein Volk. Gewalt, Unterdrückung und Terror in der Sowjetunion. In: Stéphane
Courteois u. a. (Hg.): Das Schwarzbuch des Kommunismus.
Unterdrückung, Verbrechen und Terror, München/Zürich
1998, hier S. 86 f.

11 Richard Stites: Revolutionary Dreams. Utopian Vision and
Experimental Life in the Russian Revolution, New York/
Oxford 1989; Jutta Scherrer: Die russische Intelligenzija.
Visionen der Zukunft – Erfahrungen des Umbruchs.
In: 1917. Revolution. Russland und die Folgen, hg. v. Deut-
schen Historischen Museum und Schweizerischen Natio-
nalmuseum, Dresden 2017, S. 83–95.

12 Für das Folgende mit Einzelnachweisen: Helmut Altrich-
ter: Politik und Kunst im revolutionären Russland. In:
Evgenia Petrova und Klaus Albrecht Schröder (Hg.): Chagall
bis Malewitsch. Die Russischen Avantgarden, Wien 2016,
S. 25–39; ders.: Kunst als «verläßlichster Indikator für den
menschlichen Zustand in der Zeit»? Kliment Nikolajewitsch
Redko «Das Werk» (1922). In: ders. (Hg.): Bilder erzählen
Geschichte, Freiburg i. Br. 1995, S. 249–271.

13 Helmut Altrichter: Eine gläserne Welt unter dem Joch der
Vernunft. Jewgeni Samjatins utopischer Roman «Wir»
(1920). In: Johannes Hürter und Jürgen Zarusky (Hg.):
Epos Zeitgeschichte. Romane des 20. Jahrhunderts in zeit-
historischer Sicht, München 2010, S. 27–35.

Aufbruch und Zerfall

Aufbruch und Zerfall

Das russische Imperium

Die Russische Revolution ereignete sich in einem Land voller sozialer, nationaler und politischer Spannungen, die aus oppositioneller Sicht Ausdruck mangelnder Reformtätigkeit waren und zu einer Rückständigkeit gegenüber anderen europäischen Ländern geführt hatten. Die Vormachtstellung, die das Zarenreich nach den Koalitionskriegen gegen Napoleon bis Mitte des 19. Jahrhunderts in Europa innegehabt hatte, endete mit dem für Russland ernüchternden Ausgang des Krimkrieges 1853–1856. Zar Alexander II. nahm dies zum Anlass für weitreichende Reformen mit dem Ziel, das russische Imperium zu einem Rechtsstaat nach europäischem Vorbild zu machen. Die Maßnahmen erstreckten sich auf alle Bereiche, angefangen von der Armee über Bildung, Finanzen, Selbstverwaltung und Justiz bis hin zur Aufhebung der Leibeigenschaft 1861, blieben aber letztlich in den Anfängen stecken. Zwar erfuhr die Wirtschaft einen großen Aufschwung, die Lage der Bauern besserte sich allerdings aufgrund ihrer anhaltenden wirtschaftlichen Abhängigkeit von den Gutsbesitzern kaum, und oppositionelle Kräfte radikalisierten sich aus Enttäuschung über noch immer ausbleibende Mitbestimmungsmöglichkeiten.

Als der Zar 1881 bei einem Attentat ums Leben kam, kehrten sein Sohn Alexander III. und sein Enkel Nikolaus II. zu einem autoritären Regierungsstil zurück. Aber auch so ließen sich die drängenden Fragen nicht lösen, und 1904/05 offenbarte die Niederlage im Russisch-Japanischen Krieg das ganze Ausmaß des Reformstaus. Die Bevölkerung machte ihrem Unmut nun erstmals in der Revolution 1905–1907 Luft und zwang den Zaren zu Zugeständnissen. Es folgte eine Zeit relativer politischer Freiheit und eine Blüte von Kunst und Kultur, die sozialen Spannungen jedoch blieben bestehen. Nachdem bereits 1898 in Minsk die Sozialdemokratische Arbeiterpartei Russlands gegründet worden war, in der Wladimir I. Lenin bald eine führende Rolle übernehmen sollte, trugen Industrialisierung und Urbanisierung zu einer weiteren Stärkung der Arbeiterbewegung bei.

Zu Beginn des Ersten Weltkrieges 1914 schien es zunächst, wie in anderen europäischen Ländern auch, als stünde die gesamte Bevölkerung in patriotischer Gesinnung hinter dem Zaren. Aber schon nach wenigen Monaten brachen die alten Konflikte wieder auf, zumal der Krieg die bestehenden Probleme verschärfte: Nach zwei Kriegsjahren stand Russland vor dem politischen und militärischen Zusammenbruch. Während sich an der Front aufgrund von Misserfolgen und hohen Verlusten Kriegsmüdigkeit unter den Soldaten ausbreitete, herrschten an der Heimatfront Hunger und Mangelwirtschaft. Der Widerstand gegen die Fortsetzung des Krieges wuchs, wie vermehrte Demonstrationen und Streiks in den Fabriken und Rüstungsbetrieben zeigten – die Situation spitzte sich immer mehr zu. Vor diesem Hintergrund werden die revolutionären Proteste des Jahres 1917 als Folge aufgeschobener Reformen und als Reaktion auf die kriegsbedingte Ausnahmesituation verständlich. *KJ*

Die russische Gesellschaft

Entgegen allen Vorhersagen der marxistischen Ideologie brach die Revolution nicht in einem der weit entwickelten Industrieländer, sondern in dem von Agrarwirtschaft und dörflichen Strukturen geprägten Russischen Reich aus. Um 1900 zählte die Bevölkerung insgesamt 125 Millionen Menschen, zwischen 85 und 90 Prozent von ihnen waren Bauern und lebten auf dem Land. Ihr Leben war von Armut und Hunger geprägt, die auf eine hohe Abgabenlast, Hungersnöte und Missernten zurückzuführen waren. Erschwert wurde die Situation zudem durch einen rapiden Bevölkerungsanstieg, wodurch immer weniger Land für die eigene Bewirtschaftung zur Verfügung stand.

Auch für die Adligen wurde es zunehmend schwieriger, das Land gewinnbringend zu bewirtschaften. Insbesondere der Hochadel aber hielt an einer weiterhin ausschweifenden Lebensführung fest. Im Zentrum der Aristokratie, die sich aus dem alten, erblichen sowie dem erworbenen, persönlichen Adel zusammensetzte, stand der Hof des Zaren. Darüber hinaus gehörten das Offizierskorps der Armee und die Russisch-Orthodoxe Kirche zu den staatstragenden Säulen.

Mit den Modernisierungsbemühungen unter Alexander II. in den 1860er Jahren waren ein wirtschaftlicher Wandel und soziale Veränderungen in Gang gekommen. Infolge des Wirtschaftaufschwungs entstand eine – wenn auch zahlenmäßig sehr geringe – heterogene bürgerliche Schicht, zu der neben Unternehmern, Kaufleuten, Kleinbürgern und Handwerkern auch handel- und gewerbetreibende Bauern gehörten. Auch die Arbeiterschaft nahm durch die Industrialisierung und den Zuzug von Bauern in die Städte und Produktionszentren deutlich zu. Intellektuelle und politische Aktivisten, die *Intelligenzija*, prangerten Missstände und fehlende Mitbestimmung an, wodurch sie sich Repressionen und Verfolgung ausgesetzt sahen. Die meisten von ihnen konnten nur im Untergrund oder im Exil agieren, sodass keine breite Protestbewegung entstehen konnte. Letztlich war es daher auch eine kleine Gruppe von Berufsrevolutionären um Wladimir I. Lenin, die entgegen der Marx'schen Lehre die proletarische Revolution in einem vorindustriellen Staat herbeiführte. *KJ*

Der Pilger
Robert Büchtger (1862–1951)
Russland, 1895
Privatsammlung Urbanczyk,
Berlin

Die Mehrheit der Bevölkerung in Russland bestand aus Bauern. Ihre Lebens-
und Arbeitsbedingungen waren auch
nach der Abschaffung der Leibeigenschaft 1861 hart, denn die Abgaben-
pflicht war hoch, die landwirtschaftlichen Erträge zum eigenen Überleben
gering. Die meisten lebten in bitterer
Armut. Großen Einfluss auf das bäuerliche Leben hatte die Kirche, deren
Feiertage und Rituale den Alltag bestimmten.

Das Bild vereint diese beiden Aspekte.
Unter dem Einfluss der «Wandermaler»
wandte sich Robert Büchtger Motiven
des Alltags zu. Die Regenlandschaft,
die für das Frühjahr in Russland typi-
sche aufgeweichte Landstraße und
der dunkle Hintergrund zeugen von
der Trostlosigkeit des Daseins auf dem
Land, in dem nur die Kirche Hoffnung
spenden und Richtung geben kann.
Das vermittelt der Gang des Bauern,
der – gestützt auf das Mädchen – entschlossen voranschreitet.

Der deutschstämmige Künstler wuchs
in Russland auf und erhielt dort seine
künstlerische Ausbildung, bevor er in
den 1890er Jahren nach Deutschland
übersiedelte. Typisch russische Motive
wie dieses, darunter auch Porträts und
Landschaften, beschäftigten ihn auch
in seinem weiteren Werk. *KJ*

**18 Ostereier mit den Porträts
aller Zaren der Romanow-Dynastie**
o. O., nach 1917
Deutsches Historisches Museum,
Berlin

**Uniform des Kaiserlich
4. Leibgarde-Schützen-Regiments**
Russland, 1911
Das Staatliche Historische Museum,
Moskau

An der Spitze des russischen Imperiums
stand der Zar als autokratischer Allein-
herrscher. 300 Jahre lang stellte die
Dynastie der Romanows das Staatsoberhaupt. Das erste Ei zeigt Michael I.
(Zar 1613 – 1645), das letzte Nikolaus II.
(Zar 1894 – 1917), die Rückseiten zeigen
jeweils Ansichten der Residenzstädte
Moskau und St. Petersburg. Die Sammlung entstand vermutlich nach der
Revolution im Ausland zur Erinnerung
an das untergegangene Zarenreich.

In Russland war es Brauch, sich zu Os-
tern, dem höchsten Fest der Ortho-
doxen Kirche, Hühnereier und – je nach
Wohlstand – auch Schmuckeier zu
schenken. So hatte etwa der Zar seiner
Frau seit 1885 jedes Jahr ein wertvolles
Ei aus der Werkstatt des Hofjuweliers
Peter Carl Fabergé zum Geschenk
gemacht. *KJ*

Die Uniform gehörte dem Großfürsten
und Thronfolger Alexej N. Romanow
und verlieh ihm den Rang eines
Podporutschik, einen Offiziersdienst-
grad aus der Gruppe der Leutnants.
Traditionell war die Zarenfamilie, wie
der gesamte Adel, eng mit dem Militär
verbunden. Alle Familienmitglieder, die
den Titel eines Großfürsten führten,
waren für die Offizierslaufbahn be-
stimmt. Die elitären Leibgarde-Regi-
menter setzten sich ausschließlich aus
Angehörigen des alten Adels zusammen. Auch weibliche Angehörige des
Hofes wurden zum Chef von Infanterie-,

Kavallerie- und Artillerie-Regimentern
ernannt, was häufig aus außenpoli-
tisch-dynastischen Erwägungen
heraus geschah.

Der *Zarewitsch*, so der offizielle Titel
des Thronfolgers, war der einzige Sohn
des letzten Zaren Nikolaus II. Er litt
unter der Bluterkrankheit. Da er sich
nicht verletzten durfte, wurde er besonders behütet und geschont. Zugleich bereitete man ihn auf seine zukünftige Rolle als Zar vor, zu der auch
eine militärische Ausbildung gehörte.
KJ

Bilderrahmen
Werkstatt von Peter Carl Fabergé
(1846–1920)
St. Petersburg, 1898–1904
Das Staatliche Historische Museum,
Moskau

Der prachtvolle Rahmen stammt aus
der Werkstatt des Goldschmieds und
Hofjuweliers Peter Carl Fabergé. Dieser
war durch seine kunstvollen Schmuck-
stücke nach Vorbildern der russischen
Volkskunst bekannt geworden und zu
Reichtum gelangt. Seit 1885 entwarf
und produzierte er für den Zaren die
berühmten Fabergé-Eier. Seine Arbeiten galten in Russland und bald auch in
ganz Europa als der Inbegriff von
Pracht und Luxus, die das Leben der
Zarenfamilie und großer Teile des Adels
prägten. Nach der Oktoberrevolution
verkaufte Fabergé sein Geschäft und
floh ins Ausland, zunächst nach Finnland, später nach Deutschland und
schließlich in die Schweiz.

Das Bild zeigt den König von Bulgarien,
Ferdinand I. (1861–1948, Zar 1918),
dessen Sohn und letzter Zar Bulgariens,
Boris III. (1894–1943, Zar 1918–1943),
das Patenkind des russischen Zaren
Nikolaus II. war. *KJ*

**Becher zur Krönungsfeier
des Zaren Nikolaus II.**
Russland, 1896
Archiv der Forschungsstelle Osteuropa
an der Universität Bremen

Der emaillierte Becher zeugt von einer
der wenigen Begebenheiten, bei denen
die breite Bevölkerung und der Zar unmittelbar aufeinandertrafen. Dieses
Gefäß mit dem Wappen der Romanows
ist einer von jenen 400 000 Bechern,
die am 18. Mai 1896 anlässlich eines
Volksfestes zur Krönung von Nikolaus II. auf dem Chodynkafeld bei Moskau zusammen mit weiteren Geschen-
ken und Lebensmitteln an die Bevölkerung verteilt wurden. Geplant waren
Musik und Theaterveranstaltungen
sowie eine Verköstigung der Massen.
Dabei kam es zu einer Panik unter den
etwa 500 000 Anwesenden, die die
Verteilung der Geschenke nicht verpassen wollten: 1389 Menschen kamen
zu Tode, 1300 wurden verletzt. Der Zar
ließ zwar Entschädigungen zahlen, die
Bevölkerung nahm ihm aber übel, dass
er trotz des schrecklichen Ereignisses
am Abend einen Ball der französischen
Gesandtschaft besuchte. Sein Bruder
Sergej hatte ihm dazu geraten, um den
Bündnispartner nicht zu verärgern.
Das Unglück galt als böses Omen für
seine Herrschaft. Der Dichter Konstantin D. Balmont schrieb in einem Gedicht
1908: «Wer seine Herrschaft mit Cho-
dynka begann, wird auf dem Schafott
enden.» *KJ*

Hut, Frauenkleid und Halbstiefel
Russland, 1910er Jahre
Das Staatliche Historische Museum,
Moskau

Die Niederlage im Russisch-Japanischen Krieg 1905 offenbarte einmal
mehr den dringenden Reformbedarf in
allen Bereichen der Gesellschaft.
Immer mehr Menschen forderten die
Möglichkeit politischer Teilhabe. Das
galt auch für Frauen, die, vom Besuch
einer Universität ausgeschlossen, seit
1869 «Höhere Frauenkurse» besuchen
konnten. Diese Möglichkeit nutzten
insbesondere Frauen aus den Städten.

Die Industrialisierung führte zur Entstehung eines Wirtschaftsbürgertums.
Zwar waren dessen Vertreter nicht mit
dem liberalen Bürgertum in Westeuropa zu vergleichen, doch auch sie verlangten ein Mitspracherecht. Gerade
die Städte wurden aufgrund ihres
rasanten Wachstums zu politischen
und sozialen Brennpunkten. In Moskau
wuchs die Bevölkerung zwischen 1867
und 1914 von 350 000 auf 1,7 Millionen,
in St. Petersburg von 500 000 auf
2,2 Millionen Menschen. *KJ*

Emblem der *Russian Bank for Foreign Trade* aus dem Schalterraum in St. Petersburg
St. Petersburg/Petrograd, 1880–1917
Das Staatliche Historische Museum, Moskau

Mit seinen Reformen in der zweiten Hälfte des 19. Jahrhunderts hatte Zar Alexander I. auch das Ziel verfolgt, Russland wirtschaftlich konkurrenzfähig zu machen. Doch der Adel investierte nur zögerlich, und ein selbstbewusstes Bürgertum, das in Westeuropa die Industrialisierung vorantrieb, gab es in Russland nicht. Der Staat sah sich daher gezwungen, selbst aktiv zu werden. Zur Ankurbelung der Wirtschaft gehörten eine erhöhte Kreditvergabe durch die russische Staatsbank, eine neue Zollpolitik zum Schutz der einheimischen Unternehmer und die Verbesserung der Infrastruktur. Dies betraf besonders die Förderung des Eisenbahnbaus und den Ausbau des Eisenbahnnetzes. Gerade in diesem Bereich investierten viele ausländische Firmen und Banken. Eine wichtige Rolle im Außenhandel spielte die *Russian Bank for Foreign Trade*, eine der größten Banken in der Hauptstadt. Im Dezember 1917 wurde sie verstaatlicht. *KJ*

Auf der Straße schlafende Arbeiter
Moskau, um 1900
Staatliches Museum für Zeitgenös-
sische Geschichte Russlands, Moskau

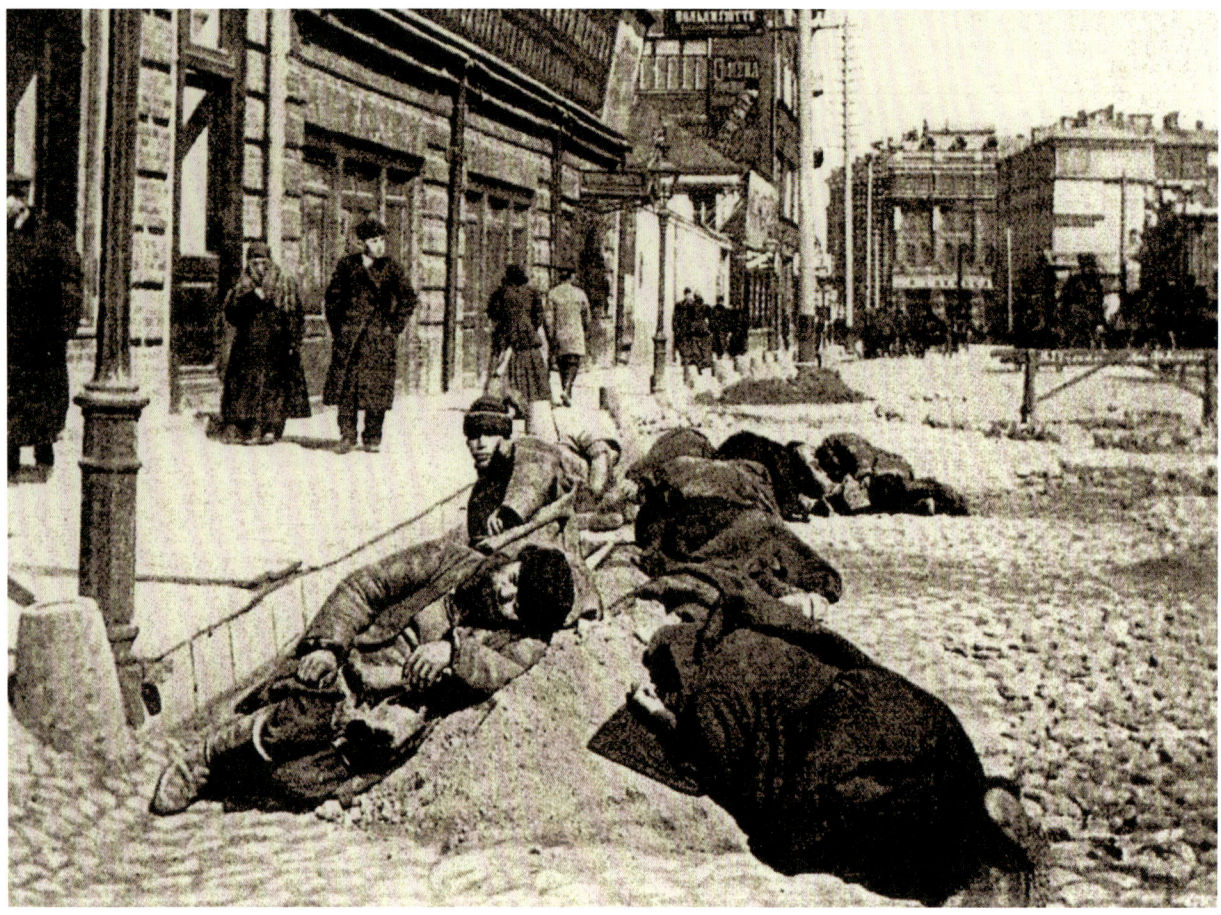

Die wachsende Industriearbeiterschaft bestand um die Jahrhundertwende fast ausschließlich aus Bauern, die ihr Dorf meist aufgrund von Landknappheit und Hungersnöten verlassen hatten. Um das Überleben ihrer Familien zu sichern, suchten sie Arbeit in den Ballungsräumen der Produktions- und Industriezentren. Diese fanden sie infolge der zunehmenden Industrialisierung und des Wirtschaftswachstums seit Ende des 19. Jahrhunderts in den Metall- und Textilfabriken überwiegend in Moskau und St. Petersburg, in der Ölförderung in der Region Baku oder im Steinkohleabbau im Ural.

In der Stadt behielten die Arbeiter in der Regel ihre bäuerlichen Gewohnheiten bei. Ihr Leben war von kirchlichen Ritualen, ländlichen Bräuchen und häuslicher Gewalt geprägt. Nur ein Teil der Arbeiter gelangte zu bescheidenem Wohlstand. Die meisten konnten sich keine Wohnung leisten, sondern waren in Massenunterkünften untergebracht oder nächtigten auf der Straße. *KJ*

**Vorschlag-Schmiedehammer
und Sichel**
Russland, um 1900
Das Staatliche Historische Museum,
Moskau

Die Arbeitsbedingungen in der Landwirtschaft und in den Fabriken waren
gleichermaßen katastrophal. Die Bauern waren nach der Abschaffung der
Leibeigenschaft 1861 zwar formal frei,
mussten aber hohe Abgaben an die
Gutsherren zahlen und durften selbst
nur kleine Flächen bewirtschaften.
Weder das verfügbare Gerät noch die
überkommenen Anbaumethoden
waren geeignet, die Produktivität zu
steigern. Bis zu den Agrarreformen
unter Ministerpräsident Pjotr A. Stolypin 1906 blieben sie an die Dorfgemeinschaft (*mir*) gebunden. Die Landknappheit zwang viele Bauern in die Städte
und Industriezentren, wo sie den über-
wiegenden Teil der Arbeiterschaft aus-
machten. Hier hatten sie unter der
mangelhaften Sozialgesetzgebung zu
leiden. Diese schrieb einen Arbeitstag
von 11,5 Stunden vor, Gewerkschaften
und Streiks waren verboten.

Hammer und Sichel gehören zu den
ältesten Werkzeugen und Ackerbau-
geräten überhaupt. Nachdem der Maler
Jewgenij I. Kamsolkin das Symbol als
Festdekoration zum 1. Mai 1918 in Moskau verwendet hatte, wurden sie zum
Sinnbild des neuen Arbeiter- und Bau-
ernstaates. *KJ*

**Ikone der Gottesmutter der Rührung,
Ikonenlampe und Mitra**

Werkstatt von Porfiri I. Olowjanischnikow
(1870 – 1909)

Die Russisch-Orthodoxe Kirche war eng mit dem Staat verbunden. Auf «Orthodoxie, Autokratie und Volkstum» gründete sich Mitte des 19. Jahrhunderts die offizielle Staatsdoktrin. Kirche, Zarenherrschaft und Verbundenheit mit dem (russischen) Volk galten als tragende Säulen des Imperiums. Nach dem Verständnis der Kirche waren ihre Vormachtstellung und die damit verbundenen Privilegien eine Voraussetzung für ihr religiöses Wirken. Im Leben der Bevölkerung, insbesondere der Bauern, spielte sie eine überragende Rolle und beeinflusste alle Lebensbereiche.

1897 gehörten knapp 70 Prozent der Bevölkerung der Russisch-Orthodoxen Kirche an, 11,7 Prozent waren Muslime, 9,1 Prozent Katholiken, 4,1 Prozent Juden und 2,8 Prozent Protestanten. Darüber hinaus gab es weitere kleine religiöse Minderheiten. *KJ*

**Weihrauchgefäß aus der Moskauer
Kirche in der Ordynka-Straße**
Moskau, 1899 – 1917
Das Staatliche Historische Museum,
Moskau

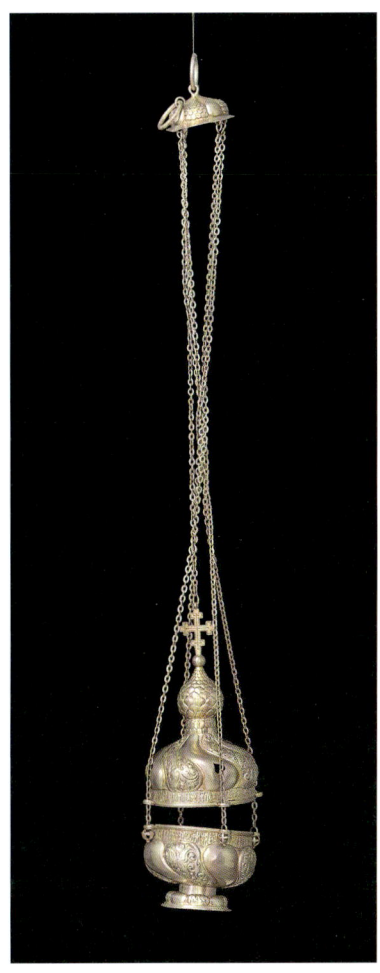

**Landkarte mit Darstellung
der im Russischen Reich lebenden
Ethnien**
St. Petersburg, 1866
Das Staatliche Historische Museum,
Moskau

Das russische Imperium war mit rund
21,8 Millionen Quadratkilometern das
größte Land der Welt und umfasste
fast ein Sechstel der Erdoberfläche. Infolge von Annexionen und Kolonisie-
rungen seit dem 16. Jahrhundert war es
ein Vielvölkerstaat. 1897 erfasste eine
Volkszählung die ethnische Zugehörig-
keit nach der Muttersprache: Demnach
machten die Russen und Ukrainer mit
49 Prozent und 18 Prozent die größten
Gruppen aus, es folgten Polen, Weiß-
russen, Juden, Tataren, Kasachen,
Deutsche, Litauer, Letten, Georgier,
Baschkiren, Armenier, Moldauer, Esten
und zahlreiche weitere kleine Ethnien.
Insgesamt wurden 130 Sprachen ge-
zählt. Die nichtrussischen Völker waren
seit 1859 einer zunehmenden Russifi-
zierungspolitik ausgesetzt. Durch eine
strenge Sprachenpolitik in den Grenz-
regionen sollten sie von nationalis-
tischen Einflüssen aus Österreich-
Ungarn, Deutschland oder Skandina-
vien abgeschnitten werden. Dahinter
stand der Gedanke, dass die Förderung
der russischen Sprache und der kyrillischen Schrift die Menschen stärker an
Russland binden und zugleich von ihrer
eigenen Kultur entfremden würde. Das
Gegenteil war die Folge: Die National-
bewegungen erhielten einen größeren
Zulauf. *KJ*

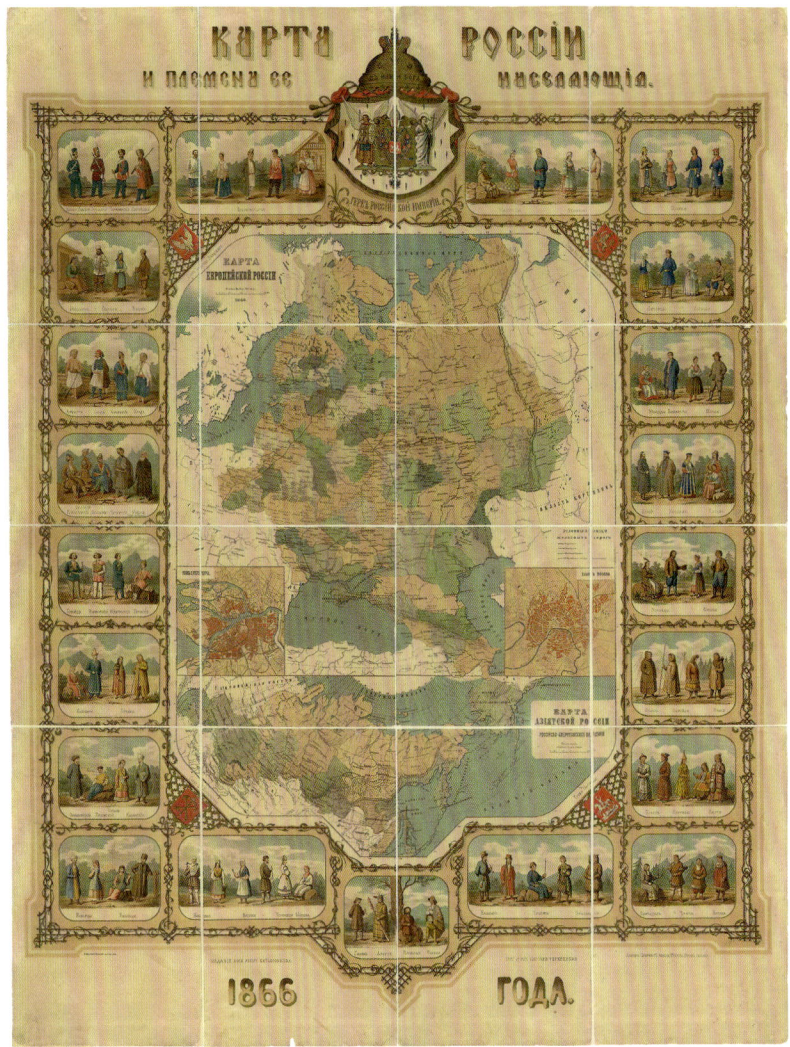

Manifest der Kommunistischen Partei

Karl Marx (1818–1883),
Friedrich Engels (1820–1895)
Faksimile der Erstausgabe aus dem
Jahr 1848
Leipzig, 1965

«Die Kommunisten […] erklären es offen, daß ihre Zwecke nur erreicht werden können durch den gewaltsamen Umsturz aller bisherigen Gesellschaftsordnung. Mögen die herrschenden Klassen vor einer kommunistischen Revolution zittern. Die Proletarier haben nichts zu verlieren als ihre Ketten. Sie haben eine Welt zu gewinnen. Proletarier aller Länder, vereinigt euch!» Diese Kernsätze aus dem *Manifest der Kommunistischen Partei* waren nur wenige Jahre nach ihrer Veröffentlichung europaweit bekannt. Während das Manifest in adligen und bürgerlichen Kreisen mit Sorge, aber auch mit Hohn und Spott aufgenommen wurde, war es für einen Großteil der in bitterer Armut lebenden Industriearbeiterschaft eine verheißungsvolle Offenbarung für die Zukunft. Die in London veröffentlichte Schrift war das politische Programm des internationalen Bundes der Kommunisten, dessen Ziel die Überwindung des Kapitalismus durch Klassenkampf und damit die «Befreiung des Proletariats» von Unterdrückung und Ausbeutung durch die «herrschende Klasse» der Besitzenden war. Das Manifest begründete die für viele Revolutionäre wegweisende Theorie des Marxismus und wurde in die meisten Sprachen der Welt übersetzt. Die erste russische Übersetzung erschien 1869 in Genf und wurde illegal in Russland verbreitet. *AS*

Что дѣлать? (Was tun?)
Nikolai G. Tschernyschewski
(1828–1889)
St. Petersburg, 1867 (Erstausgabe 1863)
Staatliches Museum für Politische
Geschichte Russlands, St. Petersburg

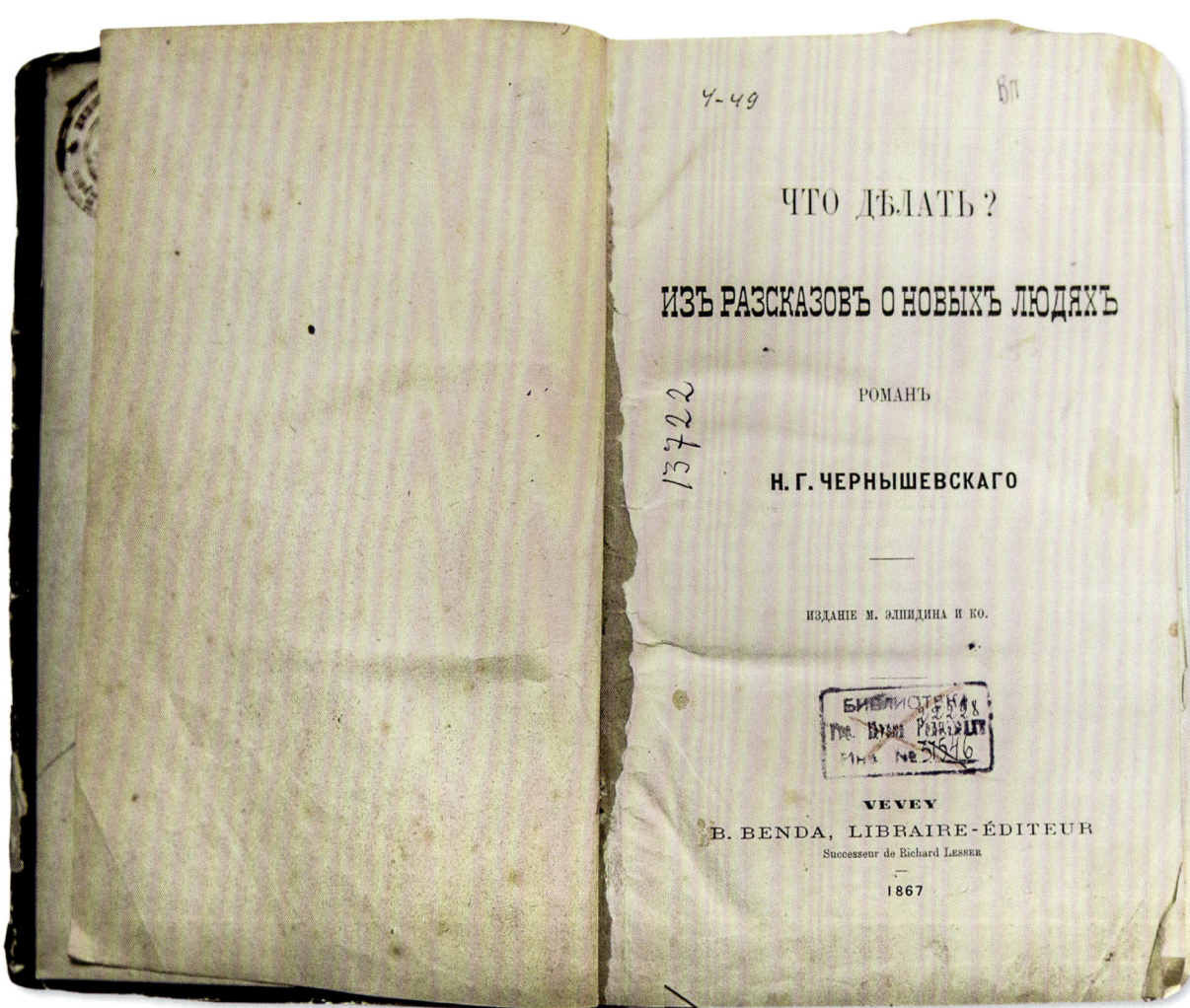

Nikolai G. Tschernyschewski propagierte in seinem Roman die Idee des Sozialismus und vertrat die Interessen der Arbeiterschaft. Dies hatte er bereits als Journalist und Literaturkritiker in früheren Texten getan, in denen er die politischen und sozialen Verhältnisse in Russland verurteilte. Seine Schriften brachten ihm eine Verhaftung aus politischen Gründen ein, und er nutzte die

Zeit im Gefängnis zur Niederschrift dieses Romans, der eine weite Verbreitung innerhalb der russischen *Intelligenzija* fand.

Zu den Lesern Tschernyschewskis gehörte auch Karl Marx, der sieben seiner Bücher im Original besaß. In Russland inspirierte der Autor zahlreiche Revolutionäre, unter anderem auch Wladimir I. Lenin, der sein 1902 erschienenes Hauptwerk zu Ehren Tschernyschewskis ebenfalls *Was tun?* nannte. *KJ*

Flugblatt des Moskauer Ausschusses der Partei «Bund» über die Extrabesteuerung für den Wahlkampf um die Moskauer *Duma*
Moskau, Juni 1917
Das Staatliche Historische Museum, Moskau ·

Der 1897 gegründete «Allgemeine jüdische Arbeiterbund von Litauen, Polen und Russland» war einer der ersten Zusammenschlüsse der Arbeiterbewegung im russischen Imperium. Bis 1917 lebten etwa zwei Drittel aller Juden weltweit im Zarenreich, wobei sie bis auf wenige Ausnahmen nur im sogenannten Ansiedlungsrayon im Westen Russlands leben und arbeiten durften. Zu den Zielen des Bundes gehörte es, ihre Lebens- und Arbeitsbedingungen zu verbessern. Zu diesem Zweck strebte er eine Vereinigung mit den russischen Sozialdemokraten in einer sozialistischen Partei an. Konkret sollte judenfeindliche Politik beendet und die gesetzliche Anerkennung der Juden als eigene Nation mit Minderheitenstatus erreicht werden.

Der Bund wurde bald zu einer auch international vernetzten Gesellschaft jüdischer Sozialisten. Er war in vielen europäischen Ländern aktiv und hatte politische Kontakte unter anderem zu Lenin, Rosa Luxemburg und Otto Bauer, dem führenden Sozialdemokraten Österreichs. *KJ*

**Modell des Gebäudes in Minsk,
in dem 1898 der Erste Parteitag der
Sozialdemokratischen Arbeiterpartei
Russlands (SDAPR) stattfand**
Deutsche Demokratische Republik, o. D.
Deutsches Historisches Museum, Berlin

Aufgrund der Zensur konnte sich sozialistisches und marxistisches Gedanken-
gut in Russland nur schwer verbreiten.
Dieser Aufgabe widmeten sich seit den
1870er Jahren verschiedene Gruppen in
Russland und im Exil, darunter die
Gruppe zur Befreiung der Arbeit mit
Georgi W. Plechanow und der 1895 von
Lenin und Juli O. Martow gegründete
Petersburger Kampfbund zur Befreiung
der Arbeiterklasse. 1898 kamen Vertreter von sechs Organisationen in Minsk
zusammen und gründeten die Sozialdemokratische Arbeiterpartei Russlands.
Die Nachricht verbreitete sich schnell
und führte zu vielen Neugründungen
örtlicher Gruppen und Komitees. Zu
ihrem Sprachrohr wurde 1900 die Zeitschrift *Iskra* (Der Funke), an der auch
Lenin beteiligt war. Auf dem II. Parteitag in Brüssel und London 1903 kam es
über die Frage der Parteiorganisation
zur Spaltung in Bolschewiki und Menschewiki. Nach dem Ausschluss der
Letzteren führte die Partei seit 1912
den Zusatz (B) für Bolschewiki im
Namen. 1918 benannte sie sich in
Kommunistische Partei Russlands (Bolschewiki) um, 1952 in Kommunistische
Partei der Sowjetunion (KPdSU). *KJ*

«Ich erinnere mich an den 17. Oktober 1905, als ich mich von einer rote Fahnen schwingenden, die ‹Marseillaise› anstimmenden Menge mitziehen ließ zum Platz bei der Universität und mir auf der Schlossbrücke Muschiki* begegneten, die sich beim Anblick dieser Menge bekreuzigten. [...]
Vielleicht hielten sie die roten Fahnen für Kirchenbanner und die ‹Marseillaise›

* Der Begriff bezeichnet einfache, meist bäuerliche Männer.

für die Kaiserhymne ‹Gott schütze den Zar›. [...] Ich weiß es nicht. Aber aus irgendeinem Grund sind mir diese Kreuzzeichen als das Wichtigste in Erinnerung geblieben. [...] Wahrscheinlich habe ich das als Ausdruck der Freude über die Revolution verstanden. [...]

Und hat mich eben genau das beeindruckt: dass Muschiki sich vor roten Fahnen bekreuzigen.»

Michail M. Prischwin, 21. Oktober 1908

Revolution und Reform

Die Reformversuche der 1860er Jahre hatten nicht den gewünschten Erfolg gebracht. Noch immer waren die Lebens- und Arbeitsbedingungen auf dem Land und in den industriellen Zentren erbärmlich, und die Forderung großer Teile der Bevölkerung nach weitergehenden Reformen blieb ungehört. Als der Russisch-Japanische Krieg 1904/05 mit einer Niederlage Russlands endete, erhob sich die Bevölkerung erstmals auf breiter Basis in der Revolution von 1905. Auslöser war das äußert brutale Vorgehen der Armee gegen die Teilnehmer eines Protestmarsches in St. Petersburg am 9. Januar. Daraufhin kam es zu Aufständen im ganzen Land: Arbeiter streikten in den Fabriken, Bauern eigneten sich gewaltsam das Land der Gutsbesitzer an, Matrosen meuterten. Die ohnehin judenfeindliche Stimmung, die zusätzlich durch antijüdische Propaganda angeheizt wurde, entlud sich in zahlreichen Pogromen. Der Höhepunkt der Massenerhebungen war ein Eisenbahnerstreik im Oktober 1905. Während dieser bis 1907 anhaltenden Unruhen entstanden erstmals Arbeiterkomitees, die sogenannten Sowjets, die sich innerhalb von Betrieben und ganzen Stadtteilen spontan als Ordnungsorgane bildeten.

Um die Lage zu beruhigen, sah sich der Zar gezwungen, Zugeständnisse zu machen. Mit dem Oktobermanifest garantierte er erstmals die Wahl eines Parlaments, der *Duma*, und gewährte bürgerliche Freiheitsrechte – Maßnahmen, die in den Augen konservativer Kräfte zu radikal, für die Liberalen dagegen unzureichend waren. Als die gewährten Freiräume nach kurzer Zeit zurückgenommen wurden, nahmen die politischen Auseinandersetzungen wieder zu und verschärften sich schließlich unter den Bedingungen des Ersten Weltkrieges abermals.

Trotz dieser Herausforderungen erlebte Russland eine politisch verhältnismäßig liberale Zeit. Erstmals war die Bildung von Parteien erlaubt, die Zensur wurde gelockert, es entstand eine breite Presselandschaft. Die Anzahl der Streiks sank von 14 000 im Jahr 1905 auf 222 im Jahr 1910, und das veränderte Klima trug nicht zuletzt zu einer Blüte von Kunst und Kultur, dem sogenannten Silbernen Zeitalter, bei. *KJ*

Japanischer Bilderbogen
Heldenhafter Kampf im Morgennebel
Tokio, 1905
Deutsches Historisches Museum,
Berlin

Aus machtpolitischen und wirtschaftlichen Erwägungen heraus suchte
Russland seinen Einfluss in Ostasien zu
vergrößern. Dabei stieß es in die Inte-
ressensphären Japans vor, was zu dip-
lomatischen Konflikten und schließlich
1904 zum Russisch-Japanischen Krieg
führte. Das Bild zeigt den Beginn des
Krieges durch den überraschenden
Angriff japanischer Torpedoboote auf
die russische Flotte in Port Arthur am
8. Februar 1904: Angst und Anspannung
stehen den unterlegenen russischen
Marineangehörigen förmlich ins Gesicht geschrieben. Der Marinestütz-
punkt Port Arthur auf der Halbinsel
Liaodong in der Mandschurei war von
China an Russland verpachtet worden
und als einziger eisfreier russischer
Tiefwasserhafen in Ostasien für das
Zarenreich von größter strategischer
Bedeutung. Nach Belagerung und hef-

tigen Kämpfen mussten die Russen
Port Arthur am 2. Januar 1905 den Ja-
panern überlassen, neun Monate später
endete die kriegerische Auseinandersetzung mit einer für Russland ver-
nichtenden Niederlage.

Der Krieg gegen Japan offenbarte in
Russland das ganze Ausmaß unzeitge-
mäßer politischer und militärischer
Strukturen sowie die Schwere der wirtschaftlichen Krise, er forcierte die
Unzufriedenheit in großen Teilen der
Bevölkerung und war 1905 ein ent-
scheidender Auslöser für die revolutionären Unruhen. *AS*

Расстрел (Die Erschießung)
Sergej W. Iwanow (1864 – 1910)
Russland, 1905
Staatliches Museum für Zeitgenös-
sische Geschichte Russlands, Moskau

Am 9. Januar 1905 zogen Zehntausende
Menschen unter der Führung des Pries-
ters Georgi A. Gapon zum Winterpalast
in St. Petersburg, um dem Zaren eine
Bittschrift zu überreichen. Sie forderten politische Rechte, bürgerliche Frei-
heiten, ein Parlament und die Verbesserung der Arbeitsbedingungen. Als
Offiziere aus Panik einen Schießbefehl
erteilten und Soldaten auf die Demonstranten schossen, kamen über 100 Menschen zu Tode. Das Ereignis zerstörte
das Bild vom «guten Zaren» und führte
zu einer Radikalisierung der Proteste
und zu landesweiten Aufständen.

Hauptschauplatz der Revolution in
Moskau war das Arbeiterviertel Presnja.
Im Dezember 1905 kam es hier zu heftigen Auseinandersetzungen, die gewaltsam niedergeschlagen wurden.
Der Maler war Augenzeuge der Straßenkämpfe, die er in mehreren Arbeiten
festhielt. Dieses Gemälde wurde erst
nach dem Tod des Künstlers bekannt
und rief angesichts der dargestellten
Gewalt heftige Diskussionen hervor.
KJ

Wahlurne zur Staatlichen *Duma*
Russland, 1906
Das Staatliche Historische Museum,
Moskau

Diese Urne wurde für die Wahlen zur
ersten Staats-*Duma* 1906 in Moskau
aufgestellt. Unter dem Druck der revolutionären Ereignisse 1905 hatte der
Zar einer Volksvertretung zustimmen
müssen. Dieses Zugeständnis beruhigte
zwar zunächst den Protest, bewirkte
aber zugleich eine Spaltung der Oppo-
sitionsgruppen: Während die liberalen
Kräfte auf weitere Reformen hofften,
sahen sich die Konservativen zunächst
zufriedengestellt und waren zu einer
Unterstützung der Regierung bereit.

Die Eröffnung der *Duma* erfolgte am
27. April 1906. Gesetze bedurften nun
im Allgemeinen ihrer Zustimmung.
Allerdings hatte der Zar ein Vetorecht
und konnte die Versammlung jederzeit
auflösen. Das tat er zweimal hinterein-
ander, da Zusammensetzung und Forderungen der ersten und zweiten *Duma*
liberal bis radikal waren. Danach änderte die Regierung unter Ministerpräsident Pjotr A. Stolypin im Juni 1907 das
zuvor vergleichsweise demokratische
Wahlrecht, was zukünftig eine konservative Mehrheit sicherstellte. Dennoch
war insbesondere die dritte von insgesamt vier Volksvertretungen ein Ort
von politischen Diskussionen und Re-
formanstößen. *KJ*

Postkartenserie *Политические*
партии и социальные типы
(Politische Parteien und soziale Typen)
Ewgeni G. Sokolow (1880–1949)
Moskau, 1906/07
Staatliches Museum für Zeitgenös-
sische Geschichte Russlands, Moskau

Die Gründung von Parteien war in
Russland erstmals nach dem Erlass des
Oktobermanifestes am 17. Oktober
1905 erlaubt. Davor waren alle politischen Gruppen illegal und mussten im
Untergrund agieren, was die Sozialdemokratische und die Sozialrevolutionäre Partei getan hatten. Nun entstanden zahlreiche neue, teilweise kurz-
lebige Gruppierungen wie die dargestellte Handels- und Industrie-Partei,
die Konstitutionellen Demokraten oder
die Union des 17. Oktober. Auch außerhalb von Parteien konnte jeder seine
politischen Überzeugungen öffentlich
vertreten, wie dies die hier karikierten
Anarchisten, Monarchisten, Parteilosen
oder Proletarier taten. Die Karikatur
als Mittel der Kritik und politischen
Äußerung erlebte damals vor dem
Hintergrund einer bisher ungekannten
Meinungsfreiheit eine Blütezeit in
Russland. *KJ*

**Gruppe von Frauen an den Gräbern
erschossener Arbeiter
nach dem «Lena-Massaker»**
nahe Bodaibo, Region Irkutsk, Sibirien,
April 1912
Russisches Staatliches Archiv für Film-
und Fotodokumente, Krasnogorsk

Im April 1912 streikten etwa 6 000 Arbeiter auf den Lena-Goldfeldern in
Sibirien. Anlass waren die katastrophalen Bedingungen in den Goldminen
mit einem Arbeitstag von 15 bis
16 Stunden, der Unterbringung in
Erdhöhlen sowie der schlechten Versorgung und Bezahlung. Regierungstruppen schlugen den Aufstand brutal
nieder, Hunderte kamen ums Leben
oder wurden verletzt.

Die Nachricht von dem Massaker verbreitete sich schnell. Landesweit stieg
die Zahl der Streiks von 466 im Jahr
1911 auf 1918 im Jahr 1912. Am 1. Mai
gingen in St. Petersburg rund
400 000 Arbeiter auf die Straße. Lenin
und andere Revolutionäre sahen darin
einen wichtigen Impuls für die oppositionelle Bewegung. Der damals noch
unbekannte Rechtsanwalt Alexander F.
Kerenski, der die Vorfälle als Vorsitzen-

der einer von der *Duma* eingesetzten
Kommission untersuchte, verurteilte
die Ereignisse aufs Schärfste und gab
der Regierung die Schuld an den deso-
laten Zuständen. Seine leidenschaftli-
chen Auftritte im Parlament machten
ihn erstmals landesweit bekannt. *KJ*

Stahlhelm Modell 1915 *Adrian*
Frankreich, 1916
Deutsches Historisches Museum,
Berlin

Mit Beginn des Ersten Weltkrieges 1914 kämpfte Russland an der Seite von Frankreich und Großbritannien gegen die Mittelmächte Deutschland und Österreich-Ungarn. Als Gegenleistung für französische Material- und Munitionslieferungen unterstützte ab 1916 ein russisches Expeditionskorps die Verbündeten im Stellungskrieg gegen die deutsche Armee in Frankreich. Da die rund 44 000 Angehörigen des Expeditionskorps keine eigenen Stahlhelme besaßen, erhielten sie französische vom Typ *Adrian*. Zur Kenntlichmachung waren diese mit einem Wappen in Form des russischen Doppeladlers versehen worden. Die Farbgebung der Helme entsprach der erdbraunen Farbe der Uniform der russischen Armee. Nachdem die Bolschewiki Ende des Jahres 1917 Friedensverhandlungen mit Deutschland aufgenommen hatten, wurde das Expeditionskorps aufgelöst, seine Angehörigen wurden meist auf Arbeitskompanien verteilt oder in Lagern interniert. *AS*

Plakat *На помощь жертвамъ войны*
20-го – 21-го авг. Москва
**(Für die Hilfe der Opfer des Krieges,
20./21. August, Moskau)**
Leonid O. Pasternak (1862–1945)
Moskau, 1914
Das Staatliche Historische Museum,
Moskau

Der erschöpfte Soldat bringt die bereits
1914 verbreitete niedergeschlagene
Stimmung in der russischen Armee zum
Ausdruck. Schon im ersten Kriegsjahr
musste sie schwere Niederlagen hinnehmen, die Verluste waren hoch.
Mangelnde Bewaffnung und fehlende
Munition, ungenügende Ausrüstung
sowie die schlechte Versorgung gingen
auf die kriegsbedingt schlechte Wirtschaftslage des Landes, auf Mängel
innerhalb der Armee und auf eine ver-
altete Militärdoktrin zurück. Ver-
schleppte Reformen rächten sich nun.
Wie an der militärischen Front machte
sich schon bald auch an der Heimatfront Kriegsmüdigkeit breit, zumal
auch hier die Versorgung zunehmend
eingeschränkt wurde.

Das Plakat mit einem Aufruf zur Spen-
densammlung für die Opfer des Krieges
fand enorme Verbreitung. Der Zar kri-
tisierte die Bildsprache heftig und forderte stattdessen Abbildungen von
tapferen und starken Soldaten. *KJ*

Aufbruch in die Moderne

In der russischen Kunst war erstmals eine Aufbruch-stimmung zu beobachten, als sich die Mitglieder der 1871 gegründeten Künstlergruppe der «Wander-maler» (*Peredwischniki*) mit sozialkritischen Themen beschäftigten. Sie machten in den folgenden Jahren das einfache und bäuerliche Leben zu ihrem Haupt-motiv. Um die Jahrhundertwende griffen Künstler auf die eigene, russische Volkskunst zurück, wobei die Gruppe «Welt der Kunst» (*Mir Iskusstwa)* sich auf den westlichen Jugendstil berief. Sergej P. Djagilew entwickelte seine opulenten *Ballets Russes*, die die verschiedenen Gattungen Musik, Tanz, Bühnenbild und Kostüm miteinander verbanden und besonders in Westeuropa erfolgreiche Aufführungen feierten.

Im ersten Jahrzehnt des 20. Jahrhunderts orien-tierten sich russische Künstler vorübergehend an den neuen Stilrichtungen des französischen Kubis-mus, des italienischen Futurismus und des deut-schen Expressionismus. Um 1915 überschritten sie bereits sämtliche künstlerischen Konventionen. So wird die abstrakte Malerei – durch die lyrischen Werke von Wassili W. Kandinsky oder die architek-tonisch-suprematistischen Arbeiten von Kasimir S. Malewitsch – zum Inbegriff des neuen russischen Kunststils. Wladimir J. Tatlin entwickelte ebenso radikal seine Reliefs aus der Fläche in den Raum. Diese ästhetischen Neuerungen nahmen die politi-schen revolutionären Ereignisse vom Oktober 1917 vorweg. Die akademische, realistische Kunst schien durch einen ungegenständlichen Stil hinwegge-wischt. Auch in Westeuropa fand die russische Kunst schlagartig großen Anklang. *RE*

Земство обедает
(Der *Semstwo* tagt)
Grigori G. Mjasojedow (1834–1911)
Russland, 1872
Die Staatliche Tretjakow Galerie,
Moskau

Grigori G. Mjasojedow war Mitglied der 1871 gegründeten Künstlergruppe der «Wandermaler» (*Peredwischniki*), die sich als Gegenentwurf zur engen akademischen Tradition verstand und das ländliche Leben zu ihrem Thema machte.

Nach der 1861 erfolgten Aufhebung der Leibeigenschaft in Russland wurden sogenannte *Semstwa* als Volksvertretungen für örtliche Verwaltungsaufgaben eingerichtet. Hier trafen regelmäßig Großgrundbesitzer mit Kaufleuten und Bauern zusammen. Obwohl eine Gleichstellung der Mitglieder vorgesehen war, zeigt Mjasojedow das

Fortbestehen der tradierten Machtverhältnisse: Während Diener im Innern des Hauses ein opulentes Gastmahl vorbereiten, nehmen die Landarbeiter stumm ihr karges Mittagsmahl allein vor dem Haus ein. Einzig die Geste des Teilens scheint Hoffnung auf eine gerechtere Zukunft zu geben. *RE*

Der Tänzer Vazlav F. Nijinsky war Mitglied des Ensembles *Ballets Russes*, das
unter der Leitung Sergej P. Djagilews ab
1909 durch Europa tourte. Die Opern-
und Ballettaufführungen waren be-
rühmt für ihre Synthese aus zeitgenössischer Musik, Tanz, üppigem Bühnenbild und farbenprächtigen Kostümen.
Zwar stand Nijinsky beim Berliner Gast-
spiel 1912 dem Bildhauer Georg Kolbe in
seinem Atelier Modell, die Skulptur
entstand 1913 jedoch nach einer Fotografie. Kolbe stellt den Tänzer in ele-
ganter Bewegung und mit nach innen
gerichtetem Blick dar. Die schlichte
Aktfigur, die nichts von den oft opulenten Bühnenausstattungen der *Ballets
Russes* spüren lässt, war sehr beliebt
und wurde 1919 in höherer Stückzahl in
Berlin gegossen. *RE*

Крестьяне, собирающие яблоки
(Bauern beim Sammeln von Äpfeln)
Natalja S. Gontscharowa (1881–1962)
Russland, 1911
Die Staatliche Tretjakow Galerie,
Moskau

Die vielseitige Künstlerin Natalja S.
Gontscharowa prägte mit ihren Werken, die Einflüsse der *Fauves* aus Frankreich, der Futuristen aus Italien und der
Expressionisten aus Deutschland auf-
weisen, die russische Malerei um 1910.
Als Vertreterin des Neoprimitivismus
versuchte sie, die russische Volkskunst
wiederzubeleben. Mit kräftigen Farben
und einfachen Formen stellte sie religiöse Motive und vor allem das bäuerliche Leben dar. Die Gesichter der beiden
Apfelpflücker tragen keine individuel-
len Züge, sondern ähneln archaischen
Idolen. Gontscharowa zählt zu den vielen modernen Künstlerinnen und
Künstlern, die das Land verließen: Noch
vor der Russischen Revolution zog sie
1915 nach Paris. *RE*

Автопортрет (Selbstporträt)
Natan I. Altman (1889 – 1970)
St. Petersburg, 1912
Die Staatliche Tretjakow Galerie,
Moskau

Das jüdische Leben in Russland um
1900 war geprägt von Verfolgung und
nationaler Selbstbehauptung. Wie viele
andere Künstler inspirierten Natan I.
Altman die Traditionen des dörflichen
Schtetl und der jüdischen Volkskunst.
Auch faszinierte ihn die moderne, futu-
ristisch-kubistische Kunst. Nach einer
Parisreise erlangte er 1912 in Winniza
sein Diplom und konnte in die Hauptstadt St. Petersburg ziehen, wo es
Juden nur mit Arbeitsnachweis erlaubt
war, sich niederzulassen. Hier porträ-
tierte er sich vor einer Staffelei als junger Mann, der unsicher, aber hoff-
nungsvoll in die Zukunft blickt. Direkte
Hinweise auf seinen jüdischen Glauben
zeigt er nicht. *RE*

Composition 8 e
**(Suprematistische Zeichnung
S-609)**

***Magnetismus mit zirkulärer
Bewegung* (Suprematistische
Zeichnung S-321)**

Das metallische Geräusch
(Suprematistische Zeichnung S-319)

***Komposition mit Viereck,
Schachbrett und Bogen***
(Suprematistische Zeichnung S-338)

Kasimir S. Malewitsch (1878–1935)
o. O., 1917, 1916/17, 1916, 1915
Kunstmuseum Bochum

Kasimir S. Malewitsch schlug nach seinen futuristischen Anfängen den radikalen Weg der Abstraktion ein. Nach
seiner Mitarbeit an der Oper *Sieg über
die Sonne* 1913, zu der er Bühnenent-
würfe beigesteuert hatte, propagierte
er in seinem Manifest 1915 den von ihm
erdachten Suprematismus. Aus dem
Quadrat entwickelt er sein Vokabular
geometrischer Grundformen. Schwere-
los bewegen sie sich im Raum, den
Malewitsch dem kosmischen Weltraum
gleichsetzte. Dennoch sind die supre-
matistischen Werke nicht Ausdruck
einer Technologiegläubigkeit, sondern
einer reinen gegenstandslosen Empfin-
dung. Farben können eine symbolische
Bedeutung annehmen, wobei Rot das
«Signal der Revolution» ist. *RE*

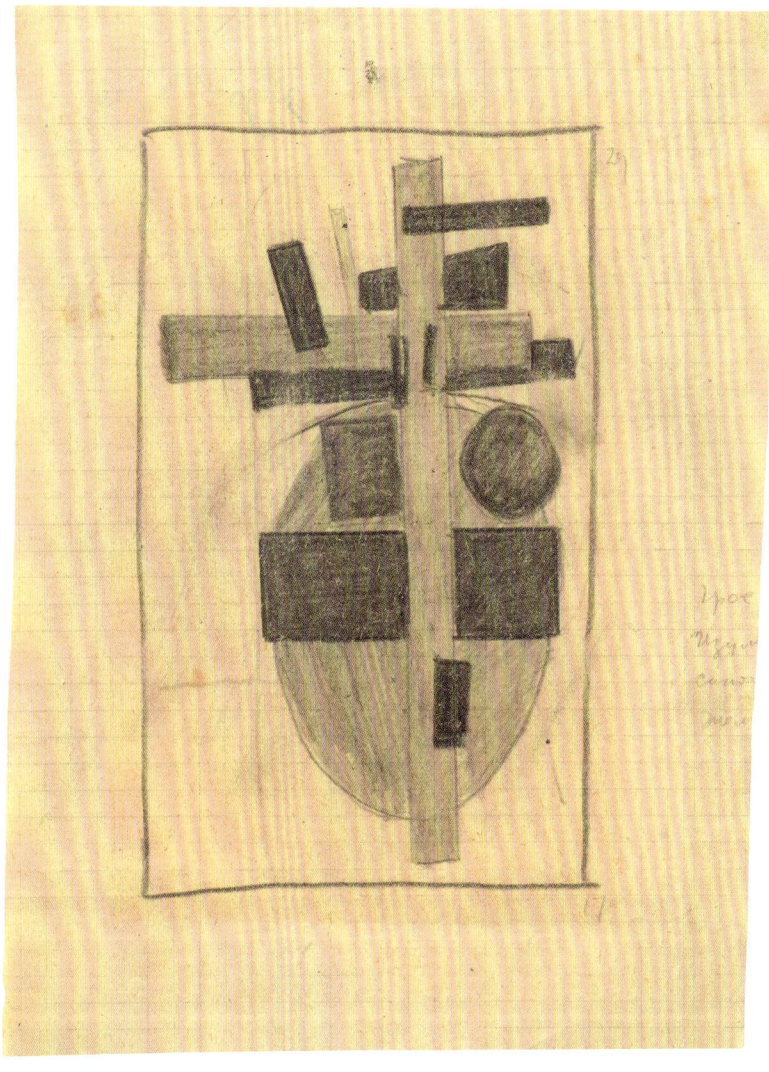

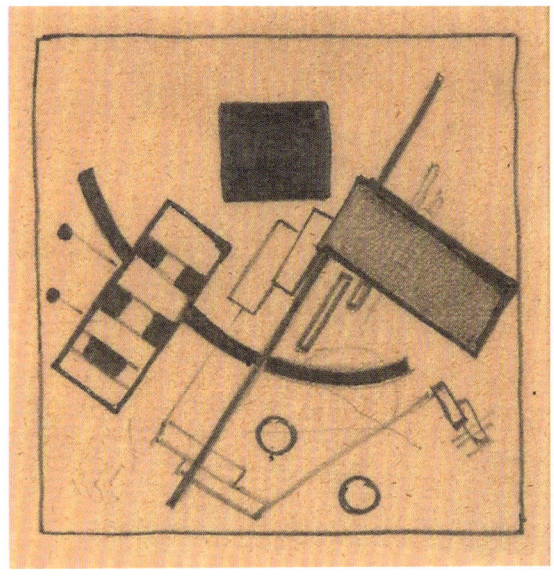

Utopie und Wirklichkeit

Utopie und Wirklichkeit

Die Russische Revolution

«Die» Revolution war eine Gemengelage verschiedener Interessen, revolutionärer Ideen und utopischer Erwartungen. Unterschiedliche politische, soziale und nationale Gruppen verfolgten dabei ihre eigenen Vorstellungen. Während die Masse der Bevölkerung bis zur Revolution von 1905 vom «guten Zaren» geträumt hatte und sich von den politischen und sozialen Veränderungen des Jahres 1917 die Verfügung über das Land erhoffte, das sie mit ihrer Hände Arbeit bebaute, forderten liberale und gemäßigt konservative Kreise einen parlamentarischen Rechtsstaat nach westlichem Muster und die nichtrussischen Ethnien ihre nationale Autonomie. Innerhalb der *Intelligenzija* reichten die Konzepte von der Idealisierung des russischen Volkes als Träger der Erneuerung über marxistisch-sozialistische Ideologien bis hin zu den radikalen Forderungen der Bolschewiki nach einer basisdemokratischen Räterepublik. All diese Entwürfe für die Zukunft Russlands trugen dazu bei, dass sich zwischen 1917 und 1922 mehrere revolutionäre Prozesse überlagerten und eine immer wieder neue Dynamik und andere Impulse erhielten.

Nachdem das russische Kaiserreich 1914 an der Seite Großbritanniens und Frankreichs in den Ersten Weltkrieg eingetreten war, verschärften sich die inneren sozialen, wirtschaftlichen und politischen Herausforderungen des Landes. Die anfängliche Unterstützung des Zaren in der Bevölkerung war längst zunehmenden Protesten und Streiks gegen die Fortsetzung des Krieges und die schlechte Versorgungslage gewichen, bevor sich 1917 die Lage zuspitzte: Das Land erlebte zwei Revolutionen und anschließend einen mehrjährigen Bürgerkrieg.

Zunächst brachte die Februarrevolution die Monarchie zum Einsturz. Eine neu gebildete Provisorische Regierung übernahm die Regierungsgewalt, die sie jedoch mit dem Petrograder Arbeiter- und Soldatenrat, in dem auch die Bolschewiki vertreten waren, teilen musste, sodass zwischen März und Oktober faktisch eine «Doppelherrschaft» bestand. Im Oktober 1917 gelang es den Bolschewiki, die alleinige Herrschaft an sich zu reißen. Um sie zu verteidigen und ihre Gegner auszuschalten, zerschlugen sie die alten Machtstrukturen und leiteten einen radikalen Umbruch in Politik, Wirtschaft und Gesellschaft ein. Dabei schreckten sie auch vor Terror und Repression nicht zurück. Die inneren Konflikte zwischen den politischen Lagern und sozialen Klassen führten zu einem blutigen Bürgerkrieg, in dem jeder für seine eigenen Ziele und Interessen kämpfte.

Als die siegreichen Bolschewiki am 31. Dezember 1922 die Union der Sozialistischen Föderativen Sowjetrepubliken – die Sowjetunion – gründeten und darangingen, den ersten kommunistischen Staat aufzubauen, waren alle anderen revolutionären Träume und Hoffnungen, Ideale und Utopien bereits an der Wirklichkeit zerbrochen und auf der Strecke geblieben. Allein die Anhänger Waldimir I. Lenins hofften auf eine gerechtere Zukunft, wie der Revolutionsführer sie versprochen hatte, bevor auch sie von der Realität eingeholt und enttäuscht wurden. *KJ*

Die Februarrevolution: Sturz des Zaren

Allgemeine Kriegsmüdigkeit und eine schlechte Versorgung in den Städten gehörten zu den Ursachen der Februarrevolution. Entscheidend jedoch war der Vertrauensverlust in den Zaren in weiten Kreisen der Bevölkerung: Die *Duma* machte Nikolaus II. persönlich für die Probleme verantwortlich und forderte Reformen. Dass sogar das konservativ-monarchistische Lager sich zunehmend vom Staatsoberhaupt distanzierte, zeigt die Ermordung des Mönches Grigori Rasputin, unter dessen Einfluss die gesamte Zarenfamilie stand, durch Angehörige des Hofes.

Anfang 1917 rebellierten zunächst die Arbeiter der Putilow-Werke in Petrograd. Als am 23. Februar Frauen im Zentrum der Stadt für mehr Brot demonstrierten, schlossen sich die Arbeiter ihnen an. Die Streiks breiteten sich schnell aus, und immer mehr Menschen gingen mit roten Fahnen als Symbol der Revolution auf die Straße. Schließlich weigerte sich die Armee, auf ihre Landsleute zu schießen und wechselte ebenfalls auf die Seite der Aufständischen über.

Am 2. März dankte Nikolaus II. widerwillig ab, womit die 300-jährige Herrschaft der Romanows und die Monarchie in Russland endeten. Zu diesem Zeitpunkt hatte bereits eine Provisorische Regierung die Macht übernommen. Sie verkündete die bürgerlichen Grund- und Freiheitsrechte, erließ eine politische Amnestie und hob alle Beschränkungen durch Religion, Nationalität oder Klasse auf. Endgültig über die Zukunft des Landes sollte eine Verfassunggebende Versammlung entscheiden.

Indem die Regierung unter anderem die Entscheidung über die wichtige Landfrage bis dahin vertagte, vor allem aber, weil sie den Krieg an der Seite der Verbündeten fortsetzte, verspielte sie die Zustimmung in der Bevölkerung. Chaotische Zustände und weitere Unruhen waren die Folge. Dies wiederum spielte den radikalen Anhängern Waldimir I. Lenins, den Bolschewiki, in den Arbeiter- und Soldatenräten in die Hände, die zu diesem Zeitpunkt ein Sammelbecken aller Benachteiligten und Unzufriedenen waren. Ihre Anhängerschaft wuchs insbesondere nach der Rückkehr Lenins aus dem Exil im April 1917 durch das Versprechen, den Krieg sofort zu beenden, das Land an die Bauern und «alle Macht den Räten» zu übertragen. *KJ*

**Frauendemonstration
vor dem Taurischen Palais**
Jakob W. Steinberg (1880–1942)
Petrograd, 23. Februar 1917
Staatliches Museum für Politische
Geschichte Russlands, St. Petersburg

Der selbst für russische Verhältnisse
ungewöhnlich kalte Winter 1916/17 und
die völlige Überlastung der Eisenbahnen verhinderten eine ausreichende
Versorgung der Städte. Dafür war allerdings eher die Verteilung als ein realer
Mangel an Lebensmitteln und Brenn-
stoffen verantwortlich, denn die Lage
der Zivilbevölkerung war im Frühjahr
1917 noch weitaus besser als etwa in
Deutschland. Um gegen die als ungerecht empfundenen Zuweisungen zu
protestieren, versammelten sich am
23. Februar zahlreiche Frauen. Ihnen
schlossen sich Arbeiter an, sodass insgesamt über 100 000 Demonstranten
zum Sitz der *Duma* zogen.

Zu Ehren der Petrograder Frauen, die
die Massenerhebung ausgelöst hatten,
die letztlich zum Sturz der Monarchie
führen sollte, wurde dieses Datum, das
nach dem im übrigen Europa gültigen
Kalender der 8. März war, 1921 zum Internationalen Frauentag erklärt. *KJ*

**Demonstration in Petrograd
mit einer Fahne
Земля и воля (Land und Freiheit)**
Carl Oswald Bulla (1855–1929)
Petrograd, 23. März 1917
Russische Nationalbibliothek,
St. Petersburg

Auch nach dem Sturz des Zaren fanden weiterhin zahlreiche Demonstrationen statt, etwa anlässlich der Beerdigung der Revolutionsopfer, die diese Fotografie zeigt. Auf Transparenten und Fahnen brachten die Teilnehmer ihre Forderungen vor. Dazu gehörte die weit verbreitete Losung «Land und Freiheit» der zu diesem Zeitpunkt noch verbotenen Partei der Sozialrevolutionäre. Nachdem für die Februarrevolution eher die zunehmende Entfremdung der Arbeiter von der wirtschaftlichen Ent-wicklung und weniger die Landfrage eine Rolle gespielt hatte, gewann diese nun an Dringlichkeit. Als die Bolschewiki im Oktober 1917 den Bauern das Land zusprachen, taten sie dies auf der Grundlage der von den Sozialrevolutionären erarbeiteten Konzepte, die weniger die Arbeiter als vielmehr die Bauern für die eigentliche revolutionäre Kraft hielten. *KJ*

Fahne _Земля и воля_ (Land und Freiheit)
Russland, März 1917; Reproduktion
Sowjetunion, 1970er Jahre
Staatliches Museum für Politische
Geschichte Russlands, St. Petersburg

Plakat zur Abdankung des Zaren
Николай Романовъ отдаетъ корону
своимъ побѣдителямъ
(Nikolai Romanow überreicht
die Krone den Siegern)
Petrograd, März 1917
Staatliches Museum für Politische
Geschichte Russlands, St. Petersburg

Zu lange hatte Zar Nikolaus II. die Unzufriedenheit der Bevölkerung unter-
schätzt und die Forderungen nach politischen Reformen nicht ernst genom-
men. Angesichts der Weigerung des
Zaren, seine Politik zu überdenken,
stellte der Führer der Liberalen, Pawel
N. Miljukow, im Oktober 1916 in der
Duma deshalb die Frage: «Ist dies
Dummheit oder Verrat?» Mitverant-
wortlich für die Ignoranz des Zaren war
der wachsende Einfluss des Mönches
Grigori J. Rasputin, der insbesondere
die Zarin in ihrem Glauben bestärkte,
das russische Volk stehe unerschütter-
lich hinter der Monarchie. Entsprechend schwer fiel dem Zaren die Abdankung, der er am 2. März auf Drängen
der Generalität zustimmen musste, um
weitere Ausschreitungen zu vermeiden.
Er verzichtete auch für seinen Sohn
Alexej auf alle Herrschaftsansprüche
zugunsten seines Bruders, Großfürst
Michail. Angesichts der aussichtslosen
politischen Lage lehnte jedoch auch
dieser die Krone ab.

Das Plakat zeigt einen Arbeiter und
einen Soldaten als Sieger über die Monarchie, da diese beiden Gruppen die
Mehrheit bei den Demonstrationen
ausgemacht hatten. Das Taurische
Palais, der Sitz der *Duma*, erstrahlt im
Hintergrund unter einer aufgehenden
Sonne und symbolisiert den Triumph
des Parlaments und damit des Volkes
über die Monarchie. *KJ*

**Landsturmfahne
der 405. Infanterieeinheit**
Russland, 1916/17
Das Staatliche Historische
Museum, Moskau

Infolge der Abdankung des Zaren wurden die Symbole der Monarchie überall entfernt, auch in allen militärischen Einheiten. Allerdings gab es weder für neue Uniformen noch für die Fertigung neuer Fahnen die finanziellen Mittel oder die Zeit, zumal die Armee sich im Krieg befand. Bei den Uniformen wurden sämtliche Symbole durch rote Schleifen ersetzt. Bei den Fahnen lösten die Truppenteile das Problem auf unterschiedliche Weise, indem sie das Monogramm des Zaren und das Wort Zar übertünchten oder diese aus dem Fahnentuch herausschnitten. Einen anderen Weg fanden die Soldaten der 405. Infanterieeinheit: Innerhalb des Schriftzuges «Für Glauben, Zar und Vaterland» übernähten sie das Wort Zar mit rotem Stoff. Das Symbol in der Mitte der Fahne ist ein goldenes Landwehrkreuz, dessen Form aus dem Jahre 1812 stammt. Der Name der Einheit ging aus der Messingtafel hervor, die an der Fahnenstange befestigt war. *KJ*

Mitglieder der
Provisorischen Regierung
Petrograd, nach Februar 1917
Staatliches Museum für Zeitgenös-
sische Geschichte Russlands, Moskau

ОФФИЦIАЛЬНОЕ ВРЕМЕННОЕ ПРАВИТЕЛЬ-
СТВО (буржуазия). З м. сг.

Die Bildung der Provisorischen Regierung war der eigentliche revolutionäre
Akt in der Reihe von Protesten und
Demonstrationen im Frühjahr 1917.
Dadurch wurden die Straßenrevolten
legalisiert und mündeten in einen politischen Machtwechsel. Die Provisorische Regierung, die das Land bis zum
Zusammentreten einer Verfassunggebenden Versammlung führen sollte,
setzte sich mehrheitlich aus bürgerlichen Mitgliedern zusammen. Erster
Ministerpräsident war Fürst Georgi J.

Lwow, auf dem Foto in der Mitte sitzend. Die Regierung wurde mehrfach
umgebildet, wobei sie Koalitionen
mit sozialistischen Parteien eingehen
musste. Der Sozialrevolutionär Alexander F. Kerenski, der zweite von rechts in
der zweiten Reihe (stehend), wurde
zunächst Kriegsminister, dann Ministerpräsident. Um den populären
Politiker, der auch dem Petrograder
Arbeiter- und Soldatenrat angehörte,
entstand vorübergehend ein regel-
rechter Kult. *KJ*

Sitzung des Arbeiter- und Soldatenrates
Petrograd, 6.–12. März 1917
ullstein bild, Berlin

Während der Februarrevolution waren spontan zahlreiche sozialistische Arbeiter- und Soldatenräte nach dem Vorbild der Pariser Kommune 1871 und der Revolution von 1905 entstanden. Einer davon war der Petrograder Rat der Arbeiter- und Soldatendeputierten, der zeitgleich mit der Bildung der überwiegend bürgerlichen Provisorischen Regierung Ende Februar 1917 entstand. Beide Gremien tagten im Taurischen Palais in je einem Flügel. Der Rat hatte erheblichen Einfluss auf die Provisorische Regierung, etwa in Fragen der Außenpolitik, durch die Einrichtung von Fabrikkomitees oder Milizen. Sein Befehl Nr. 1 unterstellte alle Truppenteile dem Sowjet und schaltete damit die Armee als Machtinstrument der Regierung praktisch aus.

Während die Menschewiki und die Sozialrevolutionäre die Räte als Kontrollorgan verstanden, sahen die Bolschewiki in ihnen ein Organ der Staatsmacht zur Verwirklichung der «Diktatur des Proletariats». Bauernräte spielten beim Sturz der Monarchie im Februar 1917 noch keine Rolle, sie bildeten sich erst nach dem Oktoberumsturz. *KJ*

Kinderzeichnung *ЭС-ЭР, Буржуй,*
Кадет, красногвардеец
(Sozialrevolutionär, Bourgeois,
Kadett und Rotgardist)
Moskau, 1917
Das Staatliche Historische Museum,
Moskau

Die Zeichnung stammt aus einem Kon-
volut von Werken, die Kinder 1917/18 im
Alter von sieben bis 13 Jahren an zwei
Moskauer Schulen auf Anregung ihres
Kunstlehrers Wassili S. Woronow anfer-
tigten. Mit ihrem direkten und unver-
stellten Blick gaben die Schüler eigene
Beobachtungen von Demonstrationen,
Lebensmittelschlangen und revolutionären Kämpfen wieder. Allerdings verrät die Darstellung der verschiedenen
politischen Lager mit ihren scheinbar
typischen Merkmalen auch einen Einfluss bolschewistischer Propaganda:
Während der «Bourgeois» Lebensmittel
hortet, der Sozialrevolutionär scheinbar untätig und der Kadett in ein Buch
vertieft ist, zeigt sich der Rotarmist bereit zum bewaffneten Kampf. Dennoch
stellen die insgesamt 1600 Zeichnungen eine wichtige Quelle für die zeitgenössische Wahrnehmung der revolutionären Ereignisse dar. *KJ*

Kriegsanleiheplakat der
Provisorischen Regierung
Заемъ свободы **(Freiheits-Anleihe)**
Boris M. Kustodijew (1878–1927)
Petrograd, 1917
Deutsches Historisches Museum,
Berlin

Die Provisorische Regierung setzte sich
für die Fortsetzung des Krieges an der
Seite der Verbündeten ein. In der Bildsprache des Plakates, die ganz auf die
Farbe Rot als das Symbol der Revolution und den Begriff der Freiheit setzt,
verknüpft sie den Kampf für die Interessen Russlands im Weltkrieg mit der
Verteidigung der Werte der Revolution.
Letztlich war es genau das, was die
Massen gegen die Provisorische Regierung aufbrachte und Widerstand her-
vorrief: Die Mehrheit der Bevölkerung
verband mit der Revolution gerade das
baldige Ausscheiden Russlands aus
dem Krieg und die Lösung drängender
innenpolitischer Fragen. Und so führte
die im Juni 1917 von Kriegsminister
Alexander F. Kerenski befohlene Offensive gegen die Mittelmächte zu einer
Regierungskrise und stärkte den Einfluss der Bolschewiki nachhaltig. *KJ*

Eine der drängenden politischen Fragen, deren Entscheidung die Provisorische Regierung immer wieder auf die Verfassunggebende Versammlung verschob, war die Landfrage. Damit brachte sie die Bauern gegen sich auf, die eine Neuverteilung der Gutsländereien forderten. Die Zeichnung verdeutlicht die Lage auf dem Land: Die Flächen waren viel zu klein, als dass die Bauern von deren Bewirtschaftung hätten leben können. Aus Ungeduld gingen sie zu einer «schwarzen Umverteilung» über und eigneten sich, teilweise gewaltsam, das Land der Gutsbesitzer an. Dies führte im Sommer 1917 zu einer massenhaften Desertion von der Front, da die meisten Soldaten Bauern waren und die Umverteilung des Ackerlandes nicht verpassen wollten. *KJ*

ЦѢНА ОТД. № ВЪ 35 К. И НА СТ. ЖЕЛ. ДОР. 40 К.
РОЗН. ПРОДАЖЪ

НОВЫЙ САТИРИКОНЪ

№ 17   ЕЖЕНЕДѢЛЬНОЕ ИЗДАНІЕ   1917 МАЙ

АГРАРНОЕ.

Помѣщикъ: — Что это ты, мужичекъ, на одной ногѣ стоишь?
Крестьянинъ: — Да другую, вишь, поставить некуда: вездѣ вашей милости землица. Боюсь, еще за потраву судить будете...

Апрельские тезисы (Aprilthesen)
Kopie des Originals, angefertigt von
Nikolai I. Podwoiski, dem Vorsitzenden
des Militärrevolutionären Komitees
des Petrograder Sowjets
Wladimir I. Lenin (1870–1924)
Petrograd, 1917
Staatliches Museum für Politische
Geschichte Russlands, St. Petersburg

Die «Aprilthesen» waren das politische
Programm Lenins, das er im April 1917 –
unmittelbar nachdem er mit Unterstützung des Deutschen Reiches aus
dem Schweizer Exil nach Russland
zurückgekehrt war – formuliert hatte.
Darin forderte er unter anderem «alle
Macht den Sowjets», den sofortigen
Austritt aus dem Krieg, die Enteignung
allen Landbesitzes, die Verstaatlichung
der Banken und den Sturz der Provisorischen Regierung. Seine Forderungen
klangen selbst für seine Zeitgenossen
und Mitstreiter dermaßen radikal und
unrealistisch, dass seine Frau, Nadesch-
da K. Krupskaja, sagte: «Lenin ist ver-
rückt geworden.» Seine Parteigenossen
warfen ihm vor, die russische Realität
zu verkennen. Sie waren der Überzeugung, Russland müsse erst eine Phase
der bürgerlich-kapitalistischen Herrschaft erleben, bevor eine kommunistische Revolution erfolgreich sein könne.
KJ

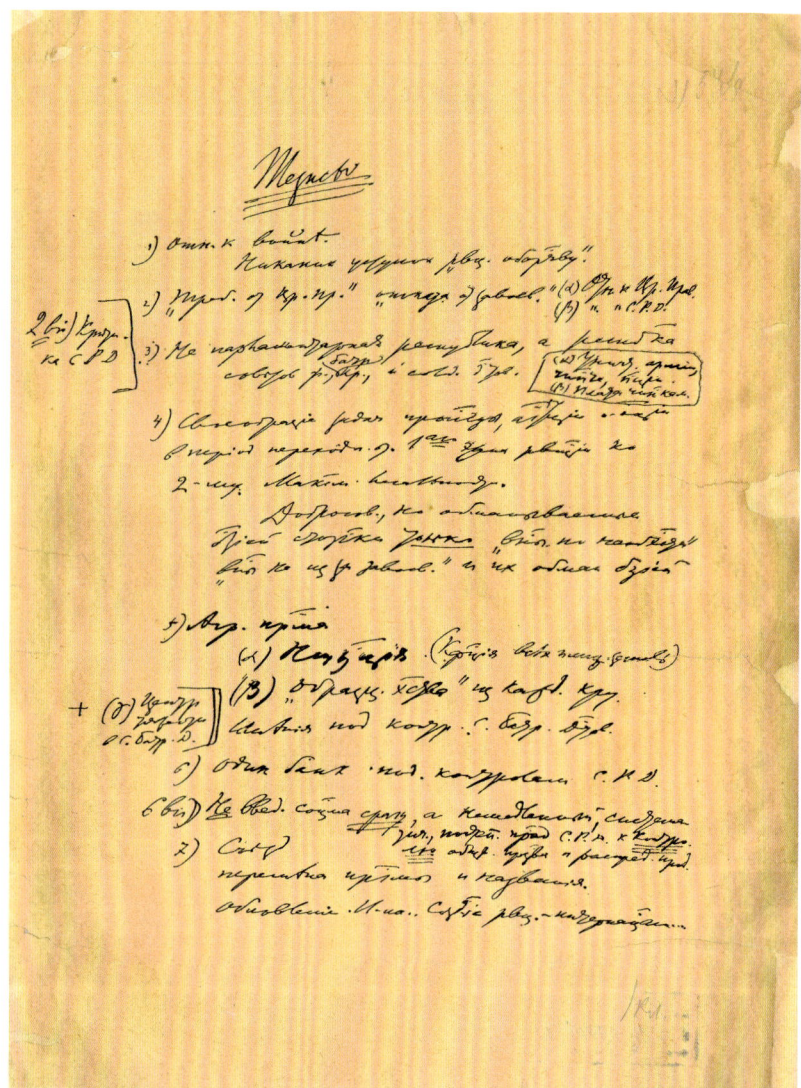

Der Imperialismus
als jüngste Etappe des Kapitalismus
Wladimir I. Lenin (1870 – 1924)
Hamburg, 1921
Deutsches Historisches Museum,
Berlin

Dieses wirkmächtige Werk zur marxistischen Imperialismustheorie verfasste Lenin 1916 im Exil in Zürich und veröffentlichte es 1917 in Petrograd nach dem Sturz der Monarchie. In einer Ausgabe von 1929 erhielt es den später verbreiteten Titel *Der Imperialismus als höchstes Stadium des Kapitalismus*. Lenin richtet sich vor allem gegen die von dem deutschen Sozialdemokraten Karl Kautsky vertretene Auffassung, der Imperialismus könne innerhalb des Kapitalismus ohne Krieg systemimmanent überwunden werden. Für Lenin dagegen konnte der nächste Schritt der Entwicklung nur der Sozialismus sein. Aufgrund der Zensur war Lenin gezwungen, seine Theorie als rein wirtschaftliche Analyse der kapitalistischen Weltwirtschaft in ihren internationalen Verflechtungen zu formulieren. Erst 1920 ergänzte er in einem Vorwort seine politischen Schlussfolgerungen. *KJ*

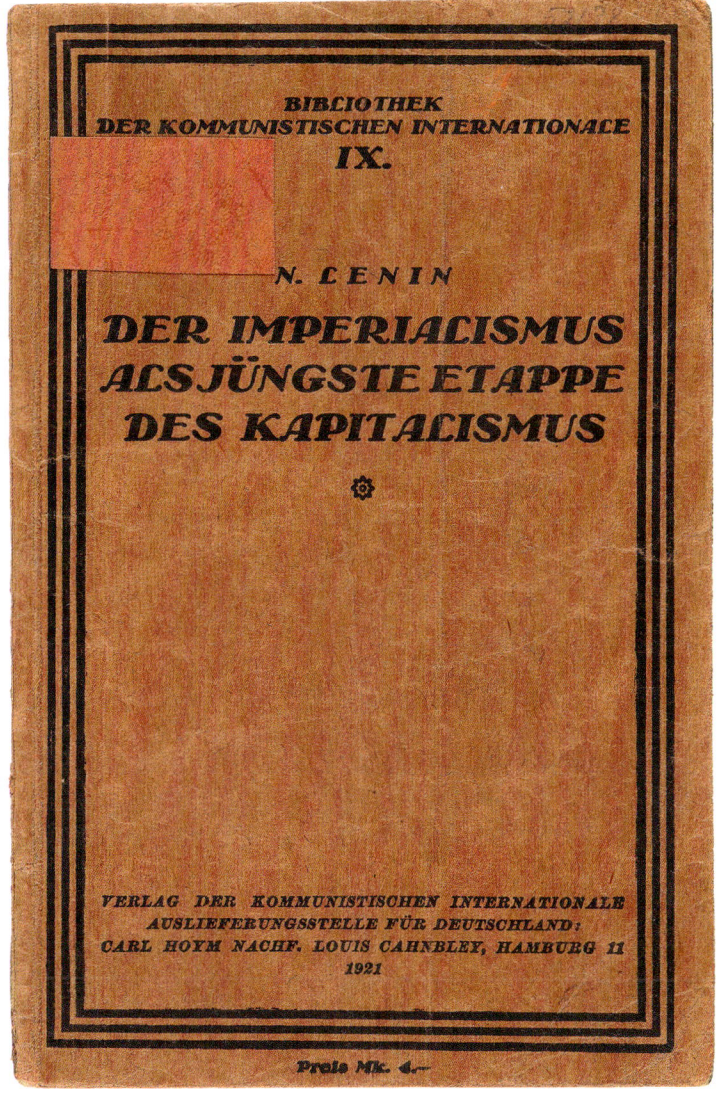

«Der wesentliche Fehler der Demokraten besteht darin, dass sie den bolschewistischen Putsch immer noch als eine Sache von Lenin und Trotzki missverstehen und deshalb mit ihnen ein Übereinkommen suchen. Sie begreifen nicht, dass die ‹Führer› hier nichts zur Sache tun, dass es sich nicht um einen Putsch der Sozialisten handelt, sondern einer ersten Vorhut der Armee, die Frieden und Brot verlangt, dass diese Bewegung eine elementarische ist und man sich nicht mit Ideen, sondern einer Elementargewalt auseinanderzusetzen hat, und dass diese Bewegung schon in den ersten Revolutionstagen anfing und der Sieg der Bolschewiki schon damals angelegt war.»

Michail M. Prischwin, 7. November 1917

Die Oktoberrevolution: Machtübernahme der Bolschewiki

In der Nacht vom 24. auf den 25. Oktober besetzten sogenannte Rote Garden und bolschewistisch gesinnte Truppenteile der Armee wichtige Gebäude und Knotenpunkte der Hauptstadt, in der folgenden Nacht verhafteten sie die Mitglieder der Provisorischen Regierung und riefen eine «Sozialistische Räterepublik» aus. Die Entscheidung zu einem bewaffneten Aufstand hatte Lenin erst gegen den Widerstand seiner Parteigenossen durchsetzen müssen, die für die Übernahme der Regierungsgewalt auf legalem und friedlichem Wege plädiert hatten – ein Risiko, das der Parteiführer nicht eingehen wollte. Seine Hartnäckigkeit und Überzeugungskraft hatten schließlich zu dem Beschluss des Zentralkomitees der bolschewistischen Partei zugunsten der gewaltsamen Machtübernahme geführt. Während die Revolutionäre in der Hauptstadt Petrograd auf keinen nennenswerten Widerstand stießen, kam es in Moskau zu heftigen Kämpfen, bei denen mehrere Hundert Menschen ums Leben kamen. In die Regionen jenseits der großen Städte drang die Revolution erst allmählich und mit Verzögerung durch.

Zu den ersten Maßnahmen der neuen «Arbeiter- und Bauernregierung» gehörten der Austritt aus dem Krieg und die Übergabe des Landes an die Bauern. In einer Flut von Dekreten gingen die neuen Machthaber an die Zerschlagung des alten Staatsapparates: Sie erfüllten ihre Versprechen und verstaatlichten die Banken, unterstellten Fabriken und Betriebe einer Arbeiterkontrolle, schafften alle militärischen und anderen Ränge ab, verfügten die Trennung von Staat und Kirche sowie die Gleichheit und Souveränität der Völker des Russischen Reiches. Zugleich verordneten sie das Verbot der Presse, die Auflösung der alten Armee, die Abschaffung von Polizei und Justiz sowie die Verhaftung und Verfolgung ihrer Gegner durch die neu gebildete «Außerordentliche Kommission zur Bekämpfung von Konterrevolution und Sabotage», die *Tscheka*. Mit der Gründung der Russischen Sozialistischen Föderalistischen Sowjetrepublik (RSFSR) gaben sie der neuen Räteordnung eine verfassungsrechtliche Grundlage. *KJ*

Der Kreuzer *Aurora*
auf der Newa
Petrograd, November 1917
Staatliches Museum für Politische
Geschichte Russlands, St. Petersburg

Die *Aurora* ist eines der bekanntesten Symbole der Oktoberrevolution. 1900 gebaut, kam der Kreuzer im Russisch-Japanischen Krieg 1904/05, im Ersten Weltkrieg, im Bürgerkrieg sowie noch während der deutschen Belagerung Leningrads im Zweiten Weltkrieg zum Einsatz. Am Abend des 25. Oktober 1917 gab die *Aurora* eine Blindsalve ab, die angeblich das Signal für den «Sturm» der Bolschewiki auf den Winterpalast war.

Tatsächlich hatte zu diesem Zeitpunkt das Militärrevolutionäre Komitee unter der Leitung Leo Trotzkis bereits die Befehlsgewalt in Petrograd übernommen. Die von der marxistischen Geschichtsschreibung später als «Große Sozialistische Oktoberrevolution» bezeichnete Machtübernahme war ganz unspektakulär verlaufen: Truppen der Bolschewiki waren ohne Widerstand in den Winterpalast eingedrungen und hatten die Minister der Provisorischen Regierung verhaftet. Zu

Verwüstungen einzelner Bereiche des Gebäudes kam es erst in den folgenden Tagen. Der Mythos des «Sturms auf das Winterpalais» geht auf verschiedene Reinszenierungen zu Propagandazwecken zurück.

Die *Aurora* ist heute ein Schul- und Museumsschiff und gibt täglich um 12.00 Uhr einen Kanonenschuss zur Erinnerung an die Ereignisse von 1917 ab. *KJ*

**Flugblatt mit der Bekanntgabe
des Übergangs der Regierungsgewalt
an die Bolschewiki**
Wladimir I. Lenin (1870–1924)
Petrograd, 25. Oktober 1917
Staatliches Museum für Politische
Geschichte Russlands, St. Petersburg

Diese von Lenin verfasste Druckschrift
verteilten die Bolschewiki am Morgen
des 25. Oktober massenhaft in Petrograd. Ihr konnte die Bevölkerung
entnehmen, dass die Provisorische
Regierung abgesetzt war und das Militärrevolutionäre Komitee die Macht
übernommen hatte. Als politische Ziele
werden benannt: Frieden, Land, Arbeiterkontrolle über die Fabriken und die
Bildung einer Arbeiter- und Soldaten-
regierung. Am Abend desselben Tages
verließen die Sozialrevolutionäre und
die Menschewiki aus Protest den
II. Allrussischen Kongress der Räte der
Arbeiter- und Soldatendeputierten,
das höchste Organ der Rätebewegung.
Damit stand der Machtübernahme der
Bolschewiki, unterstützt nur von den
linken Sozialrevolutionären, nichts
mehr im Wege. In der Nacht verabschiedete der Kongress ein Dekret zur
Bildung einer neuen Regierung. Dieser
«Rat der Volkskommissare» unterstand
Lenin und war ausschließlich mit Bolschewiki besetzt. *KJ*

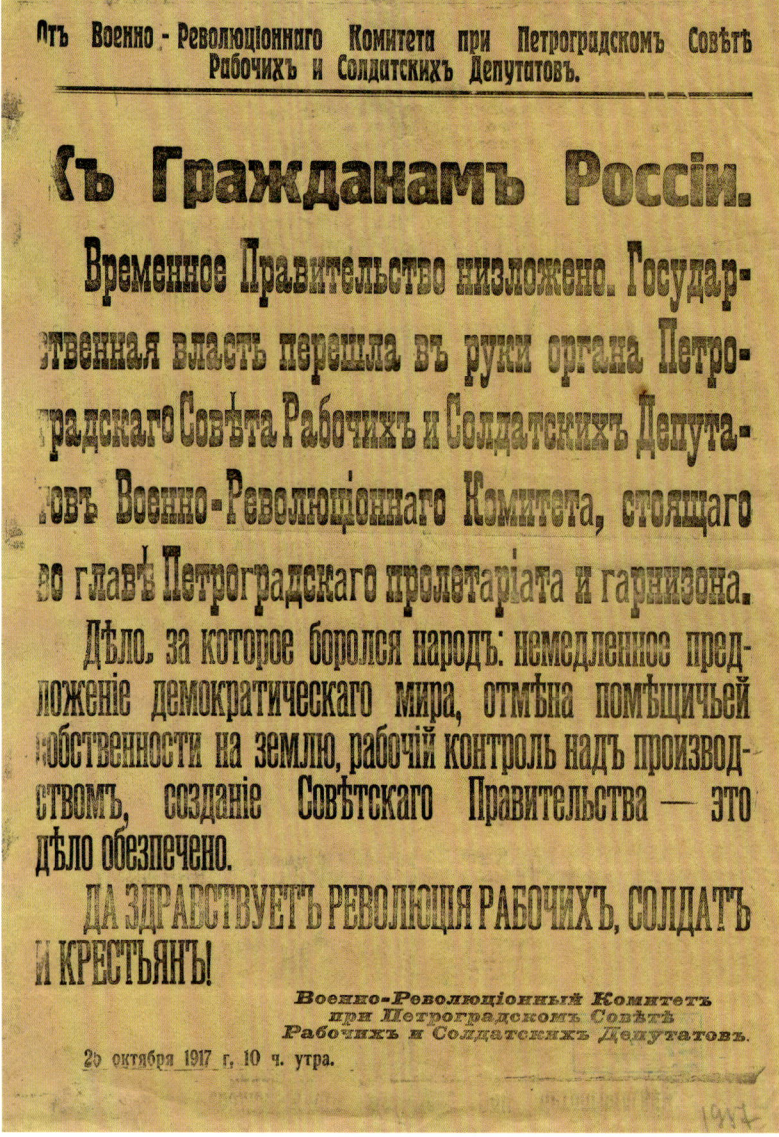

Декретъ о мирѣ
(Dekret über den Frieden)
Petrograd, 26. Oktober 1917
Deutsches Historisches Museum, Berlin

Noch in der Nacht der Machtübernahme durch die Bolschewiki verabschiedete der II. Allrussische Kongress der Räte das von Lenin verfasste Dekret zum Austritt aus dem «imperialistischen Krieg» mit dem Angebot zu einem Frieden ohne Annexionen und Kontributionen. Daraufhin folgten Verhandlungen mit dem Kriegsgegner Deutschland. Am 3. März 1918 schloss Sowjetrussland mit Deutschland, Österreich-Ungarn, Bulgarien und der Türkei in Brest-Litowsk einen Sonderfrieden, bei dem es große Gebiets- und Bevölkerungsverluste hinnehmen musste.

Mit dem sofortigen Waffenstillstand löste Lenin ein zentrales Versprechen ein, ebenso mit dem gleichzeitig verabschiedeten Dekret über die entschädigungslose Enteignung des privaten Landbesitzes zugunsten der Bauern. Anhänger der Bolschewiki begrüßten den Vertrag von Brest-Litowsk daher, während sich russische Nationalisten aufgrund der von ihnen empfundenen Demütigung darin bestärkt fühlten, weiterhin gegen die neuen Machthaber zu kämpfen. Schließlich formierten sich in den abgetrennten Gebieten im Westen nationale Kräfte, die die noch instabile Macht der Bolschewiki bedrohten. Dies war einer der Gründe, warum Lenin unmittelbar nach der Unterzeichnung des Vertrages die Hauptstadt von Petrograd an der Peripherie ins sicherere Moskau verlegte. *KJ*

ДЕКРЕТЪ О МИРѢ,
ПРИНЯТЫЙ ЕДИНОГЛАСНО НА ЗАСѢДАНІИ ВСЕРОССІЙСКАГО СЪѢЗДА СОВѢТОВЪ РАБОЧИХЪ, СОЛДАТСКИХЪ И КРЕСТЬЯНСКИХЪ ДЕПУТАТОВЪ 26 ОКТЯБРЯ 1917 Г.

Рабочее и крестьянское Правительство, созданное революціей 24—25 октября и опирающееся на Совѣты Рабочихъ, Солдатскихъ и Крестьянскихъ Депутатовъ, предлагаетъ всѣмъ воюющимъ народамъ и ихъ правительствамъ начать немедленно переговоры о справедливомъ демократическомъ мирѣ.

Справедливымъ или демократическимъ миромъ, котораго жаждетъ подавляющее большинство истощенныхъ, измученныхъ и истерзанныхъ войной рабочихъ и трудящихся классовъ всѣхъ воюющихъ странъ,—миромъ, котораго самымъ опредѣленнымъ и настойчивымъ образомъ требовали русскіе рабочіе и крестьяне послѣ сверженія царской монархіи,—такимъ миромъ Правительство считаетъ немедленный миръ безъ аннексій (т. е. безъ захвата чужихъ земель, безъ насильственнаго присоединенія чужихъ народностей) и безъ контрибуцій.

Такой миръ предлагаетъ Правительство Россіи заключить всѣмъ воюющимъ народамъ немедленно, выражая готовность сдѣлать безъ малѣйшей оттяжки тотчасъ же всѣ рѣшительные шаги впредь до окончательнаго утвержденія всѣхъ условій такого мира полномочными собраніями народныхъ представителей всѣхъ странъ и всѣхъ націй.

Подъ аннексіей или захватомъ чужихъ земель Правительство понимаетъ, сообразно правовому сознанію демократіи вообще и трудящихся классовъ въ особенности, всякое присоединеніе къ большому или сильному государству малой или слабой народности безъ точно, ясно и добровольно выраженнаго согласія и желанія этой народности, независимо отъ того, когда это насильственное присоединеніе совершено, независимо также отъ того, насколько развитой или отсталой является насильственно присоединяемая или насильственно удерживаемая въ границахъ даннаго государства нація. Независимо, наконецъ, отъ того, въ Европѣ или въ далекихъ заокеанскихъ странахъ эта нація живетъ.

Если какая бы то ни была нація удерживается въ границахъ даннаго государства насиліемъ, если ей, вопреки выраженному съ ея стороны желанію—все равно, выражено ли это желаніе въ печати, въ народныхъ собраніяхъ, въ рѣшеніяхъ партій или возмущеніяхъ и возстаніяхъ противъ національнаго гнета—не предоставляется права свободнымъ голосованіемъ, при полномъ выводѣ войска присоединяющей или вообще болѣе сильной націи, рѣшить безъ малѣйшаго принужденія вопросъ о формахъ государственнаго существованія этой націи, то присоединеніе ея является аннексіей, т. е. захватомъ и насиліемъ.

Продолжать эту войну изъ-за того, какъ раздѣлить между сильными и богатыми націями захваченныя ими слабыя народности, Правительство считаетъ величайшимъ преступленіемъ противъ человѣчества и торжественно заявляетъ свою рѣшимость немедленно подписать условія мира, прекращающаго эту войну на указанныхъ, равно справедливыхъ для всѣхъ безъ изъятія народностей, условіяхъ.

Вмѣстѣ съ тѣмъ Правительство заявляетъ, что оно отнюдь не считаетъ вышеуказанныхъ условій мира ультимативными, т. е. соглашается разсмотрѣть и всякія другія условія мира, настаивая лишь на возможно болѣе

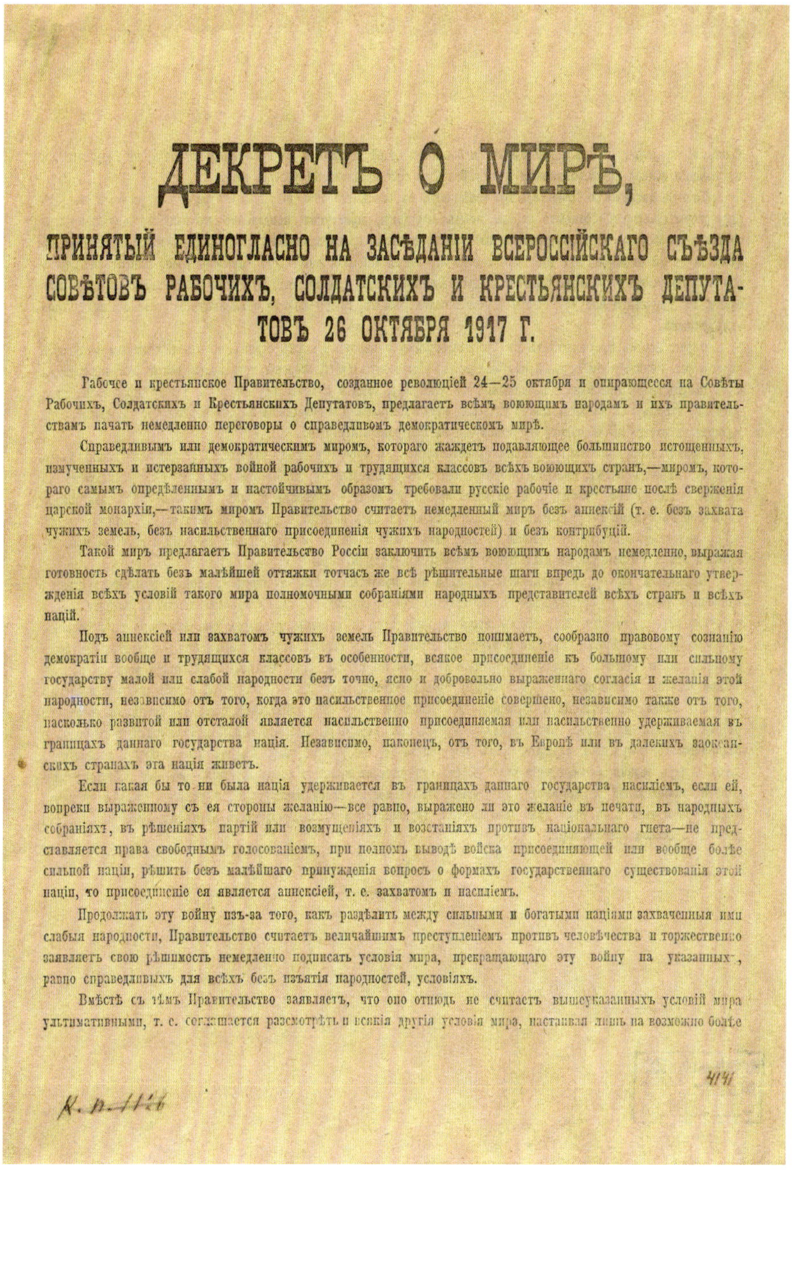

ЗЕМЛИ и ВОЛИ
ДАСТЬ ВАМЪ СПИСОКЪ
СОВѢТА КРЕСТЬЯНСКИХЪ ДЕПУТАТОВЪ и ПАРТІИ
СОЦІАЛИСТОВЪ РЕВОЛЮЦІОНЕРОВЪ
ВСѢ ГОЛОСУЙТЕ ЗА НЕГО
№ 9

**Wahlplakat der Partei
der Sozialrevolutionäre
mit der Losung
Земли и воли (Land und Freiheit)**
Michail I. Awilow (1882–1954)
Petrograd, 1917

**Demonstration nach dem Atten-
tatsversuch auf Wladimir I. Lenin
(1870–1924) und der Ermordung
von Moissei S. Urizki (1873–1918)
mit dem Transparent
Смерть буржуазии и ее
прихвостням. Да здравствует
красный террор!!**

**(Tod der Bourgeoisie und ihren
Handlangern. Es lebe der Rote Terror!!)**
Petrograd, 2. September 1918

Nach der Februarrevolution versprach
die Provisorische Regierung die Einberufung einer Verfassunggebenden
Versammlung auf der Grundlage von
allgemeinen, gleichen, freien und
direkten Wahlen. Eine Kommission mit
Vertretern aller politischen Kräfte und
Nationalitäten erarbeitete die Details.
Als die Wahlen vom 12. bis 14. November 1917 endlich stattfanden, gingen
die (rechten) Sozialrevolutionäre mit
299 von 703 Sitzen als große Sieger
daraus hervor. Die Menschewiki und die
Konstitutionellen Demokraten erlitten
eine herbe Niederlage. Mit 39 Sitzen
gehörten auch die linken Sozialrevolutionäre – die einzige Partei, die die
Bolschewiki unterstützte – zu den Ver-
lierern, ebenso wie die Bolschewiki
selbst (168 Sitze). Allein in den Städten
erzielten sie gute Ergebnisse.

Die für sie ungünstigen Mehrheitsver-
hältnisse waren allerdings nicht der
Grund dafür, dass die Bolschewiki die
Verfassunggebende Versammlung am
6. Januar 1918 auflösten. Sie hatten
niemals die Absicht gehabt, sich ihrer
Autorität zu unterwerfen – mit dem
Argument Lenins, die Regierung der
Sowjets sei eine höhere Form der
Demokratie. Die Konstituante war
damit am 5. Januar erst- und letztmals
zusammengetreten. *KJ*

Am 7. Dezember 1917 wurde die Außerordentliche Kommission für den Kampf
gegen Konterrevolutionäre und Sabotage, die *Tscheka*, gegründet. Ihr Leiter
war Felix E. Dserschinski. Zu ihren Aufgaben gehörten die Bekämpfung politischer Gegner und die Durchsetzung des
Machtmonopols der Partei. Dabei ging
die *Tscheka* mit äußerster Brutalität
vor. Opfer waren vor allem Angehörige
des Adels, der zaristischen Armee und
der Kirche.

Die Ermordung des Leiters der Petrograder *Tscheka*, Moissei S. Urizki, am
30. August 1918 sowie ein Attentat auf
Lenin am selben Tag boten den Anlass
zu einer neuen Welle der Gewalt, dem
«Roten Terror». Nun ging die *Tscheka*
mit brutaler Gewalt, Repressionen,
massenhafter Ermordung und Einwei-
sung in von Lenin selbst so genannte
Konzentrations- und Arbeitslager auch
gegen vermeintliche Gegner vor. Die
Opferzahlen stiegen ins Unermessliche,
allein im Frühsommer 1920 töteten die

Bolschewiki 50 000 Flüchtlinge, die
sich während des Rückzuges der weißen Armeen auf der Krim versammelt
hatten, um über das Schwarze Meer
zu entkommen.

Die *Tscheka* wurde später mehrmals
umbenannt und ist im Kern der Vorläu-
fer des KGB und des heutigen FSB, wie
die russischen Abkürzungen der Staats-
sicherheitsorgane lauten. *KJ*

**Der ehemalige Zar Nikolaus II. mit
seinen Kindern in der Verbannung**
Jekaterinburg, 1918
bpk, Berlin

**Der an der Ermordung
der Zarenfamilie beteiligte
Pjotr S. Jermakow
(1884–1952)**
nahe Jekaterinburg, 1924
Swerdlowsk Regionalmuseum,
Jekaterinburg

Nach seiner Abdankung stellte die
Provisorische Regierung den Zaren
und seine Familie in Zarskoe Selo unter
Hausarrest. Im August 1917 entschied
Ministerpräsident Alexander F. Kerenski,
die Zarenfamilie in den Ural, nach
Tobolsk, zu verbannen, um dort besser
für ihre Sicherheit sorgen zu können.
Nach der Oktoberrevolution erklärte
man die Romanows zu Gefangenen
und verlegte sie im Frühjahr 1918 nach
Jekaterinburg. Am 17. Juli erfolgte
ihre Erschießung, der Lenin persönlich
zugestimmt hatte, um eine mögliche
Befreiung durch weiße Truppen zu verhindern, aber auch aus Furcht vor der
Unberechenbarkeit eines Gerichtspro-
zesses. Die Fotografie zeigt den an der
Bluttat beteiligten Pjotr S. Jermakow
an der Stelle, an der die Leichen im
Wald verscharrt worden waren. Seine
Rolle bei der Ermordung der Familie
ist umstritten, in seinen Erinnerungen
gibt er an, führend daran beteiligt gewesen zu sein und den Zaren persönlich
erschossen zu haben. Außer der Zarenfamilie ermordeten die Bolschewiki
kurz darauf weitere Familienmitglieder
der Romanows.

Die Reaktionen im Ausland blieben
verhalten, allein die Befürworter der
Revolution begrüßten die Tat. In den
europäischen Königshäusern herrschte
tiefe Betroffenheit, allerdings hatte
zuvor, aus Angst vor Konflikten im eigenen Land, niemand der Zarenfamilie
Asyl angeboten. Nach ihrer Ausgrabung
1991 überführte man die Überreste der
exhumierten Leichen nach St. Petersburg, wo die Orthodoxe Kirche Zar
Nikolaus II., die Zarin sowie ihre fünf
Kinder im Jahr 2000 heiligsprach. *KJ*

«Worin offenbarte sich unser größtes Unglück? [...] Fraglos in der Verunglimpfung der nationalen Heiligtümer:
Es ist belanglos, dass ein Geschoss ein Loch in die Uspenski-Kathedrale gerissen hat – das lässt sich leicht flicken.
Das Unglück liegt vielmehr in dem Geist, der die Kanone auf die Uspenski-Kathedrale gerichtet hat.

Wenn er dies angegriffen hat, kostet es ihn nichts, auch das menschliche Individuum anzugreifen. […] Wer ist schuld? […] Erst wurden die Deutschen bezichtigt, unser äußerer Feind, dann […] der Zar, dann der Bolschewik, der Jude – enden wird der Krieg, wenn es heißt: Ich bin schuld. […] Ich weiß, dass es unbedingt so kommen wird.»

Michail M. Prischwin, 21. Februar 1918

Der Bürgerkrieg: Kampf um Russland

Mit der Oktoberrevolution 1917 hatten die Bolschewiki zwar die Macht übernommen, sie mussten die Regierungsgewalt jedoch gegen den Widerstand der anderen politischen Parteien und auch großer Teile der Bevölkerung behaupten. Zu diesem Zweck begann die bolschewistische Führung unmittelbar mit der Zerstörung sämtlicher alter Strukturen und überführte die Revolution nahtlos in einen – von allen Seiten brutal geführten – Bürgerkrieg.

Während Wladimir I. Lenin und seine Anhänger mit Hilfe der neu aufgestellten Roten Armee den neuen Staat verteidigten, fehlte es der äußerst heterogenen Gruppe der Revolutionsgegner an einem gemeinsamen Ziel, auf das sich alle hätten verständigen können. Gegen die «Roten» kämpften zunächst die «Weißen» unter Führung meist monarchistischer Generäle. Sie erhielten Unterstützung durch die ehemaligen Verbündeten des russischen Imperiums – Großbritannien, Frankreich, die USA und Japan – sowie durch Teile der sogenannten Tschechischen Legion, militärische Einheiten der Entente-Truppen, die nach der Oktoberrevolution zwischen die Fronten geraten waren. Eigene Interessen hatten die Sozialrevolutionäre, Bauern, Kosaken und die Kronstädter Matrosen. Ein wieder anderer Kriegsschauplatz entstand durch den Vormarsch deutscher Truppen infolge zunächst gescheiterter Friedensverhandlungen in Brest-Litowsk. Für ihre nationale Unabhängigkeit kämpften außerdem zahlreiche nichtrussische Völker, von denen es den Polen, Finnen und baltischen Volksgruppen gelang, dauerhaft souveräne Staaten zu gründen. Die Lage war zeitweise so unübersichtlich, dass viele Regionen einen mehrfachen Machtwechsel erlebten.

All diese verschiedenen, zeitweilig übermächtigen antibolschewistischen Kräfte konnten letztlich nicht verhindern, dass sich die Bolschewiki durchsetzten. Doch auch sie gingen geschwächt aus dem Bürgerkrieg hervor. Mit etwa acht bis zehn Millionen Menschen hatte dieser weit mehr Opfer als der Erste Weltkrieg in Russland gekostet, die Wirtschaft lag am Boden, 1921/22 erlebte das Land eine katastrophale Hungersnot. Das Ende der gesamten revolutionären Periode seit 1917 brachte schließlich die Gründung der Sowjetunion am 31. Dezember 1922. *KJ*

Kopfbedeckung der Roten Armee
Budjonowka
Sowjetrussland/Sowjetunion,
1922–1924
Das Staatliche Historische Museum,
Moskau

Die von Leo Trotzki aufgebaute Arbei-
ter- und Soldatenarmee sollte die
neuen Verhältnisse widerspiegeln. Zunächst gab es keine Rangabzeichen und
Dienstgrade. Unter den Bedingungen
des Bürgerkrieges wurden diese bald
wiedereingeführt, zudem wurden zahlreiche Offiziere und Generale der Za-
renarmee übernommen.

Zum Symbol der Roten Armee wurde
diese Kopfbedeckung, die an die Helme
altrussischer Krieger erinnert. An der
Farbe des fünfzackigen Stoffsterns war
die Waffengattung zu erkennen. In der
Mitte befand sich ein roter Emaillestern
mit Hammer und Sichel. Der Entwurf
dieser Kopfbedeckung, anfangs als «Re-
ckenmütze» bezeichnet, geht auf die
Zeit vor dem Oktober 1917 zurück. An
ihm beteiligt waren bekannte Künstler
wie Wiktor M. Wasnezow und Boris M.
Kustodijew. Bald setzte sich die Bezeichnung «Budjonnymütze» oder
«Budjonowka» – benannt nach dem
Kommandeur der Ersten Reiterarmee
Semjon M. Budjonny – durch. Dieser
Mützentyp war bis zum Zweiten Weltkrieg in Gebrauch. *KJ*

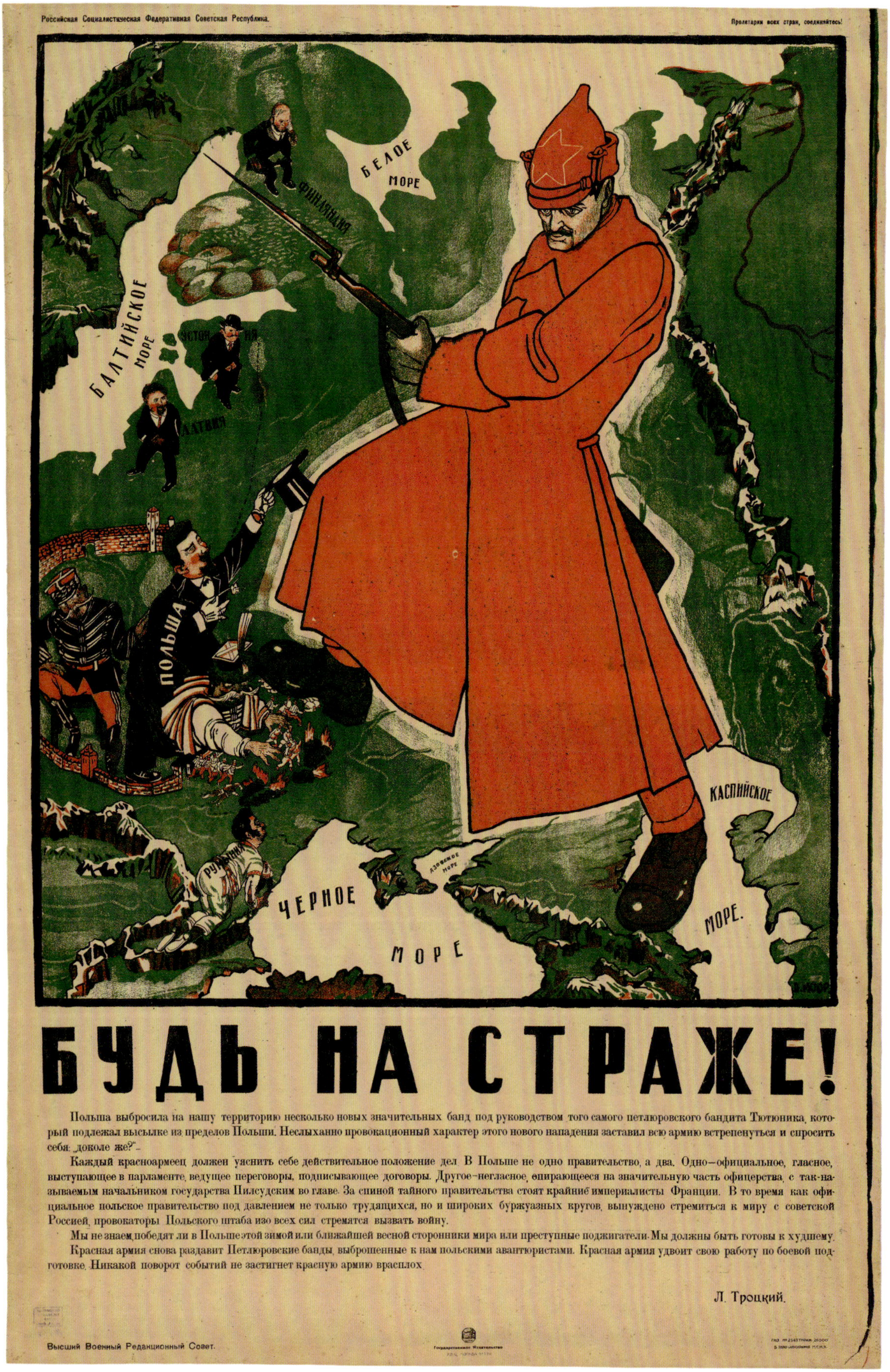
Российская Социалистическая Федеративная Советская Республика.
Пролетарии всех стран, соединяйтесь!
БЕЛОЕ МОРЕ
ФИНЛЯНДИЯ
БАЛТИЙСКОЕ МОРЕ
ЛАТВИЯ
ПОЛЬША
ЧЕРНОЕ МОРЕ
АЗОВСКОЕ МОРЕ
КАСПИЙСКОЕ МОРЕ.
БУДЬ НА СТРАЖЕ!
Польша выбросила на нашу территорию несколько новых значительных банд под руководством того самого петлюровского бандита Тютюника, который подлежал высылке из пределов Польши. Неслыханно провокационный характер этого нового нападения заставил всю армию встрепенуться и спросить себя: „доколе же?“–
Каждый красноармеец должен уяснить себе действительное положение дел В Польше не одно правительство, а два. Одно–официальное, гласное, выступающее в парламенте, ведущее переговоры, подписывающее договоры. Другое–негласное, опирающееся на значительную часть офицерства, с так-называемым начальником государства Пилсудским во главе. За спиной тайного правительства стоят крайние империалисты Франции. В то время как официальное польское правительство под давлением не только трудящихся, но и широких буржуазных кругов, вынуждено стремиться к миру с советской Россией, провокаторы Польского штаба изо всех сил стремятся вызвать войну.
Мы не знаем, победят ли в Польше этой зимой или ближайшей весной сторонники мира или преступные поджигатели. Мы должны быть готовы к худшему.
Красная армия снова раздавит Петлюровские банды, выброшенные к нам польскими авантюристами. Красная армия удвоит свою работу по боевой подготовке. Никакой поворот событий не застигнет красную армию врасплох
Л. Троцкий.
Высший Военный Редакционный Совет.
Государственное Издательство

Plakat *Будь на страже!*
(Sei auf der Hut!)
Dmitri S. Moor (1883–1946)
Sowjetrussland, 1921
Russische Staatsbibliothek,
Moskau

Plakat *Очередь за Врангелем!*
(Jetzt ist Wrangel an der Reihe!)
Nikolai M. Kotschergin (1897–1974)
Moskau, 1920
Deutsches Historisches Museum,
Berlin

Nach der Oktoberrevolution strebten
zahlreiche Nationalitäten innerhalb des
Russischen Reiches nach Autonomie
und Selbständigkeit. Finnland erklärte
schon am 6. Dezember 1917 seine Unabhängigkeit, die es in den folgenden
Monaten in einem blutigen Krieg gegen
die Rotgardisten behaupten konnte.
Nachdem sich Estland, Lettland und
Litauen 1918 zu unabhängigen Staaten
erklärt hatten, kam es auch dort zu
kriegerischen Auseinandersetzungen
mit den Bolschewiki und schließlich zur
Etablierung bürgerlicher Republiken.
Die am 11. November 1918 gegründete
Republik Polen führte aufgrund von
Grenzkonflikten bis März 1921 Krieg
gegen Sowjetrussland. In allen diesen
Staaten, die ihre Souveränität erlangt
hatten, herrschte in den Regierungen
und im Großteil der Bevölkerung eine
zutiefst antikommunistische Haltung
vor, weshalb das sowjetrussische Propagandaplakat zu Wachsamkeit und
Verteidigungsbereitschaft aufruft: Die
Feinde der Revolution würden alles
daran setzen, Sowjetrussland zu destabilisieren und dessen Errungenschaften
zu beseitigen. Polen sei erneut dabei,
die Fackeln des Krieges zu entzünden,
die der heldenhaft dargestellte Rotarmist aber noch rechtzeitig auszutre-
ten vermag. *AS*

Im Frühjahr 1918 eskalierte in Russland
der Bürgerkrieg zwischen der von den
Bolschewiki aufgestellten Roten Armee
und den «Weißen». Dazu zählten unterschiedliche Gruppen von Zarenanhän-
gern, Nationalisten, Konservativen,
Demokraten und gemäßigten Sozialisten. Mit ausdrucksstarken Plakaten wie
diesem motivierten die Bolschewiki
ihre Soldaten für den Kampf bis zum
Sieg: Der augenscheinlich nicht aufzuhaltende Kavallerist der Roten Armee
hat den Anführern der weißen Armeen
mit seiner Lanze bereits ein blutiges
Ende bereitet, als Letzter läuft nun General Pjotr N. Wrangel in sein Verder-
ben. Wrangel war Oberbefehlshaber
der «Weißen» auf der Krim, die sich
nach schweren Verlusten im November
1920 zurückziehen mussten. Ihm selbst
und vielen seiner Soldaten gelang die
Flucht ins Ausland.

So brutal die Bildsprache des Plakates
erscheint, so grausam wurde der Bürgerkrieg auf beiden Seiten geführt –
auch gegen die Zivilbevölkerung, die
unter rigorosen Lebensmittelkonfis-
kationen, Plünderungen, Vergewaltigungen und massenhaften Erschie-
ßungen von tatsächlichen oder ver-
meintlichen «Revolutionären» und
«Konterrevolutionären» zu leiden
hatte. *AS*

Plakat *Миръ и свобода въ совдепіи*
(Friede und Freiheit in
den Abgeordentenräten)
Odessa, 1919
Deutsches Historisches Museum,
Berlin

Schild mit der Flagge Großbritanniens
vom Stab der Entente-Truppen
in Wladiwostok
Sowjetrussland, 1918/19
Staatliches Museum für Zeitgenössische Geschichte Russlands, Moskau

Wie ein Dirigent des Todes wirkt der
zu einem «roten Teufel» stilisierte
Trotzki auf diesem Propagandaplakat der «Weißen». Interessiert be-
trachtet er sein «Werk»: eine unüber-
schaubare Anzahl von Schädeln als
Sinnbild eines ungestillten «Blut-
durstes» der Bolschewiki. Unterstri-
chen wird die Aussage durch die
unmittelbar bevorstehende Erschießung eines Gefangenen durch einen
chinesischen Rotarmisten, womit das
Plakat zugleich vor dem Anspruch
der Bolschewiki auf die Weltrevolution und vor der Verbreitung ihrer
Ideale warnt.

Trotzki hatte als einer der engsten
Mitstreiter Wladimir I. Lenins zu
Jahresbeginn 1918 die von ihm straff
geführte Rote Armee aufgebaut, die
während des Bürgerkrieges für unge-
zählte Verbrechen an ihren Gegnern
und an der Zivilbevölkerung verantwortlich war. Dass Trotzki jüdischer
Herkunft war, verdeutlicht die Kette
mit dem Davidstern um den Hals: Mit
der Gleichsetzung von Bolschewismus
und Judentum wollten die «Weißen»
die in weiten Teilen antisemitisch ein-
gestellte russische Bevölkerung für
sich gewinnen. Ihrem Hass auf Juden
ließen sie während des Bürgerkrieges
in zahlreichen Pogromen mit Zehntau-
senden Ermordeten freien Lauf. *AS*

Nach dem Austritt Russlands aus dem
Krieg und dem Friedensschluss mit den
Mittelmächten in Brest-Litowsk griffen
im Juni 1918 die ehemaligen Verbündeten des Russischen Reiches auf Seiten
der «Weißen» in den Bürgerkrieg ein.
Die von Großbritannien, Frankreich,
den USA und Japan entsandten Truppen gingen in Murmansk, Archangelsk,
Odessa und Wladiwostok an Land. Sie
sollten verhindern, dass Kriegsmaterial
der Alliierten in die Hände des Feindes
fiel, und die weißen Armeen im Kampf
gegen die Bolschewiki unterstützen.
Ein weiterer Grund für das Eingreifen
war die Befürchtung, die Revolution
könnte auf andere Länder übergreifen.
Letztlich hatte die Intervention der
Alliierten militärisch keine entscheidende Bedeutung für den Bürgerkrieg,
sie löste aber bei den Bolschewiki eine
nachhaltige Angst vor der Einkreisung
durch feindliche Truppen und Gegner
der Revolution aus. *KJ*

Armeerevolver
System Smith & Wesson No. 3 1874
(«Russian Model»)
Berlin, 1877/1884
Deutsches Historisches Museum,
Berlin

Ende des 19. Jahrhunderts reichte
die Industriekapazität Russlands bei
Weitem nicht aus, um den Bedarf des
Heeres an Waffen zu befriedigen.
Die Folge waren Einkäufe im Ausland.
1870 kaufte die russische Regierung
beim damaligen Marktführer Smith &
Wesson in den USA mehr als 130 000 Revolver, die nach russischen Wünschen
modifiziert worden waren. Zusätzlich
wurden im russischen Tula Modelle
ohne die eigentlich fällige Lizenzgebühr
kopiert, ebenso in anderen europäischen Ländern in russischem Auftrag,
auch in Deutschland. Zwischen 1877
und 1884 stellte die Firma Ludwig
Loewe & Co. in Berlin 70 000 Waffen
einer späten Version des Smith &
Wesson-Revolvers für die Armee des
Zaren her. Sie wurden nach 1917 von den
Bolschewiki und in der sowjetischen
Armee weiter verwendet. Die russische
Inschrift auf dem Lauf nennt den deutschen Hersteller und zeigt den alten
Zarenadler. Der Hahn dieses Revolvers
wurde später nach Verschleiß ausge-
tauscht, wie man an dem Beschuss-
zeichen sieht, welches das neue Symbol
Hammer und Sichel zeigt. *SL*

**Flugblatt der Bolschewiki
zum Kronstädter Matrosenaufstand**
В последний час!
(Die letzte Stunde hat geschlagen!)
Sowjetrussland, 1921
Staatliches Museum für Politische
Geschichte Russlands, St. Petersburg

Die Kronstädter Matrosen hatten mehrfach während der Revolution auf Seiten der Bolschewiki eingegriffen und im Bürgerkrieg für die «Roten» gekämpft. Angesichts der repressiven Machtausübung der Bolschewiki, der Aufrechterhaltung des «Kriegskommunismus» sowie der Macht der Kommunistischen Partei gegenüber den Räten fühlten sie sich in ihrem Glauben an die revolutionären Ideale verraten. Ende Februar 1921 erhoben sie sich im Namen der Revolution gegen die Regierung Sowjetrusslands. Diese diskreditierte die Aufständischen in Flugblättern wie diesem als Konterrevolutionäre und Weißgardisten. Ein Übergreifen der Revolte von der vor Petrograd gelegenen Festungsinsel auf das Festland wurde verhindert. Der Aufstand wurde brutal niedergeschlagen, mehrere Zehntausend Soldaten kamen auf beiden Seiten ums Leben. Allerdings erfüllte Lenin eine der zentralen Forderungen der Matrosen nach einer Lockerung der Wirtschaft mit der Einführung der Neuen Ökonomischen Politik. Zugleich erließ er das sogenannte Fraktionsverbot, mit dem abweichende Meinungen innerhalb der bolschewistischen Partei endgültig unterbunden wurden. **KJ**

В ПОСЛЕДНИЙ ЧАС!

Доблестные славные бойцы, действующие против мятежного Кронштадта!

Кронштадцы опозорили революционную честь красного флота и всей рабоче-крестьянской армии.

Кронштадцы усиливают нашу разруху и отрывают от труда сотни и тысячи рабочих рук.

Кронштадцы против тех, кто десятки лет боролся за раскрепощение трудового люда—рабоче-крестьянской бедноты—против коммунистов-большевиков.

Кронштадцы призывают на советскую землю финляндских белогвардейцев и польско-шляхетскую Польшу.

Красные бойцы!

Перед вами трепещет мировая контр-революция.

Пусть трепещет перед вами и мятежный Кронштадт!

Смерть предателям!

За мирную жизнь нашей земли!
За труд и покой!

За честный Советский Кронштадт!
Вперед!..

Abgemagerte und hungernde Kinder
Wolga-Region, 1921
Staatliches Museum für Zeitgenös-
sische Geschichte Russlands, Moskau

Infolge des Ersten Weltkrieges und des
Bürgerkrieges lag die Wirtschaft am
Boden. Verschärft wurde die Lage
durch die neue Wirtschaftspolitik, die
aus ideologischen Gründen an den Zielen der Zentralisierung und Kollektivierung der Landwirtschaft festhielt.
Insbesondere die Bauern leisteten heftigen Widerstand, sodass die Bolschewiki zu Zwangsrequirierungen von
Getreide übergingen. Diese Politik sowie eine Dürreperiode führten zu einer
katastrophalen Hungersnot in der süd-
lichen Ukraine und im Wolgagebiet.
Die Not war so groß, dass Saatgut teilweise nicht ausgesät, sondern direkt
gegessen wurde, auch Fälle von Kanni-
balismus sind bekannt. Die Opfer gehen
in die Millionen. Hilfe kam von der amerikanischen Organisation *American
Relief Administration*, die Speisungen
und Suppenküchen einrichtete und
dabei ein besonderes Augenmerk auf
die Kinder richtete. Ermöglicht wurde
diese Unterstützung durch Spenden
und staatliche Hilfe aus den USA und
durch den Verkauf eines Teils des Za-
rengoldes durch die Sowjets, worauf
die Amerikaner bestanden hatten. *KJ*

Четвертий Універсал Української
Центральної Ради
(Viertes Universal der Ukrainischen
Zentralen *Rada***)**
Kiew, 12. Januar 1918 (rückdatiert
auf den 9. Januar 1918)
Nationales Museum der Geschichte
der Ukraine, Kiew

Die Bolschewiki hatten den nichtrussischen Nationen innerhalb des Russischen Reiches weitestgehende Autonomie versprochen. Vor diesem Hintergrund proklamierte die sogenannte
Zentralrada im November 1917 die
Ukrainische Volksrepublik, den ersten
ukrainischen Nationalstaat innerhalb
Russlands. Das 4. «Universal», so die
ukrainische Bezeichnung für eine ge-
setzeskräftige Deklaration, verkündete
im Januar 1918 die formale Unabhängigkeit von Russland. In den nächsten
Jahren wurde die Ukraine zu einem
wechselvollen Schauplatz des Bürgerkrieges, in dem sich ukrainische Nationalisten, die Rote Armee, Truppen der
antibolschewistischen «Weißen» und
anarchistische Gruppen erbitterte
Kämpfe lieferten. Zeitweise waren
große Teile der Ukraine von den Deutschen besetzt, und es kam zu kriegerischen Grenzkonflikten mit Polen. Allein
in Kiew, so der Schriftsteller Michail A.
Bulgakow, der den Bürgerkrieg in der
Ukraine miterlebte, wechselte die Be-
satzung im Verlauf von Revolution und
Bürgerkrieg etwa 18 Mal. Im Januar
1919 proklamierten die Bolschewiki in
dem von ihnen eroberten Territorium
die Ukrainische Sozialistische Sowjetrepublik, die 1922 Teil der neu gegründeten Sowjetunion wurde. *KJ*

Unter Berufung auf das Autonomie-
versprechen der Bolschewiki rief das
weißrussische Parlament, die *Rada*, am
25. März 1918 die erste unabhängige
Weißrussische Volksrepublik aus. Die
Regierung rief verschiedene eigen-
staatliche Institutionen ins Leben, um
ihre Macht formal zu untermauern, und
führte die weißrussische Sprache als
Amtssprache ein. Ihren Anspruch, einen
funktionierenden Staat aufzubauen,
konnten die Politker in der kurzen Zeit
der Unabhängigkeit nicht einlösen. Insbesondere die überwiegend bäuerliche
Bevölkerung, die die Idee nationaler

Selbständigkeit für ein intellektuelles
Konstrukt hielt, konnten sie nicht für
sich gewinnen. In den Kämpfen des
nachfolgenden Bürgerkrieges gewannen die Bolschewiki die Oberhand und
gründeten am 1. Januar 1919 die Weißrussische Sozialistische Sowjetrepublik,
die 1922 Teil der Sowjetunion wurde.
Mit dem Sluzker Aufstand versuchten
weißrussische Nationalisten, darunter
der auf dem Foto zu sehende Leon
Witan-Dubeikowksi (links) sowie Anton
Boryk (rechts), Ende 1920, die Volksrepublik wieder zu errichten, scheiterten
aber und unterlagen nach blutigen

Auseinandersetzungen den sowjetrussische Truppen. Im Westen erhob Polen
Ansprüche auf weite Teile Weißrusslands und setzte diese zu einem großen
Teil im Polnisch-Sowjetischen Krieg
durch. Bis zum Zweiten Weltkrieg blieb
das weißrussische Gebiet auf Polen und
die Sowjetunion aufgeteilt. *KJ*

Wirkung und Widerstand

Wirkung und Widerstand

Die Folgen der Revolution

Die Revolution und der anschließende Bürgerkrieg in Russland hatten weltweite Folgen: Mit der Sowjetunion betrat ein neuer Staat die politische Bühne, der sich in jeder Hinsicht vom russischen Imperium unterschied und das internationale Gefüge einschneidend veränderte. Praktisch alle Staaten der Welt, vorrangig in Europa, reagierten in der einen oder anderen Weise auf die Entwicklungen in Russland. Nicht zuletzt löste der revolutionäre Prozess in Russland weitreichende Migrationsströme aus.

Der neue Staat, dessen Hauptstadt seit 1918 Moskau war, umfasste zunächst vier «Sozialistische Sowjetrepubliken»: die Russische, die Ukrainische, die Weißrussische und die Transkaukasische. Damit war die Sowjetunion deutlich kleiner als das Zarenreich. Aus den ehemals russischen Gebieten Polens, Litauens, Lettlands und Estlands sowie Finnlands waren souveräne Staaten hervorgegangen und die Sowjetrepubliken Turkmenistan, Usbekistan und Tadschikistan wurden erst 1924 und 1929 Teil der Union. Die Außenseiterrolle innerhalb der internationalen Staatengemeinschaft konnte erst 1924 mit der völkerrechtlichen Anerkennung durch die meisten Staaten durchbrochen werden. Im Inneren bestimmten wirtschaftlicher und sozialer Umbau die neue Gesellschaft. Dazu gehörten gesellschaftliche Emanzipation und kultureller Aufbruch ebenso wie Terror und Gewalt gegen all jene, die sich dem neuen System widersetzten.

Die Auswirkungen der Revolution über Russland hinaus beeinflussten die weitere politische Entwicklung in Europa und der Welt nachhaltig. Die Reaktionen anderer Länder auf den ersten kommunistischen Staat reichten von Begeisterung über Angst vor der Revolution im eigenen Land bis hin zu offener Ablehnung. Eine besondere Rolle dabei spielten der für die Länder jeweils unterschiedliche Ausgang des Ersten Weltkrieges und die Stärke der Arbeiterbewegung. Eine Herausforderung war zudem das Bestreben der Bolschewiki, bis Mitte der 1920er Jahre mit Hilfe der *Komintern* die «Weltrevolution» jenseits der russischen Grenzen zu entfachen. Mit diesem Ziel unterstützte sie kommunistische Bewegungen und Aufstände, die Gründung kommunistischer Parteien sowie nationale und soziale Befreiungsbewegungen. Schließlich entstand insbesondere innerhalb national-konservativer Kreise in zahlreichen europäischen Staaten ein Antibolschewismus, der oft auch antisemitische Züge aufwies.

Eine weitere Folge der Revolution waren schließlich vielfache Migrationsbewegungen. Nach dem Zusammenbruch der Monarchie im Februar und nach der Machtübernahme der Bolschewiki im Oktober 1917 flohen viele Menschen vor Krieg und Gewalt sowie vor den veränderten Lebensumständen aus Russland. Andere wurden vertrieben und des Landes verwiesen. Mehr als eine Million russische Emigranten suchten in allen Teilen der Welt eine neue Heimat. Umgekehrt übte das neue Russland eine große Faszination auf Architekten, Intellektuelle, Kulturschaffende und Arbeiter aus und wurde zu einem Projektionsfeld neuer Ideen und gesellschaftlicher Hoffnungen. In den 1930er Jahren sahen sich deutsche Kommunisten aufgrund von Verfolgung und drohender Inhaftierung durch die Nationalsozialisten gezwungen, Deutschland zu verlassen und fanden Aufnahme in der Sowjetunion. *KJ*

«Ich bin innerlich gespalten: Einerseits möchte ich diese ganze Abscheulichkeit namens Revolution aus vollem Herzen verfluchen, andererseits taucht der Gedanke auf, dass aus ihr Gutes hervorgeht, ja Gutes: Das schläfrige, widerwärtige Russland verschwindet, im Straßenbild zeigen sich überall rührige, energische junge Leute.»

Michail M. Prischwin, 8. September 1922

«Die Existenz der UdSSR mag vielleicht die wichtigste Tatsache auf dem Erdball sein, aber die Tage, Wochen, Monate der meisten russischen Bürger sind ausgefüllt von der simplen Sorge ums Dasein mit dessen gewöhnlichen Unbilden und Freuden. Der Bauer ist zutiefst überzeugt, dass er die ganze UdSSR am Hals hat, dass allein er arbeitet, während die ganze UdSSR – schreibt.»

Michail M. Prischwin, 2. März 1925

Ein neuer Staat: Die frühe Sowjetunion

Der neue Staat brach in politischer, wirtschaftlicher und gesellschaftlicher Hinsicht vollständig mit dem alten Russland, was zu einer Entfremdung zu den anderen europäischen Staaten und zu einer fortschreitenden Isolierung führte. Diese zu durchbrechen gehörte zu den außenpolitischen Zielen der sowjetischen Regierung.

Innenpoltisch blieb von den Losungen der Revolution wenig übrig. Statt Frieden hatte das Land einen Bürgerkrieg erlebt, der die politische Kultur nachhaltig prägte: Gewalt, Terror und Willkür gehörten zum Alltag. Gegner der Revolution und vermeintliche Feinde, Intellektuelle, «Bürgerliche» und Geistliche wurden in Arbeitslager verbannt, des Landes verwiesen oder ermordet. Die Räte verloren zunehmend an Bedeutung zugunsten der alleinigen Vorherrschaft der Kommunistischen Partei, die Arbeiterkontrolle über die Fabriken wurde eingeschränkt und das Land verblieb nur bedingt in der Verfügung der Bauern. Nachdem Wladimir I. Lenins Einfluss an der Spitze der Partei und des Staates infolge einer schweren Erkrankung stetig abnahm, entbrannte ein Kampf um seine Nachfolge, aus dem schließlich Josef W. Stalin als neue Führungsfigur hervorging.

In der Wirtschaft scheiterte der «Kriegskommunismus» an einem massiven Widerstand der Bevölkerung. Statt Zentralisierung und Planwirtschaft voranzutreiben, musste Lenin mit der Neuen Ökonomischen Politik liberale und marktwirtschaftliche Elemente zulassen. Erst Ende der 1920er Jahre erzwang Stalin die Industrialisierung und die Kollektivierung der Landwirtschaft.

Im Zentrum des gesellschaftlichen Aufbaus stand die Idee des «Neuen Menschen». Die Lage der Arbeiter und Frauen sowie das allgemeine Bildungsniveau verbesserten sich erheblich. Die Nationalitätenpolitik förderte eine – wenngleich kontrollierte – Emanzipation nichtrussischer Ethnien und bildete die Grundlage für den sowjetischen Vielvölkerstaat. Kunst und Kultur waren von Aufbruch und Vielfalt gekennzeichnet, bevor ihre Freiräume Ende der 1920er Jahre zunehmend eingeschränkt wurden. *KJ*

Wappen der Union der Sozialistischen Sowjetrepubliken (UdSSR)
Sowjetunion, 1927
Staatliches Museum für Zeitgenössische Geschichte Russlands, Moskau

Das Staatswappen der Sowjetunion zeigte von ihrer Gründung 1922 bis zu ihrem Ende 1991 einen fünfzackigen roten Stern im Zentrum sowie eine Erdkugel mit den Symbolen von Hammer und Sichel. Von 1923 bis 1931 kamen je drei Spruchbänder auf beiden Seiten mit dem Zitat «Proletarier aller Länder, vereinigt Euch!» aus dem *Manifest der Kommunistischen Partei* von Karl Marx (1848) in den sechs Sprachen ihrer Gründungsmitglieder hinzu: Russisch, Weißrussisch, Ukrainisch, Georgisch, Armenisch und Aserbaidschanisch. Das Wappen wurde später um zusätzliche Bänder mit den Amtssprachen weiterer, neu hinzugekommener Unionsrepubliken ergänzt.

Die Verfassung von 1924, welche die Verfassung der Russischen Sozialistischen Föderativen Sowjetrepublik (RSFSR) von 1918 ablöste, bestätigte das Staatswappen. Die Staatsflagge war zunächst die rote Fahne der Kommunistischen Partei. Erst im November 1923 wurden der fünfzackige Stern sowie Hammer und Sichel Bestandteil der Flagge. Als Staatshymne diente bis 1944 *Die Internationale*. *KJ*

Rotbannerorden der Russischen Sozialistischen Föderativen Sowjetrepublik (RSFSR)
Sowjetrussland, 1919
Deutsches Historisches Museum,
Berlin

Der Rotbannerorden, am 16. September 1918 – während des russischen Bürgerkrieges – vom Allrussischen Zentralen Exekutivkomitee gestiftet, war die erste staatliche Auszeichnung Sowjetrusslands. Verliehen wurde sie für besondere Tapferkeit im Kampf und für revolutionäre Leistungen an Angehörige der Roten Arbeiter- und Bauernarmee. Der erste Träger des Ordens schon kurz nach der Stiftung war Wassili K. Blücher, der es geschafft hatte, bei Orenburg eingeschlossene Truppen der Roten Armee, mehrere Tausend Mann, durch Gewaltmärsche in sicheres Gebiet zu führen.

Der Rotbannerorden war Ausgangspunkt für ein im Laufe der Zeit immer komplexer werdendes sozialistisches Auszeichnungswesen, das in der 1922 gegründeten Sowjetunion entstand und die Verleihung von Orden, Preisen, Titeln und Medaillen in anderen sozialistischen Staaten stark beeinflusste.
TW

**Orden des Roten Banners der Arbeit
aus verschiedenen Sowjetrepubliken**
Sowjetunion, 1920er Jahre
Das Staatliche Historische Museum,
Moskau

 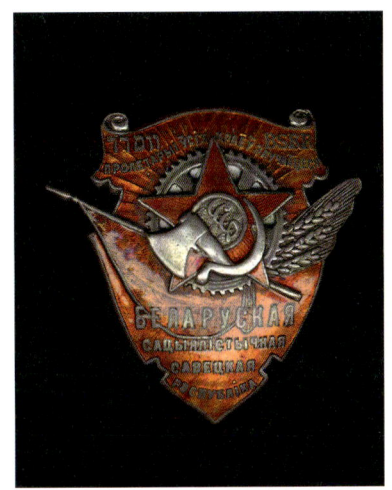 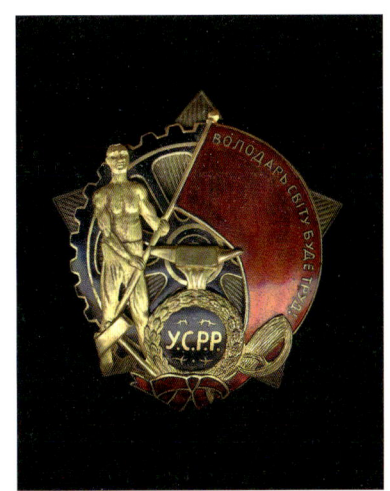

Zur Förderung der Identifikation mit dem neuen Staat begannen die Bolschewiki mit der Stiftung von Orden. Der im Dezember 1920 in der Russischen Sozialistischen Föderativen Sowjetrepublik gestiftete und für herausragende Arbeitsleistungen verliehene *Orden des Roten Banners der Arbeit* galt als das zivile Gegenstück zum 1918 gestifteten Rotbannerorden, der für militärische Tapferkeit und Verdienste verliehen wurde. In den folgenden Jahren führten sämtliche Sowjetrepubliken eine entsprechende Auszeichnung ein. Den verschiedenen Orden des sowjetischen Vielvölkerstaates gemein war die Verwendung der Symbole Hammer, Sichel und roter Stern, verbunden mit spezifischen Elementen und Symbolen sowie der Sprache der jeweiligen Sowjetrepublik.
AS

**Plakat *Российская Коммунистиче-
ская партия – единственная верная
защитница пролетариев всех стран
и наций. Спешите в ее ряды!*
(Die Russische Kommunistische
Partei ist der einzig echte Schutz des
Proletariats aller Länder und
Nationen. Beeilt Euch einzutreten!)**

Die sowjetrussische Regierung, der sogenannte Rat der Volkskommissare,
bestand ausschließlich aus Mitgliedern
der Kommunistischen Partei. Diese
hatte damit faktisch die Alleinherr-
schaft inne. Ihr höchstes Organ war das
Politbüro, das 1919 durch den VIII. Parteitag eingesetzt und zum eigentlichen
Machtorgan im Staat wurde.

Die Partei selbst war nach der Spaltung
der Sozialdemokratischen Arbeiterpartei Russlands 1903 in Menschewiki und
Bolschewiki entstanden. Letztere kon-
stituierten sich 1912 als eigene Gruppe
unter der Führung Lenins und nannten
sich seit 1918 Kommunistische Partei
Russlands (B) – das B steht für Bolschewiki – und seit 1925 Kommunistische
Allunions-Partei (Bolschewiki). 1952
erhielt sie den Namen Kommunistische
Partei der Sowjetunion (KPdSU).

Seit 1922 nutzte Josef W. Stalin das neu
geschaffene Amt des Generalsekretärs,
um den Machtapparat der Partei weiter
auszubauen und seine Position zu stärken. Das Plakat steht ganz im Zeichen
der Weltrevolution: Die von Sowjetrussland ausgehende rote Fahne soll in
allen Ländern der Erde wehen. *KJ*

Apsit [auch Apsitas oder Skif]
(Alexander P. Petrow) (1880–1944)
Sowjetrussland, 1920
Russische Staatsbibliothek,
Moskau

Российская Коммунистическая партия — единственная верная защитница пролетариев всех стран и наций. СПЕШИТЕ В ЕЕ РЯДЫ!

ВСЕУКРАИНСКОЕ ГОСУДАРСТВЕННОЕ ИЗДАТЕЛЬСТВО, ОДЕССА, 1920.

Feierliche Eröffnung des
II. Kongresses der Komintern
Isaak I. Brodski (1883–1939)
Sowjetunion, 1924
Öl auf Leinwand
Das Staatliche Historische Museum,
Moskau

Als der Kongress der *Komintern* am 19. Juli 1920 in dem in Urizki Theater umbenannten Taurischen Palais in Petrograd eröffnete, waren die vornehmlich aus Europa und Asien angereisten 218 Delegierten in bester Stimmung: Nach einem erfolgreichen Gegenangriff der Roten Armee im Polnisch-Sowjetischen Krieg stand diese kurz vor Warschau. Nun schien sich die Hoffnung der Bolschewiki und ihrer Anhänger zu erfüllen, in Europa und darüber hinaus einen revolutionären Flächenbrand auslösen zu können. Das entsprach dem Ziel einer «proletarischen Weltrevolution» der im Jahr zuvor gegründeten Kommunistischen Internationale (*Komintern*), eines Zusammenschlusses linker Parteien und Organisationen.

Isaak I. Brodskis großflächiges Gemälde zeigt Lenin während seiner Rede, in der er den bewaffneten Kampf für die Errichtung der «Diktatur des Proletariats» propagierte und seine Richtlinien für die *Komintern* definierte. Der zweite Kongress legte die Organisations- und Führungsprinzipien fest, denen sich die einzelnen Parteien zu unterwerfen hatten. Sie mussten sich nun als «Kommunistische Partei» bezeichnen und den Zusatz «Sektion der Kommunistischen Internationale» tragen. Damit sollte verdeutlicht werden, dass die Sektionen die territorialen Gliederungen einer Weltpartei darstellten. Die Entscheidungen des Exekutivkomitees in Moskau waren für alle kommunistischen Mitgliedsparteien bindend. Parteimitglieder, die sich der linientreuen Unter-

ordnung gegenüber der *Komintern*-Führung nicht fügen wollten, waren aus der jeweiligen kommunistischen Partei auszuschließen. Die Kongresse der *Komintern* tagten bis 1922 jährlich. Der fünfte Kongress fand 1924 und der sechste 1928 statt, der siebte und letzte erst 1935. Aufgrund des Zweiten Weltkrieges und des gemeinsamen Kampfes der Sowjetunion mit den Westmächten wurde die *Komintern* 1943 aufgelöst. **AS**

Великий Октябрь
(Großer Oktober [Lenin vor dem Smolny])
Isaak I. Brodski (1884–1939)
Sowjetunion, 1920er Jahre
Öl auf Leinwand
Staatliches Museum für Politische
Geschichte Russlands, St. Petersburg

Das Gemälde zeigt Wladimir I. Lenin
auf dem Höhepunkt seiner Macht als
volksnahen Revolutionsführer vor
dem politischen Zentrum des neuen
Staates, dem Smolny-Institut. Hier
hatte 1917 bereits der Petrograder
Sowjet getagt, später diente es als Re-
gierungssitz des Rates der Volkskommissare. Seit 1922 konnte Lenin nur
noch eingeschränkt am politischen
Leben teilnehmen, nachdem er nach
einem Attentat im August 1918 mit
zunehmenden gesundheitlichen Pro-
blemen zu kämpfen hatte.

Nach seinem Tod 1924 wurde Lenins
Leichnam einbalsamiert und in einem
Mausoleum auf dem Roten Platz aufge-
bahrt – der Beginn eines umfassenden
Lenin-Kultes, der sich auf die Aufstellung von Denkmälern, Namensgebun-
gen und persönliche Glorifizierung
erstreckte. Unliebsame biografische
Details wie seine adlige Herkunft oder
sein Verhältnis zu der Sozialistin Inessa
Armand wurden verschwiegen.

Auch nach dem Ende der Sowjetunion
blieb Lenins Leichnam in dem Mausoleum. Nach aktuellen Umfragen ist die
Hälfte der russischen Bevölkerung
dafür, ihn zu beerdigen, etwa 30 Prozent wollen ihn weiterhin im Mausoleum sehen. Lenin selbst stand jeder
Form von Personenkult kritisch gegenüber. *KJ*

**Lenin spricht auf dem Swerdlow-Platz
in Moskau zu Truppen der Roten Armee**
vermutlich Grigori P. Goldstein
(1870 – 1941)
Moskau, 5. Mai 1920

Dieses Foto ist eines von zahlreichen historischen Dokumenten, an dem der Kampf um die Nachfolge Lenins bis weit in die Geschichte der Sowjetunion deutlich wird. Nachdem Stalin 1922 Generalsekretär der Partei geworden war, baute er ein Netz von Vertrauten auf, isolierte Lenin und schaltete nach dessen Tod alle Gegner systematisch aus. Ein Brief Lenins aus den letzten Monaten seines Lebens, in dem er vor einer zu starken Stellung Stalins warnte, erreichte seinen Zweck nicht. Seinen stärksten Konkurrenten um die politische Macht nach Lenins Tod, Leo Trotzki, schloss Stalin 1927 aus der Partei aus, verwies ihn 1928 des Landes und ließ ihn 1940 im Exil ermorden. Zudem wurde Trotzkis Name nach 1930 aus sämtlichen Publikationen, Filmen und Fotos getilgt. *KJ*

Retuschierte Fotografie:
Lenin spricht auf dem Swerdlow-Platz
in Moskau zu Truppen der Roten Armee
vermutlich Grigori P. Goldstein
(1870–1941)
Moskau, 5. Mai 1920 / retuschiert
Sowjetunion, 1970er Jahre
ullstein bild, Berlin

Aus der Originalaufnahme von 1920
wurden Trotzki und Lew B. Kamenew
wegretuschiert. Letzterer hatte Stalins
Weg zur Macht unterstützt, bevor auch
er ausgeschaltet und 1936 ermordet
wurde. In dieser manipulierten Form
hat sich das Foto in das sowjetische
Bildgedächtnis eingeschrieben. Erst
nach 1987 konnte wieder über die Rolle
Trotzkis in der Revolution gesprochen
und seine Werke konnten publiziert
werden. *KJ*

An einen Karren geketteter Häftling
Maria M. Strachowskaja (1879–1962)
Sowjetunion, 1920er Jahre
Staatliches Museum für Zeitgenös-
sische Geschichte Russlands, Moskau

Zur Durchsetzung ihrer Ziele setzten
die Bolschewiki auf ein umfassendes
Repressionssystem, dem Millionen
Menschen zum Opfer fielen. Ausfüh-
rende Organe waren die *Tscheka* und
ihre Nachfolgeorganisationen. Seit
1920 entstand ein landesweites Netz
von «Arbeits- und Besserungslagern»,
Lenin selbst sprach von Konzentrati-
onslagern für politische Gegner und
«Konterrevolutionäre», darunter Angehörige bürgerlicher Schichten, Priester
und Monarchisten. 1921 existierten bereits 48 Lager. Der Prozess gegen die
Sozialrevolutionäre 1922 war der erste
von weiteren Schauprozessen.

Terror und Gewalt waren ein Teil der
sowjetischen Gesellschaft und wurden
als solche auch in der Kunst aufgegrif-
fen. Die Künstlerin, die auch Büsten von
Revolutionsführern anfertigte und als
regimetreu galt, spiegelt in dieser
Skulptur eine ambivalente Wahrnehmung dieser Seite des neuen Regimes:
Die Repressionsmaßnahmen werden
nicht verurteilt, sondern als angemes-
sen und gerechtfertigt abgebildet. *KJ*

**Brief von Alexander A. Ern (1869–1931)
an seine Schwester Tatjana aus dem
«Solowezki-Lager zur besonderen
Verwendung»**
Solowezki-Inseln, 5. Dezember 1930

**Alexander A. Ern mit seinem
Sohn Wladimir**
Stadt Wladimir, Oktober 1927
Staatliches Museum für Zeitgenös-
sische Geschichte Russlands, Moskau

Dieser Brief stammt von dem Gefangenen D204-16GZh aus dem Arbeitslager auf den Solowezki-Inseln. Der
Anwalt und frühere Politiker der Kadet-
ten-Partei Alexander A. Ern war 1930
verhaftet und wegen angeblicher
«konterrevolutionärer Aktivitäten» zu
zehn Jahren Freiheitsstrafe verurteilt
worden.

Das 1920 eingerichtete Lager im nörd-
lichen Weißmeer war das erste von
einem später landesweiten Netz von
Straf- und Zwangsarbeiterlagern, die
unter dem Namen *Gulag* bekannt
wurden. Hier sollten sogenannte Klas-
senfeinde durch Arbeit, Folter und
Indoktrination zu «Neuen Menschen»
für die sozialistische Gesellschaft um-
erzogen werden. Über dem Lager war
der Spruch zu lesen: «Durch die eiserne
Hand führen wir die Menschheit zum
Glück.»

Ern berichtet von guten Essensratio-
nen, 400 g Brot und 13 g Zucker, Brei
und Suppe sowie einer Extraration von
100 g Brot und 5 g Zucker und «norma-
len» Lebensbedingungen, was der Zensur geschuldet ist. Unabhängig davon
aber waren selbst viele Opfer der Überzeugung, diese Maßnahmen seien nötig
zum Aufbau des Sozialismus. In diesem
Sinne beschrieb 1929 auch Maxim Gorki
das Lager nach dessen propagandis-
tisch inszenierter Besichtigung. 1931
befanden sich dort 70 000 Häftlinge.
Ern starb 1931 im Lager. *KJ*

План электрификации РСФСР
(Plan zur Elektrifizierung der RSFSR)
Moskau, 1920
Deutsches Historisches Museum,
Berlin

Mit Hilfe des Plans zur Elektrifizierung
des Landes sollte die infolge von Revolution und Bürgerkrieg zerrüttete Wirtschaft modernisiert werden. Die 1920
gegründete Staatliche Kommission für
die Elektrifizierung Russlands erarbeitete ein Programm zum Ausbau der
elektrischen Energie, das bis Anfang
der 1930er Jahre erfüllt wurde. Damit
war das Vorhaben zugleich ein erster
Schritt zur zentralisierten Planwirtschaft, auf dessen Strukturen sich die
späteren Fünfjahrespläne stützten.
Unter dem von Wladimir Iljitsch Lenin
geprägten Motto «Kommunismus – das
ist Sowjetmacht plus Elektrifizierung
des ganzen Landes» sollte mit dem
Strom auch die sozialistische Ideologie
in jedes Dorf gelangen. Bis heute hat
sich in Russland der Begriff «Iljitschs
Lämpchen» als Bezeichnung für Glüh-
birnen gehalten. *KJ*

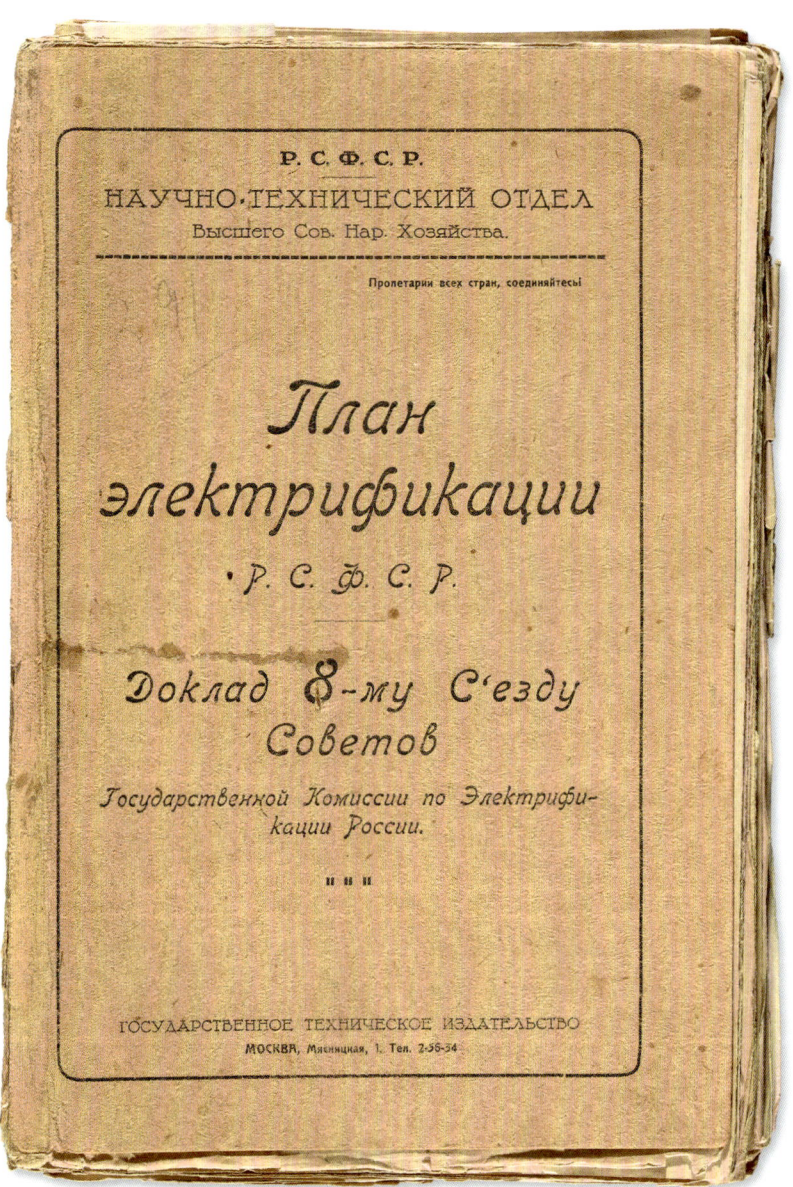

Нэпман у фининспектора
(«NEP-Mann» beim Finanzinspektor)
Arkadi S. Schaichet (1898–1959)
Moskau, 1928
Staatliches Museum für Zeitgenös-
sische Geschichte Russlands, Moskau

Nicht zuletzt unter dem Eindruck des Kronstädter Matrosenaufstandes 1921, der sich vor allem an der Fortsetzung der restriktiven Maßnahmen des Kriegskommunismus entzündet hatte, entschied sich Lenin für eine Lockerung der Wirtschaftspolitik durch Einführung marktwirtschaftlicher Elemente. Auf dem X. Parteitag der Kommunistischen Partei verkündete er die Neue Ökonomische Politik (NEP). Die damit verbundene Liberalisierung und die

Zulassung privaten Handels sollten die Produktivität steigern. Tatsächlich erholte sich die Landwirtschaft, und die Produktivität stieg vorübergehend. In diesem neuen Klima gelangte eine Schicht von Geschäftsleuten, die sogenannten NEP-Männer, aufgrund guter Beziehungen und wirtschaftlichen Geschicks zu einem gewissen Wohlstand, der wiederum auf Widerstand in Partei und Gesellschaft stieß. Trotz der NEP rückte Lenin von seinen langfristigen

Zielen der Zentralisierung und Planwirtschaft nicht ab und rechtfertigte die Maßnahme als vorübergehend notwendig zum Erreichen des Sozialismus. Mit Beginn des ersten Fünfjahresplans durch Stalin 1928 endete die Phase der NEP. *KJ*

**Katalog des Sowjet-Pavillons auf
der Internationalen Presseausstellung**
Pressa
EL Lissitzky (1890–1941)
Köln, 1928
Deutsches Historisches Museum,
Berlin

Die am 12. Mai 1928 in Köln eröffnete Internationale Presseausstellung wirkte weit über die Grenzen des Deutschen Reiches hinaus: Als erste große Ausstellung widmete sie sich den modernen Formen des Zeitungswesens und der Typografie sowie der sich immer schneller entwickelnden Kommunikationstechnik. An der *Pressa* nahmen rund 1500 Aussteller aus 43 Ländern teil, während ihrer sechs-monatigen Laufzeit besuchten rund fünf Millionen Menschen die 42 Pavillons und drei Hauptausstellungshallen. Für besonders große Aufmerksamkeit sorgte der vom russischen Avantgardekünstler El Lissitzky aufwendig entworfene Pavillon der Sowjetunion im innovativen, symbolhaften Design mit viel Glas und Spiegeln, rotierenden Druckwalzen und anderen Modellen sowie Filmen, Fotografien und Foto-montagen. Der für moderne Ausstellungsgestaltung wegweisende Pavillon sowie der ebenfalls von El Lissitzky als 2,35 Meter langes Leporello gestaltete Katalog sollten einem breiten Publikum die Fortschrittlichkeit und Innovationskraft der Sowjetunion vermitteln.
AS

Женщины. Идите в кооперацию
(Frauen, tretet in die Kooperativen ein)
Berlin, 1925
Deutsches Historisches Museum,
Berlin

Mit der Übertragung des Landes an die lokalen Selbstverwaltungseinheiten der russischen Bauern, die sogenannte Dorfgemeinschaft, konnten die Bolschewiki die Bauern zunächst auf ihre Seite ziehen. Infolge der massenhaften Einberufung in die Rote Armee und der Zwangsrequirierungen während des Bürgerkrieges versagten diese ihnen aber schon bald die weitere Gefolgschaft. Die Wiederbelebung bäuerlicher Arbeitsstrukturen in der Neuen Ökonomischen Politik (NEP) konnte das Verhältnis zwischen den neuen Machthabern und den Bauern, die noch immer die Mehrheit der Bevölkerung stellten, nicht nachhaltig verbessern. Für die Bauern blieben die Bolschewiki eine fremde Macht, diese wiederum hielten «das Dorf» für rückständig und sahen es als Symbol des «alten Russlands». Ihre Ideologie fand auf dem Land kaum Anhänger. Die Bemühungen um eine Kollektivierung der Landwirtschaft blieben bis Ende der 1920er Jahre ohne nennenswerten Erfolg. Schritte in diese Richtung waren die Gründung von kollektiven Wirtschaftsformen (*Kolchosen* und *Sowchosen*) wie Kommunen, freiwillige Zusammenschlüsse von Berufsgruppen (sogenannte *Artels*) und Genossenschaften, deren Aufbau und Tätigkeit in dieser Broschüre beschrieben werden. *KJ*

ДА ЗДРАВСТВУЕТ XIV ГОДОВЩИНА ОКТЯБРЯ

СПЛОШНАЯ КОЛЛЕКТИВИЗАЦИЯ завершена в основных зерновых районах СССР

ЛИКВИДИРУЕМ кулачество как класс

на основе сплошной коллективизации

ВПЕРЕД к дальнейшим победам на фронте КОЛХОЗНОГО СТРОИТЕЛЬСТВА!

Plakat *Сплошная коллективизация завершена в основных зерновых районах СССР* **(Die lückenlose Kollektivierung in den wichtigen Getreideregionen der UdSSR ist beendet)**
Moskau, 1931
Staatliches Museum für Zeitgenössische Geschichte Russlands, Moskau

Modell eines Waggons aus dem Agitationszug *Октябрьская революция* **(Oktoberrevolution)**
Sowjetunion, 1950er Jahre
Staatliches Museum für Zeitgenössische Geschichte Russlands, Moskau

Ende der 1920er Jahre beendete Stalin die Neue Ökonomische Politik (NEP) mit Einführung der zentralen Planwirtschaft des ersten Fünfjahresplans. Dieser sollte die Sowjetunion von einem Agrar- in einen modernen Industriestaat umwandeln. Trotz beeindruckender Erfolge blieb man hinter den Zielen zurück. Das führte zu einer weiteren Verschärfung der ohnehin schon brutalen Methoden und Zwangsmaßnahmen zur Erreichung der Planziele. Dazu gehörte die vollständige Kollektivierung der Landwirtschaft zugunsten des Ausbaus der Schwerindustrie, also die Überführung des Landes in Staats- und Genossenschaftsbetriebe. Sie erfolgte durch die gewaltsame Enteignung und Vernichtung der «Kulaken» durch Ermordung, Aushungerung oder Verschickung in Arbeitslager. Dies betraf

Großbauern und alle, die sich dem Staat widersetzten. Zur Steigerung der Produktivität setzten die Machthaber auch auf die Fließbandarbeit nach dem Vorbild des amerikanischen Taylorismus und importierten ganze Fabriken aus den USA.

Die Maßnahmen führten zur nachhaltigen Zerstörung alter Dorfstrukturen – eine Entwicklung, die in der russischen Landwirtschaft bis heute nachwirkt. *KJ*

Der Einsatz sogenannter Agitationszüge zeigt, mit welcher Zielstrebigkeit und Konsequenz die Bolschewiki darangingen, ihre Ideen und Vorstellungen bis in den letzten Winkel des großen Reiches zu tragen. Züge, wie sie dieses Modell darstellt, dienten während des Bürgerkrieges der politisch-propagandistischen und aufklärerischen Arbeit unter der Bevölkerung und unter den Angehörigen der Roten Armee. Sie sollten die örtlichen Parteiorgane in ihrer Arbeit unterstützten, indem sie Ausstellungen, Bücher, Plakate, Filme, Flugblätter und Zeitungen aus dem Zentrum in die Provinzen brachten. Wo kein Zug hinfahren konnte, übernahmen Schiffe, Flugzeuge, Kutschen oder Esel diese Funktion.

Der Zug *Oktoberrevolution* wurde von April 1919 bis Dezember 1920 genutzt. Auch nach dem Ende des Bürgerkrieges setzten Propagandabrigaden die Arbeit zur Agitation und Aufklärung der Massen fort. *KJ*

**Plakat der sowjetrussischen
Telegrafen-Agentur *ROSTA***
Wladimir W. Lebedew (1891–1967)
Petrograd, 1921
Staatliches Museum für Politische
Geschichte Russlands, St. Petersburg

Plakate wie dieses dienten den Bolschewiki zur massenhaften Verbreitung
ihres Programms unter einer größen-
teils analphabetischen Bevölkerung.
Die bildhaften Darstellungen und
Bildergeschichten der Abteilung für
Agitation und Propaganda (*Agitprop*)
zu politischen, wirtschaftlichen und
sozialen Themen wurden vorzugsweise
in Schaufenstern leerer Geschäfte, aber
auch in Bahnhöfen und Markthallen
aufgehängt. Die Entwürfe stammten
meist von bekannten Künstlern wie
Wladimir W. Majakowski oder Waldimir
W. Lebedew. Ihre Ausdrucksformen
waren stark vereinfacht und leicht verständlich, wie hier bei dem Aufruf zu
Wahlen für die Sowjets.

Auf diesem Plakat werden die politischen Gegner wie die Sozialrevolutionäre und Menschewiki von ihren eigenen Idealen eines freien Handels und
einer Verfassunggebenden Versammlung schlicht erdrückt. Andere Plakate
machten sich die Aufklärung über
gesundheitliche und hygienische Maßnahmen zur Aufgabe. *ROSTA*-Fenster
wurden noch während des Zweiten
Weltkrieges zu Propagandazwecken
hergestellt und verbreitet. *KJ*

**Modell des Bühnenbildes des Theater-
stückes *Октябрь* (Oktober) von
Alexander N. Afinogenow (1904–1941)
aus dem Jahr 1927**
Sowjetunion, 1920er Jahre
Theaterwissenschaftliche Sammlung,
Universität zu Köln

Das Massenschauspiel, dessen Bühnenbild dieses Modell zeigt, wurde anlässlich des 10. Jahrestages der Revolution
1927 vom Kommunalverband in Moskau
aufgeführt. Theater und Großveranstaltungen im Stadtraum gehörten
zum Programm der sogenannten Proletarischen Kultur (*ProletKult*), einer
kulturrevolutionären Organisation zur
Schaffung einer Kultur der Arbeiterklasse. Ihre führenden Köpfe waren
Anatoli W. Lunatscharski, Alexander
A. Bogdanow und Alexej K. Gastjew.

Ausdruck der Bewegung waren neben
den neu eingerichteten Arbeiteruniver-
sitäten die Feierlichkeiten zum ersten
Jahrestag der Revolution 1918 oder
Reinszenierungen des angeblichen
«Sturms auf den Winterpalast» 1920
und 1927 für den Film *Oktober* von
Sergej M. Eisenstein. Sie dienten gleichermaßen der Propaganda, Aufklärung und Unterhaltung. Modelle wie
dieses waren zudem dazu gedacht, die
Inszenierungen weltweit zu verbreiten
und fanden in den 1920er Jahren ihre

Sammler in Russland und Europa. Zu
ihnen zählte auch der Kölner Schau-
spieler und Theaterwissenschaftler
Carl Niessen, aus dessen Sammlung
dieses Modell stammt.

ProletKult war innerhalb der Partei
nicht unumstritten. Trotzki etwa war
gegen eine eigene proletarische Kultur.
Vielmehr hielt er die Errungenschaften
der bürgerlichen Kultur für universal
gültig und damit geeignet, auch vom
Proletariat übernommen zu werden. *KJ*

Plakat *Организуйте избы читальни*
(Organisiert Dorflesesäle)
Apsit [auch Apsitas oder Skif]
(Alexander P. Petrow) (1880–1944)
Moskau, 1919
Staatliches Museum für Zeitgenös-
sische Geschichte Russlands, Moskau

Gemäß ihrem Anspruch, die Volksbil-
dung zu verbessern und einen Zugang
zur Kultur für alle Gruppen der Bevölkerung zu schaffen, gründeten die Bolschewiki in den Städten Kulturhäuser,
Arbeiterclubs und -universitäten und
richteten auf dem Land Lesesäle ein.
Selbstverständlich dienten diese Einrichtungen immer auch der politischen
Propaganda. Dies zeigen die auf dem
Plakat dargestellten, aus Moskau
mitgebrachten Materialien wie die
sozialistischen Zeitungen *Prawda*
(Wahrheit) und *Bednota* (Armut) sowie
das Plakat an der Wand dieses Dorf-
lesesaals mit der Darstellung der
«Volksfeinde», des Zaren, des «Popen»
und des «Kulaken». Zu den Zuhörern des
politischen Kommissars gehören vormals von Bildung weitgehend ausge-
schlossene Gruppen wie Bauern und
Frauen, aber auch Veteranen des Bürgerkrieges. *KJ*

Plakat *Долой неграмотность! Грамотность – мост к процветанию твоего народа* (Weg mit dem Analphabetentum! Alphabetismus ist die Brücke zur Blüte Deines Volkes)
Akim K. Awanesow (1883 – 1966)
Rostow am Don, 1925
Russische Staatsbibliothek, Moskau

Anfang des 20. Jahrhunderts waren etwa 75 Prozent der Bevölkerung im Russischen Reich Analphabeten. Bereits unter der Zarenherrschaft hatte es erhebliche Anstrengungen gegeben, das Bildungsniveau zu verbessern. Die Bolschewiki erließen im Dezember 1919 das Dekret «Über die Abschaffung des Analphabetentums». Demnach war es für die Bevölkerung zwischen acht und 50 Jahren verpflichtend, lesen und schreiben zu lernen. Wahlweise konnte dies in der jeweiligen Muttersprache oder in der russischen Sprache geschehen. Damit sollten auch die nichtrussischen Völker für den neuen Staat gewonnen werden. Seit 1920 war eine Kommission im Volkskommissariat für Bildung unter Anatoli W. Lunatscharki für die Durchsetzung der Maßnahmen zuständig. Diese verfügte über umfangreiche finanzielle und propagandistische Mittel, die sie mit Erfolg einsetzte: 1926 konnten 40,7 Prozent der Bevölkerung lesen und schreiben, davon 52,3 Prozent Männer und 30,1 Prozent Frauen, 60 Prozent der Stadtbevölkerung und 35,4 Prozent der Landbevölkerung. *KJ*

Plakat *Что дала Октябрьская*
революция работнице и крестьянке
**(Was gab die Oktoberrevolution
der Arbeiterin und Bäuerin [?])**
Moskau, 1920
Deutsches Historisches Museum,
Berlin

Das Plakat stellt das veränderte Rollen-
bild und den neuen sozialen Status der
Frau in der noch jungen sowjetrussischen Gesellschaft heraus: Voller Zu-
versicht blickt die Frau in die Zukunft;
als das Symbol eines neuen Zeitalters
strahlt hinter ihr die Sonne; mit der
rechten Hand weist die Frau auf die Errungenschaften der Revolution wie den
uneingeschränkten Zugang für Frauen
zur Bildung. Gleichberechtigt neben
dem Mann sollte die Frau am Aufbau
des Sozialismus mitwirken, der Hammer in der linken Hand symbolisiert ihre
Klassenzugehörigkeit und ihre Einglie-
derung in den wirtschaftlichen Produktionsprozess.

Nach der Oktoberrevolution stärkten
die Bolschewiki die Rechte von Frauen.
So durften nun auch sie die Scheidung
einreichen; Vergewaltigungen in der
Ehe wurden unter Strafe gestellt. Als
Arbeiterin oder Angestellte, als Ärztin
oder Lehrerin sollten Frauen wirtschaftlich unabhängig sein – ohne
durch zeitraubende Kinderbetreuung
eingeschränkt zu sein. Dafür wurde ein
engmaschiges Netz von Kindergärten
geschaffen, öffentliche Wäschereien
und Kantinen sollten die Hausarbeit
und die Versorgung der Familie ver-
einfachen. Das von der Propaganda
heroisierte Ideal der Frau war zunächst
nur in den Städten umzusetzen: Die
meisten Bäuerinnen lehnten öffentliche Kinderbetreuung ab – aus Angst,
die Regierung wolle ihnen die Kinder
entziehen. *AS*

Plakat *Десять лет женотделов*
(Zehn Jahre Frauenabteilungen)
Moskau, 1928
Staatliches Museum für Zeitgenös-
sische Geschichte Russlands, Moskau

Eine farbenfroh gekleidete Muslimin tritt entschlossen aus ihrer von männlicher Dominanz und Unterdrückung geprägten Vergangenheit hinaus in die lichte Zukunft von Bildung und Emanzipation. Ihre rechte Hand weist auf den Staatsgründer Lenin, der mit der Revolution die Gleichberechtigung und Selbstbestimmung der Frau in die Wege geleitet hat, so das Propagandaplakat.

Ein Ziel der Bolschewiki war die vollständige Erneuerung der Gesellschaft, was die «Befreiung der Frau» aus traditionellen patriarchalischen Strukturen einschloss. Als besonders rückständig galten den Machthabern die Lebensbedingungen von Frauen im muslimischen Zentralasien. Anfang der 1920er Jahre stellten sie verschiedene Bräuche wie die Zahlung eines Brautpreises unter Strafe und verboten die Verheiratung Minderjähriger sowie die Polygamie. Im Mittelpunkt der sogenannten *Hudschum*-Kampagne – ein zentralasiatischer Begriff für «Offensive» oder

«Angriff» – stand 1927/28 schließlich die Entschleierung der Frau: Auf Großveranstaltungen, insbesondere in der usbekischen Sowjetrepublik, wurden Frauen aufgefordert, den Schleier abzulegen und ins Feuer zu werfen. Anschließend waren jedoch viele Frauen Opfer von gewalttätiger Rache ihrer Familien oder Dorfgemeinschaften – bis hin zur Ermordung. *AS*

Дружба народов
(Völkerfreundschaft)
Stepan M. Karpow (1890–1929)
Sowjetunion, 1923/24
Staatliches Museum für Zeitgenössische Geschichte Russlands, Moskau

Sechs Männer ziehen einen römischen Streitwagen in Form einer Kanone. Sie stehen für die Arbeiter, Bauern und Soldaten, deren bewaffnetem Kampf für ihre Ideale die Revolution ihren Erfolg zu verdanken hat. Diese Ideale sind auf dem Tableau zu sehen, das die Männer wie ein Wappenschild in die Luft heben: Die Ähre für das Land, das Zahnrad für die Industrieproduktion, das Buch für die Bildung – umhüllt von der roten Fahne der Kommunistischen Partei und gekrönt von dem Staatsemblem des ersten sozialistischen Staates, der UdSSR, wie es die kyrillischen Lettern auf dem von einem Eichenkranz umfassten Schild zeigen. Eisenbahnschienen, Flugzeuge und eine Brücke erstrahlen im Licht der aufgehenden Sonne über den reichen Feldern des noch jungen Staates. Er ist ihre neue Heimat, gleich welcher Nation sie angehören, solange sie nur Arbeiter, Bauern oder Soldaten der Roten Armee sind – so verrät es die dominante Darstellung ihrer Klassenzugehörigkeit vor ihrer ethnischen Herkunft, die Betonung von Arbeitskleidung vor nationaler Tracht.

Mit dieser Bildsprache gibt der Maler der Politik der sogenannten *Korenisazija* einen künstlerischen Ausdruck. So bezeichneten die Bolschewiki ihre Bestrebungen, nichtrussische Völker in der Sowjetunion an den neuen Staat zu binden. Sie sah eine komplizierte Struktur autonomer Gebiete und Regionen innerhalb der Sowjetunion vor, eine Quotenregelung bei der Besetzung von Ämtern, die Schaffung von Nationalsprachen, ein Bildungsprogramm sowie die Festschreibung von nationalen Geschichtsnarrativen. Stalin nahm diese Politik schrittweise zurück. *KJ*

Ensemble-Mitglieder des *Habima-
Theaters im Stück *Der Dybuk*,
Drama von Salomon An-Ski (1863–1920)
Moskau, 1922
Theaterwissenschaftliche Sammlung,
Universität zu Köln

Viele Juden beteiligten sich aktiv an
der Revolution, die für sie die formale
Gleichstellung brachte und Möglich-
keiten eröffnete, die ihnen das Zarenreich verweigert hatte. Nach der
Machtübernahme der Bolschewiki
waren viele führende Positionen mit
Juden besetzt. Auf der anderen Seite
verloren diejenigen, die nun als Klas-
senfeinde und Gegner der Revolution
diffamiert wurden, ihre wirtschaftliche
Grundlage. Auch waren sie in der neuen
sozialistischen Gesellschaft weiterhin
in ihrer freien Religionsausübung eingeschränkt.

Ein Ausdruck des neuen Handlungs-
spielraums für Juden war das neu
gegründete Habima-Theater. Bekannt
durch seine expressive Aufführungs-
praxis, feierte es große Erfolge in der
Sowjetunion und im Ausland. Das zunehmend judenfeindliche Klima ver-
anlasste die Truppe, Ende der 1920er
Jahre nach Palästina auszuwandern.
KJ

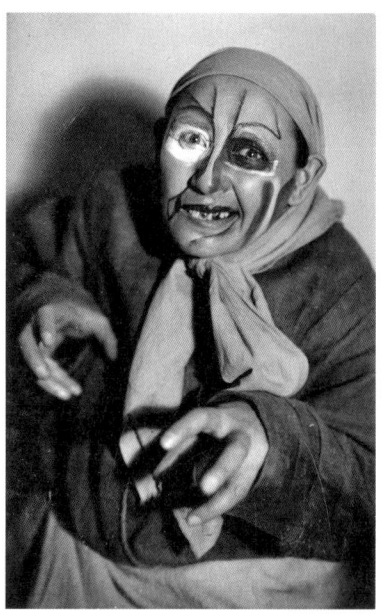

Eine Arbeiterfamilie
richtet ihre neue Wohnung ein
Moskau, 1927
Russisches Staatliches Archiv für Film-
und Fotodokumente, Krasnogorsk

Die in russischen Bauernhäusern traditionell von Ikonen belegte Ecke wurde
nach der Oktoberrevolution – mehr
oder weniger freiwillig – durch ein Porträt von Lenin ersetzt. In der Kirche
sahen die Bolschewiki einen Verbündeten des alten Russlands, gegen den sie
mit aller Macht vorgingen. Bereits 1918
erfolgten die Trennung von Staat und
Kirche und die formale Religionsfrei-
heit. Kirchliche Feiertage wurden abge-
schafft und durch neue, revolutionäre
ersetzt, Kirchen und Klöster zerstört
oder umfunktioniert, das Inventar be-
schlagnahmt. In einer regelrechten
Christenverfolgung kamen allein 1922
und 1923 rund 8 000 Geistliche gewaltsam ums Leben. Um die traditionelle
Macht der Kirche weiter zu schwächen,
sollten «Prozessionen» die religiösen
Rituale lächerlich machen. Eine er-
neute Repressionswelle gegen Kirche
und Religion löste Stalin Ende der
1920er Jahre aus, wozu auch die Zerstörung aller Glocken in den Kirchen
und Klöstern gehörte. *KJ*

Laboratorium der Zwanziger Jahre

Mit der Oktoberrevolution wurde jede künstlerische Äußerung politisch. Viele Künstler begrüßten das Ende der Zarenherrschaft und erhofften sich davon kreativen Freiraum. Es bildeten sich unzählige Gruppen in allen Gattungen von der bildenden Kunst bis zur Literatur, die miteinander um die ästhetische, aber auch um die gesellschaftliche Vorherrschaft konkurrierten. Bis in die Mitte der 1920er Jahre wurde der Aufbau des Sozialismus noch von der architektonisch-konstruktivistischen Avantgarde angeführt. Ausdruck dessen sind zum einen Entwürfe, die in den Lebensalltag einflossen und auch Kleidung, Porzellane und Werbung bestimmten. Besonders Film, Fotografie und Fotomontage entsprachen als massenwirksame Medien dem «Neuen Sehen». Zum anderen schufen Architekten mit Kommunehäusern, Kulturpalästen und Fabriken sichtbare Zeichen in Stadt und Land.

Ab der zweiten Hälfte des Jahrzehnts setzten sich jedoch wieder realistische Tendenzen durch. Der sowjetische Alltag, seine Neuerungen und Protagonisten sollten sich in den Künsten abbilden. Besonders die erzieherische, vorbildhafte Wirkung stand im Vordergrund. Die offizielle Parteinahme für gegenständliche Motive führte 1932 zur Auflösung aller Künstlergruppen und zur Gründung des machtvollen zentralen Künstlerverbandes. Die einstige Vielfalt des kulturellen Lebens mündete wenig später in die verbindliche Doktrin des Sozialistischen Realismus. Unterwarfen sich die Kunstschaffenden diesem Diktat nicht, blieb nur Flucht oder innere Emigration, im schlimmsten Fall drohte der Tod. *RE*

Raumkonstruktion Nr. 11
***(Quadrat im Quadrat),* 1920/21**
Alexander M. Rodtschenko (1891–1956)
Rekonstruktion nach einer
historischen Fotografie von
Alexander N. Lawrentjew
Ausführung: Galerie Gmurzynska,
Köln, 1995

1921 stellte Alexander M. Rodtschenko auf der Frühjahrsausstellung der «Gesellschaft Junger Künstler» in Moskau die Serie seiner geometrischen, von der Decke hängenden abstrakten Konstruktionen aus. Die unterschiedlichen – ovalen, runden, sechseckigen, achteckigen – Formen entwickelte der Künstler aus der Fläche: Er schnitt aus einer dünnen Holzplatte immer kleiner werdende Teile von gleicher Proportion aus, die er dann räumlich anordnete, sodass sie den Eindruck von simultaner Bewegung vermitteln. Mit Silberfarbe bemalt, reflektieren sie zudem das Licht. 1995 fertigte Alexander N. Lawrentjew, ein Enkel Rodtschenkos, diese Rekonstruktion mit Quadraten aus Aluminiumblech an. *RE*

Karikatur Osip M. Brik
Unpubliziertes Titelblatt für die Zeit-
schrift *LEF*
Alexander M. Rodtschenko (1891–1956)
Sowjetunion, 1924
Multimedia Art Museum, Moskau

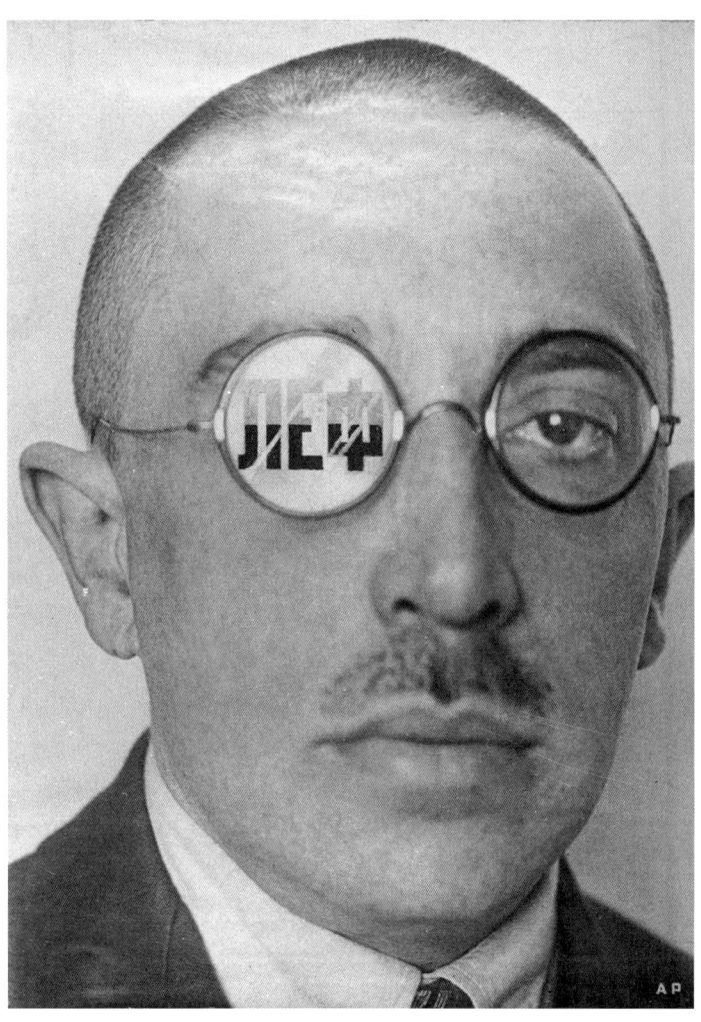

Das junge Medium der Fotografie
wurde zum zentralen Ausdrucksmittel
in den Jahren nach der Oktoberrevolution. Mit dem «Neuen Sehen» durch
den Fotoapparat glaubte man, die
Wirklichkeit festhalten zu können.
Alexander M. Rodtschenko schuf mit
seiner Montage zugleich die Grundlage
der sowjetischen Revolutionsästhetik.
In das Fotoporträt seines Freundes
Osip M. Brik, eines der Protagonisten
der neuen Literatur, malte der Künstler
den Schriftzug «LEF» (russisch für
«Linke Front der Kunst») in das rechte
Brillenglas. LEF war der Name einer
Künstlergruppe und zugleich Titel einer
von Brik und Wladimir W. Majakowski
von 1923–1925 herausgegebenen Zeitschrift. Die Insignien wurden zum
Synonym für die politische Linke und
eine Partei nehmende avantgardisti-
sche Literatur. *RE*

Утренняя зарядка
(Morgengymnastik)
Arkadi S. Schaichet (1898 – 1959)
Moskau, 1927
Multimedia Art Museum, Moskau

Der Fotojournalist Arkadi S. Schaichet, selbst ausgebildeter Schlosser, widmete sich in zahlreichen Reportagen dem Alltag der einfachen Menschen. Er war als Fotograf den Porträtierten sehr nah und nahm ungewöhnliche Perspektiven ein, um Menschen in der Menge aufzunehmen. So hielt er in Moskau die *Morgengymnastik* junger Männer fest, die im Gleichschritt marschieren. Der ausgeprägte Körperkult galt dem «Neuen Sowjetmenschen», der sich der harten täglichen Arbeit stellt, aber auch bereit ist, die politischen Errungenschaften ggf. militärisch zu verteidigen. *RE*

Пламя революции
(Die Flamme der Revolution)
Wera I. Muchina (1889 – 1953)
Sowjetrussland, 1922
Die Staatliche Tretjakow Galerie,
Moskau

Im Rahmen der Monumentalpropagan-
da beteiligte sich Wera I. Muchina am
Wettbewerb für ein Denkmal zum
Gedenken an den 1919 verstorbenen
Revolutionär Jakow M. Swerdlow. Die
1922/23 nur als Entwurf geschaffene
Plastik *Die Flamme der Revolution* zeigt
eine expressiv-kraftvoll voranschrei-
tende männliche Person, die in ihrer
linken Hand eine Fackel hält, während
der ausgestreckte Finger der rechten
das Ziel anvisiert. Der Sockel aus fla-
chem Rund, Kubus und schrägem
Säulenstumpf bildet das Gegengewicht
zum kubistisch anmutenden, rotbraun
bemalten Tuch, das die Figur umfängt
und an Flügel antiker Skulpturen erinnert. Dieser modernistische Stil ist im
Gesamtwerk Muchinas selten, bekannt
wurde sie mit der Großskulptur *Arbeiter und Kolchosbäuerin* aus dem Jahr
1936. *RE*

Первая демонстрация. Семья рабочего в первую годовщину Октября 1918 год (Die erste Demonstration. Eine Arbeiterfamilie auf dem Weg zum 1. Jahrestag, Oktober 1918)

Kusma S. Petrow-Wodkin (1878–1939)
Sowjetunion, 1927
Staatliches Museum für Zeitgenössische Geschichte Russlands, Moskau

Der Maler Kusma S. Petrow-Wodkin bewegte sich im Umkreis der (Kunst-) Bewegung «Welt der Kunst» (*Mir Iskusstwa*), ehe er begann, im Stil des Symbolismus und des Kubismus zu arbeiten. Zehn Jahre nach der Oktoberrevolution 1917 wandte er sich einem Realismus zu, der bald als Sozialistischer Realismus verbindlich wurde. Sein Gemälde zeigt ein Ehepaar mit Kind in seiner einfachen Wohnung.

Stolz und glücklich rüstet sich die Arbeiterfamilie zur Teilnahme an der Demonstration, die 1918 den ersten Jahrestag der Revolution begeht. Als sinnstiftendes Identifikationsmoment waren zum Gedenken an die Oktoberrevolution neue Feiertage eingeführt worden, die nach dem im Januar 1918 vollzogenen Wechsel zum gregorianischen Kalender am 7. und 8. November begangen wurden. Der Entwurf zu

diesem Historienbild wurde vom Volkskommissar Anatoli W. Lunatscharski persönlich abgenommen. *RE*

Комсомолки **(Komsomolzinnen)**
Konstantin F. Juon (1875–1958)
Sowjetunion, 1926
Staatliches Museum für Zeitgenös-
sische Geschichte Russlands, Moskau

Konstantin F. Juon hielt als Mitglied
der Künstlergruppe «Welt der Kunst»
(*Mir Iskusstwa)* weitgehend am realis-
tischen Stil der vorrevolutionären Zeit
fest. Mit der schrittweisen offiziellen
Ablehnung moderner Kunst zu Beginn
der 1920er Jahre vertrat er die Ziele
der immer mehr an Macht gewinnen-
den Künstlerorganisation «Assoziation
der Künstler des revolutionären Russland» (AChRR). Mit dem Bildnis der
Komsomolzinnen schuf er ein frühes

Beispiel des Sozialistischen Realismus.
Die Kopftücher weisen die beiden
jungen Aktivistinnen des kommunistischen Jugendverbandes *Komsomol*
als Arbeiterinnen oder Bäuerinnen aus,
die sich in den Dienst des sozialistischen Aufbaus stellen. Der direkte
Blickkontakt fordert den Betrachter
auf, es ihnen gleich zu tun. *RE*

Мы строим социализм
(Wir bauen den Sozialismus)
Juri I. Pimenow (1903 – 1977)
Moskau/Leningrad, 1928
Russische Staatsbibliothek, Moskau

Juri I. Pimenow erhielt seine Ausbildung
an den avantgardistischen «Höheren
Staatlichen Künstlerisch-Technischen
Werkstätten» (*WChUTEMAS*), ehe er
sich 1924 der «Gesellschaft der Staf-
feleimaler» (*OST*) anschloss. Er sprach
sich für eine radikale Politisierung der
Kunst als zielgerichtete Propaganda
aus, die auch durch Massenmedien wirken sollte. Auf seinem Plakat umfangen
stählerne Konstruktionen die Arbeiter,
die die Schwerindustrie und auch die
Landwirtschaft des Landes aufbauen.
Obwohl mit «Мы строим» (Wir bauen)
das Kollektiv gemeint ist, verdeutlicht
der mit nacktem Oberkörper spre-
chende Agitator den Führungsanspruch
nur eines Proletariers. Er weist auf den
Schriftzug «социализм» (Sozialismus),
der erst durch die Steigerung der Produktivität realisiert werden kann. *RE*

Postkarten zur Spartakiade
Moskau 1928
Gustaw G. Kluzis (1895–1938)
Sowjetunion, 1928
(Reproduktion, um 1980)
Deutsches Historisches Museum,
Berlin

Der lettische Künstler Gustaw G. Kluzis
schuf zahlreiche typografische Arbeiten
für Zeitschriften, Bücher und Plakate,
die in modernistisch-konstruktivisti-
scher Formensprache für aktuelle Ereignisse warben. Für die internationale
Moskauer Arbeiter-Spartakiade von
1928, veranstaltet von der Roten
Sportinternationale (RSI), entwarf er
eine neunteilige Postkartenserie, die
Werbung für Körperertüchtigung und
politische Agitation miteinander verband. Fotos von einzelnen Sportlern
aus unterschiedlichen Disziplinen, aber
auch Demonstrationen werden mit
leuchtenden Farbflächen, Linien und
Textelementen zu dynamischen Colla-
gen zusammengefügt. Obwohl Kluzis
mit seinem Werk immer für die Sowjetunion agitierte, wurde er 1938 der
«faschistischen lettischen Verschwö-
rung» bezichtigt, deportiert und ermordet. *RE*

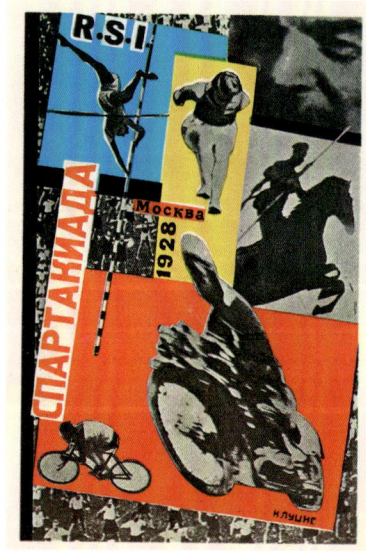

Entwürfe für Kleider
Ljubow S. Popowa (1889–1924)
Sowjetunion, 1923/24
Martin Kamer, Schweiz

Mit ihren Entwürfen versuchten in den frühen 1920er Jahren besonders Künstlerinnen angesichts der darniederliegenden Textilindustrie das Niveau der Alltagsbekleidung zu heben. Ljubow S. Popowa kam über den kubofuturistischen Stil zur abstrakt-geometrischen Kunst. 1922 gab sie die Malerei auf und widmete sich der angewandten Kunst. Sie entwarf Kostüme für die Theaterbühne, aber auch Muster für Porzellan, Bücher und Textilien. Hierfür schuf sie zahlreiche Vorlagen für Stoffdrucke, in denen sich geometrische Formen in kräftigen Farben rhythmisch wiederholen. Für eine Kleiderserie mit Bluse und Rock variierte sie das Kreismotiv in unterschiedlichen Größen, Positionen und Farben. *RE*

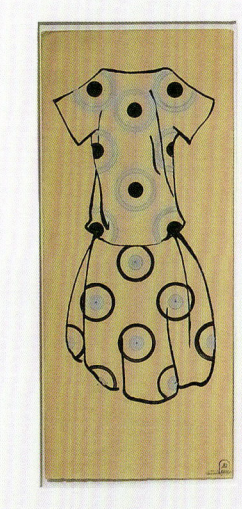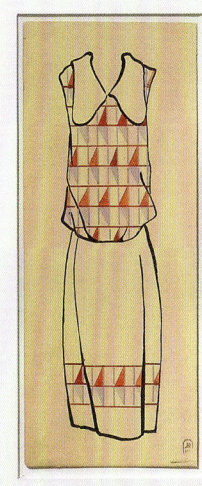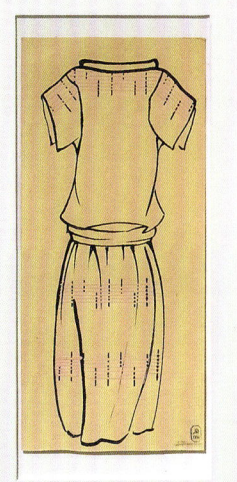

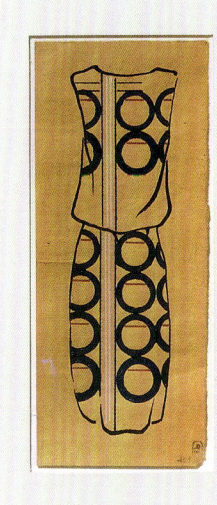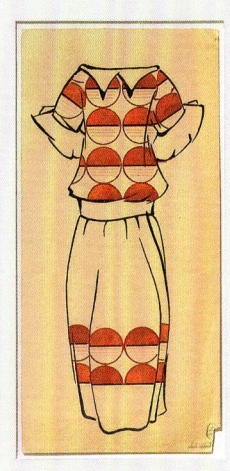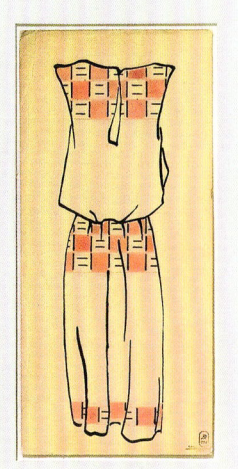

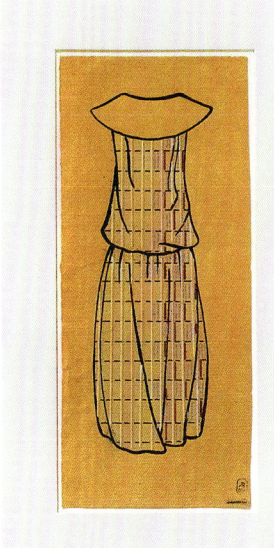

Tasse und Untertasse *Городок*
(Städtchen)
Wassili W. Kandinsky (1866–1944)
Sowjetunion, 1923
Das Staatliche Historische Museum,
Moskau

Nach der Februarrevolution 1917 wurde die ehemals ausschließlich für den Zarenhof tätige «Kaiserliche Porzellanmanufaktur» in «Staatliche Porzellanmanufaktur» umbenannt. Das edle Geschirr sollte von nun an auch der politischen Propaganda dienen. Während die Formen beibehalten wurden, lieferten namhafte Künstler Entwürfe für die Bemalung, die die Vielfalt der Revolutionsmotive widerspiegeln. 1923 wurde eine Tasse mit Unterteller nach einer Zeichnung von Wassili W. Kandinsky bemalt, obwohl er die Sowjetunion bereits 1921 verlassen hatte. Der Künstler hatte um 1913 schrittweise seine gegenständlichen Sujets abstrahiert. Die Tasse zeigt gerade noch erkennbar Motive eines kleinen Städtchens. *RE*

Die Zwölf
Alexander A. Blok (1880–1921)
Illustrationen: Wassili N. Masjutin
(1884–1955)
Berlin, 1921

Dieses auf dem Höhepunkt der Revolution im Januar 1918 verfasste Gedicht veranschaulicht das persönliche Ringen und die literarische Auseinandersetzung des Autors mit der Revolution, die er für eine Katastrophe und ein erlösendes Naturereignis zugleich hielt. Da Alexander A. Blok eine zentrale Figur des in Russland wirkmächtigen Symbolismus und ein von vielen verehrter Dichter war, hatte sein Werk großen Einfluss auf die intellektuellen Kreise in Russland.

In den vielfach wechselnden Sprachstilen dieser epischen Verse kommt die Agonie der bürgerlichen Gesellschaft im Angesicht der Revolution lebendig zum Ausdruck: Zwölf Rotgardisten ziehen durch das vom plündernden und mordenden Pöbel beherrschte Petrograd, vorbei an den leidenden und hadernden Vertretern des alten Russlands. Weder Mitleid noch Liebe darf sie aufhalten auf dem Marsch in die Zukunft, an dessen Spitze Jesus Christus mit der roten Fahne voranschreitet. Hier offenbart sich Bloks tiefes Missverständnis der Revolution, deren ideologische Grundgedanken als politisch-soziale Umwälzung er nicht erkannte. Vielmehr wollte er in dem Geschehen das Sinnbild einer höheren, göttlichen Ordnung erkennen und fasste damit den verzweifelten Versuch vieler seiner Zeitgenossen, das Revolutionschaos sinnhaft zu deuten, in Worte. *KJ*

Sturm auf den Winterpalast
Filmstill aus *Oktober*, 1927
Sergej M. Eisenstein (1898–1948)
Filmmuseum München

Den Göttern abzuschwören und sich die Macht via Kampfwillen selbst anzueignen – das war die zentrale Botschaft des bolschewistischen Umsturzes, zu deren Sinnbild jene (freilich inszenierte) Szene aus *Oktober* wurde, in der das «bewaffnete Volk» den Winterpalast «erstürmt». Erst der zehnte Jahrestag der Oktoberrevolution aber, zu dessen Wahrnehmung Sergej Eisensteins Film ebenso beitrug wie etliche andere

Filmprojekte, überzog das frühsowjetische Kino mit dem Hauch des Revolutionären. Das gilt auch für den – im Wettstreit mit Eisenstein – entstandenen Spielfilm von Wsewolod Pudowkin *Das Ende von St. Petersburg* oder für die Dokumentarfilme *Der große Weg* unter der Regie von Esfir Schub und, mit einjähriger Verspätung, *Das elfte Jahr* von Dsiga Wertow. Davor war das Kino, diese im berühmten Lenin-Jargon zur

«allerwichtigsten der Künste» auserkorene Muse, ein Experimentierfeld, in dem sich der soziale Wandel vielgestaltig darstellte: ob NEP-Komödie, Kurz-*Agitka*, Kultur- und Alltagsfilm – ein «neues Dasein» (*Nowy byt*) war angesagt, auch in ästhetischer Hinsicht. *BW*

Revolution und Musik
Hörstationen

Etude op. 8 Nr. 12 dis-Moll,
 Alexander N. Skrjabin (1872–1915), 1894

Klavierkonzert Nr. 2 c-Moll op. 18,
Sergej W. Rachmaninow (1873–1943),
1900/01

Revolutionslieder
Weiße Armee, schwarzer Baron,
Musik: Samuel J. Pokrass (1897–1939);
Text: Pawel G. Gorinstein (1895–1961),
1920

Brüder zur Sonne,
Musik und Text: Leonid P. Radin
(1860–1900), 1895/96

Hymne auf ein freies Russland,
Musik: Alexander T. Gretschaninow
(1864–1956); Text: Konstantin D.
Balmont (1867–1942), 1917

Internationale, Musik: Pierre Degeyter
(1848–1932), 1888; franz. Text: Eugène
Pottier (1816–1887), 1871; russ. Text:
Arkadi J. Koz (1872–1943), 1902

Warschawjanka, Musik: poln. Freiheits-
lied; poln. Text: Wacław Święcicki
(1848–1900), 1879; russ. Text: Gleb M.
Krschischanowski (1872–1959), 1897

Hupensinfonie,
Arseni M. Awraamow (1886–1944),
1922/1923

6. Sinfonie,
Nikolai J. Mjaskowski (1881–1950),
1921/1923

Sinfonie Nr. 2 H-Dur op. 14
An den Oktober,
Dmitri D. Schostakowitsch
(1906–1975), 1927

Komsomolija,
Nikolai A. Roslawez (1881–1944), 1928

Die russische Musik stand immer im
Spannungsfeld zwischen westeuropäi-
scher Tradition und nationaler Eigenart.
Dabei spielte die Beschäftigung mit der
Volksmusik stets eine wichtige Rolle.
Auch in der Aufbruchstimmung des be-
ginnenden 20. Jahrhunderts blieben
diese stilistischen Merkmale erhalten.
Die russische Sprache beeinflusste den
Duktus der Melodie, volksmusikalische
Elemente wurden weiterhin in die
Kunstmusik einbezogen, nur die Ausdrucksformen änderten sich. Mit der
Oktoberrevolution und der von ihr be-
wirkten radikalen gesellschaftlichen
Umwälzung eröffnete sich der Raum
für eine «Revolutionskultur» – eine
neue Kunst für einen neuen Staat. Be-
freit von der Autorität der Tradition,
war auch die neue Musik experimentell
und utopisch. Sie orientierte sich an
den Lehren des Marxismus und war
gleichzeitig inspiriert von der west-
europäischen Moderne und den technischen Phänomenen der Naturwissen-
schaften. Russland wurde musikalisch
zu einem Kernland der internationalen
Avantgarde. Im Rahmen der umfassenden Kulturkampagnen der 1930er Jahre
kam jedoch die Wende: Die «Neue
Musik» wurde als zu «formalistisch»
definiert und eine für die Massen ver-
ständliche Musik gefordert. *JV*

«Die russische und die deutsche Revolution sind keine Revolutionen, sie sind ein Niedergang, ein Debakel, ein Unglück, wonach irgendwann auch die Revolution kommt, das heißt die Schaffung eines neuen gesell-schaftlichen und staatlichen Lebens.»

Michail M. Prischwin, 1. Dezember 1918

Die gefährdete Demokratie: Deutschland

Mangel und soziale Not, die Frustration über die Niederlage sowie die Einsicht in die Sinnlosigkeit der Kriegsopfer ließen im deutschen Kaiserreich und in der österreichisch-ungarischen Doppelmonarchie revolutionäre Ideen auf besonders fruchtbaren Boden fallen. In Deutschland forderten die neu entstandenen Arbeiter- und Soldatenräte sowie Millionen Deutsche am Ende des Ersten Weltkrieges schon bald den Sturz der Monarchie. Am 9. November 1918 riefen sowohl der Sozialdemokrat Philipp Scheidemann als auch der Führer des marxistischen Spartakusbundes Karl Liebknecht in Berlin die Republik aus; Kaiser Wilhelm II. floh ins niederländische Exil. Doch nur eine kleine Minderheit wollte den Staat – auch mit den Mitteln des bewaffneten Kampfes – nach sowjetrussischem Vorbild in eine Räterepublik umgestalten. Während die extreme Linke die Oktoberrevolution als Beleg dafür wertete, dass eine kommunistische Gesellschaftsordnung möglich sei, sahen das Bürgertum und mit ihm die Sozialdemokraten die Revolution als Bedrohung an: Sie befürchteten, dass eine revolutionäre Erschütterung ebenso wie in Sowjetrussland in Bürgerkrieg und Diktatur umschlagen könne.

Die im November 1918 aus den Mehrheitssozialdemokraten (MSPD) und den radikaleren unabhängigen Sozialdemokraten (USPD) gebildete Übergangsregierung versuchte, die revolutionäre Dynamik einzudämmen. Allerdings sprach sich der linke Flügel der USPD bald offen gegen die eigene Regierung aus und forderte eine «Diktatur des Proletariats».

So kam es Ende Dezember 1918 zum Schulterschluss mit der sozialistischen Spartakus-Gruppe und zur Gründung der Kommunistischen Partei Deutschlands (KPD).

Mit der neuen Partei verbanden die russischen Bolschewiki große Hoffnungen, sahen sie doch den kommunistischen Umsturz im industrialisierten und in der Mitte des Kontinents gelegenen Deutschen Reich als wesentlichen Wegbereiter für die Verbreitung der Revolution in Europa an. Die Wahlen zur Nationalversammlung am 19. Januar 1919 ergaben indes ein eindeutiges Bekenntnis zur parlamentarischen Demokratie, die in den folgenden Jahren weder durch kommunistische noch durch rechte Aufstandsversuche oder politische Morde beseitigt werden konnte. Die weltanschaulichen Richtungskämpfe bis 1923 in Berlin, München, dem Ruhrgebiet oder Mitteldeutschland nahmen zunehmend den Charakter eines Bürgerkrieges an. Mit der politischen und wirtschaftlichen Konsolidierung und einem aufblühenden kulturellen Leben ab Mitte der 1920er Jahre schien sich die Lage der Weimarer Republik zu beruhigen. Die Zeit der bürgerkriegsartigen Zustände war – wenn auch nur vorübergehend – vorbei. *JF*

**Postkarte Ernst Reuters (1889 – 1953)
aus russischer Kriegsgefangenschaft
an seine Eltern in Aurich**
Nischni Nowgorod, 15. Oktober 1916
Landesarchiv Berlin, E Rep. 200-21,
Nr. 151, Blatt 204

**Gruppenfoto mit Ernst Reuter
(markiert) im Kreis seiner Kameraden**
Warmbrunn, 2. April 1915
Landesarchiv Berlin, E Rep. 200-21
(Fotos), Nr. 90

Der Sozialdemokrat Ernst Reuter geriet
1916 schwer verwundet in russische
Kriegsgefangenschaft. Dort begann er,
die russische Sprache zu erlernen. In die
27 Monate, die Reuter in Russland ver-
brachte, fiel auch die Revolution im
Oktober 1917. Reuter, dessen sozialdemokratische Haltung sich zugunsten
einer kommunistischen Überzeugung
radikalisiert hatte, wurde – nicht zuletzt dank seiner Sprachkenntnisse –
von den Bolschewiki mit Diensten und
Ämtern betraut. So wurde er im April
1918 Leiter des neu gegründeten Volkskommissariats für deutsche Angelegenheiten im Wolgagebiet. Im Dezember 1918 kehrte Ernst Reuter nach
Deutschland zurück und wurde Mitglied der KPD. Die Erfahrungen und
Kontakte aus seiner Zeit in Sowjetrussland nutzten ihm bei seinem Aufstieg
innerhalb der Partei. In den Folgejahren
sollte er von seiner anfänglichen Überzeugung und Begeisterung für den
Kommunismus abrücken und zu einem
Kritiker der Partei werden. Seine Forderung nach einer stärkeren Unabhängigkeit der KPD von der *Komintern* sowie
seine Kritik an der innerparteilichen
Kultur waren Gründe für seinen Bruch
mit der Partei 1921. Im Folgejahr
schloss ihn die KPD aus, und Reuter trat
in die USPD ein. Nach der Wiedervereinigung der USPD mit der SPD 1922
wurde der spätere Bürgermeister
West-Berlins wieder Sozialdemokrat.
JF

Im U-Boot-Hafen wird auf einem Boot die rote Fahne gehisst
Kiel, 4. November 1918
Deutsches Historisches Museum, Berlin

Ende Oktober 1918 wurde der Plan der deutschen Seekriegsleitung bekannt, die in Wilhelmshaven liegende Hochseeflotte in einen letzten Kampf gegen die überlegene britische Marine zu führen. Angesichts der Sinnlosigkeit des Vorhabens und der zu erwartenden Opferzahlen entschloss sich ein Großteil der kriegsmüden Marinesoldaten zur Meuterei. Um den Aufstand einzudämmen, entschied die Marineführung die Verlegung von fünf Großkampfschiffen nach Kiel. Da die dort stationierten Einheiten jedoch ebenfalls zur Meuterei bereit waren, weitete sich der Aufruhr schnell aus. Am Abend des 4. November 1918 befand sich Kiel in den Händen der

Aufständischen, auf den Schiffen wehten rote Fahnen. Forderungen nach der «Entmachtung der herrschenden Klasse» fanden auch in der Arbeiterschaft schnell Zustimmung; in Kiel entstand der erste Arbeiter- und Soldatenrat Deutschlands. Der Aufstand der Matrosen breitete sich innerhalb weniger Tage reichsweit aus. Dabei wurden jene Stimmen immer lauter, die eine Umgestaltung des Deutschen Reiches und die Abdankung von Kaiser Wilhelm II. forderten. *AS*

**Armbinde des Arbeiter- und Soldaten-
rates des Kreises Teltow**
Teltow (Brandenburg), 1918/19
Deutsches Historisches Museum,
Berlin

Revolutionäre Arbeiter- und Soldatenräte übernahmen im November 1918
auf lokaler Ebene fast überall im Deutschen Reich die exekutive Gewalt von
den als nicht mehr legitimiert angese-
henen staatlichen Autoritäten. Sie
sahen ihre wichtigste Aufgabe in der
Aufrechterhaltung der öffentlichen
Sicherheit und in der Gewährleistung
der Lebensmittelversorgung. Trotz
ihrer eigenständigen Organisations-

form gehörten die Räte in kleineren
Städten und Kreisen überwiegend den
örtlichen Vorständen der sozialdemokratischen Parteien an. In Großstädten
wurden die Arbeiterräte in Vollver-
sammlungen gewählt, zu denen die
einzelnen Betriebe Delegierte entsandten. Nur eine kleine Minderheit der
Räte sympathisierte mit der Oktoberrevolution und forderte die Gründung
einer Rätediktatur.

Im Gegensatz zu den Bolschewiki in
Sowjetrussland konnte die radikale
Linke in Deutschland während der
Revolution 1918/19 keinen wesentlichen Einfluss auf die Arbeitermassen
erlangen. Nach der Verabschiedung
der Weimarer Verfassung lösten sich
die letzten Arbeiterräte im Spätherbst
1919 auf. *AS*

**Plakat der Vereinigung
zur Bekämpfung des Bolschewismus**
*Bolschewismus bringt Krieg
Arbeitslosigkeit und Hungersnot*
Julius Ussy Engelhard (1883–1964)
Deutschland, 1918
Deutsches Historisches Museum, Berlin

Ein großes, dunkles Monster, halb
Mensch, halb wildes Tier, in den Händen
eine Bombe und einen Dolch, die Insignien von Revolte und Krieg: So stig-
matisierte die Vereinigung zur Bekämpfung des Bolschewismus sowohl den
Bolschewismus selbst als auch seine
Anhänger. Dieses Plakat der rechtsradi-
kalen Gruppierung, zweifellos selbst
keine Institution, der die aufgeklärte
Mitte der Gesellschaft am Herzen lag,
kann als typisch für den aggressiven,
buchstäblich plakativen Straßenkampf
der politischen Lager in der jungen
Weimarer Republik gelten. Gleich nach
der Novemberrevolution 1918 wurde
das Deutsche Reich mit Plakaten über-
schwemmt. Durch das Grundrecht auf
Meinungsfreiheit und freie künstlerische Entfaltungsmöglichkeit erlebte
das politische Plakat eine Blütezeit.
Der politische Kampf war dabei immer
auch ein Kampf der Bilder und Emotionen. Gewählt wurde die Darstellung
eines Monsters ganz bewusst: Verband
sich damit doch gemeinhin das Unzivi-
lisierte, Gewalttätige und Primitive,
das verantwortlich gemacht wurde für
ein beschworenes Unheil – für «Krieg
Arbeitslosigkeit und Hungersnot», wie
auf dem Plakat zu lesen ist. *JF*

172

Hoch Spartakus
Karl Holtz (1899–1978)
Deutschland, 1919/20
Deutsches Historisches Museum,
Berlin

Die Straße war der Austragungsort
politischer Auseinandersetzungen in
der Weimarer Republik. Die Weimarer
Reichsverfassung vom August 1919,
die erste demokratische Verfassung
des Deutschen Reiches, garantierte
das Recht auf freie Meinungsäußerung
und erstmals das Demonstrations-
recht. Rechte wie Linke, Demokraten
wie Radikale versuchten, Straßen und
Plätze in ihrem Sinne zu besetzen, zumeist durch Kundgebungen, Demonstrationen und Aufmärsche. Damit war
der öffentliche Raum ein in höchstem
Maße umkämpfter Ort und stets mit
der Gefahr gewaltsamer Unruhe behaf-
tet. Doch auch das Einschreiben von
Parolen und Botschaften durch Wand-
zeichnungen und Plakate machte die
Straße zu einer dynamischen Bühne
politischer Kommunikation und Kultur.
Vor diesem Hintergrund ist die von Karl
Holtz dargestellte Szene bemerkens-
wert, stellt sie doch eine intime Szene
in Zeiten der dominierenden Massen-
veranstaltungen und -agitationen dar.

Holtz, dessen Zeichnungen während
der Novemberrevolution in der *Roten
Fahne* erschienen, beteiligte sich 1919
an den Kämpfen in Berlin. Nachdem er
in den 1920er Jahren vor allem für unterschiedliche linksgerichtete Satire-
zeitschriften gearbeitet hatte, konnte
er nach der Machtübernahme der Nationalsozialisten ab 1933 nicht mehr als
politischer Zeichner tätig sein und
verlegte sich daher vor allem auf Wer-
begrafik. 1949 wurde er wegen einer
Karikatur Josef W. Stalins durch ein
sowjetisches Militärgericht zu einer
Haftstrafe von 25 Jahren verurteilt.
1956 begnadigt, kam er vorzeitig frei.
JF

Flugblatt
Liebknecht / Der Agent Rußlands!
Berlin, Januar 1919
Deutsches Historisches Museum,
Berlin

Um Karl Liebknecht und Rosa Luxemburg bildete sich während des Ersten Weltkrieges der Spartakusbund, auf dessen maßgebliche Initiative Ende Dezember 1918 die Kommunistische Partei Deutschlands gegründet wurde. Insbesondere Liebknecht, der am 9. November die «freie sozialistische Republik» ausgerufen hatte, war für Millionen Deutsche die Symbolfigur des «bolschewistischen Demagogen». Ein Großteil der deutschen Bevölkerung schenkte diffamierenden Behauptungen wie diesen von Eduard Stadtler Glauben, Liebknecht und mit ihm die meisten revolutionären «Spartakus»-Leute seien sowjetrussische Agenten, die das Deutsche Reich gezielt in Bürgerkrieg und Anarchie führen sollten.

Stadtler, der nach seiner Kriegsgefangenschaft in Russland im Sommer 1918 in der Pressestelle der deutschen Botschaft in Moskau tätig gewesen war, gründete im Dezember 1918 die von zahlreichen Industriellen finanzierte Antibolschewistische Liga. Die von ihr erzeugten antikommunistischen Emotionen fanden vor allem im Bürgertum weite Verbreitung. *AS*

Liebknecht
Der Agent Rußlands!

Anhänger Liebknechts
für wen kämpft ihr?

Streitet Ihr nur für Liebknechts Jdeale?
Oder merkt Ihr bereits, für wen Ihr Euer
Leben hergebt?

Wißt Ihr, warum Radek nach Berlin geeilt ist?
Wißt Ihr, daß und warum viele Russische Sowjet-
vertreter in Berlin weilen?

Damit sie Deutschland
zum Kriegsschauplatz russischer
bolschewistischer Ideale u. Ideale
mißbrauchen können!

Noske schlägt die Revolution nieder
Conrad Felixmüller (1897–1977)
Deutschland, 1919
Deutsches Historisches Museum,
Berlin

Vielen Deutschen gingen die politischen und gesellschaftlichen Veränderungen nach dem November 1918 nicht weit genug. Sie waren davon überzeugt, dass allein die konsequente Umgestaltung des Staates nach sowjetrussischem Vorbild ihre Vorstellungen von einer besseren Zukunft erfüllen würde und dass die angestrebte Rätediktatur nur durch den bewaffneten Kampf errichtet werden könnte. In Berlin tobten vom 5. bis 12. Januar 1919 heftige Kämpfe zwischen Revolutionären und Regierungstruppen sowie Freikorps unter dem Oberbefehl des Regierungsmitgliedes Gustav Noske. Aufgrund des rücksichtslosen Vorgehens von Soldaten bei der Niederschlagung des Aufstandes wurde Noske zum zentralen Feindbild von Kommunisten und linken Sozialisten, wie es in dieser Zeichnung anschaulich zum Ausdruck kommt: Conrad Felixmüller stellte den SPD-Politiker als grobschlächtige «Bestie» vor einem Leichenfeld dar, die das Gewehr als todbringenden Knüppel in den Händen hält. Auf diese Weise wollte Felixmüller den «Schreibtischtäter» Noske als Mörder und «Arbeiterverräter» charakterisieren. *AS*

Abguss der Totenmaske
von Karl Liebknecht (1871–1919)
Berlin, Januar 1919 (Original)
Deutsches Historisches Museum,
Berlin

Mit Karl Liebknecht und Rosa Luxemburg drängten zu Jahresbeginn 1919
zwei der führenden Köpfe der neu gegründeten KPD auf eine Beteiligung
an der Wahl zur Nationalversammlung
am 19. Januar. Nach Beginn des Januaraufstandes radikaler Berliner Arbeiter
riefen aber auch sie zum gewaltsamen
Sturz der Regierung auf. Wenige Tage
nach der blutigen Niederschlagung des
Aufstandes verhafteten im Zuge anti-
revolutionärer «Säuberungsaktionen»
am 15. Januar 1919 in Berlin Freikorps-
soldaten der Garde-Kavallerie-Schüt-
zen-Division Liebknecht und Luxemburg und verschleppten sie in ihr
Hauptquartier im Hotel Eden. Ihre
Ermordung nach Verhör und Misshand-
lung rief nicht nur in der radikalen
Linken Abscheu und Empörung hervor.
Den Leichenzug am 25. Januar in Berlin
nutzten KPD wie auch USPD zu einer
Massendemonstration gegen die regie-
rende SPD, der die Tat angelastet
wurde. *AS*

**Wandschmuck mit dem Porträt
von Rosa Luxemburg (1871–1919)**
Deutschland, 1920er Jahre
Deutsches Historisches Museum,
Berlin

Im Mai 1919 sprach ein Kriegsgericht die maßgeblich an den Morden von Karl Liebknecht und Rosa Luxemburg beteiligten Offiziere frei. Unterzeichnet wurde das Urteil vom sozialdemokratischen Reichswehrminister Gustav Noske. Das Gerichtsurteil vertiefte nach dem Januaraufstand und den Morden noch einmal erheblich die Spaltung der Arbeiterbewegung und den Graben zwischen der radikalen Linken und der SPD, die als Regierungspartei für die Geschehnisse verantwortlich gemacht wurde, und die im März 1919 einen erneuten revolutionären Aufstandsversuch in Berlin mit rund 1200 Toten niederschlagen ließ. Innerhalb der kommunistischen Bewegung in Deutschland und darüber hinaus avancierten Liebknecht und Luxemburg nach 1919 zu Ikonen der Revolution und zu Märtyrern der Arbeiterbewegung. Ihre Porträts zierten nicht nur Büros der KPD und die oft kargen Hinterhausstuben von Arbeiterfamilien, sondern auch die Wohnungen manch eines Künstlers und Intellektuellen. *AS*

Beerdigung der Revolutionsopfer II
Max Pechstein (1881–1955)
Deutschland, 1919
Deutsches Historisches Museum,
Berlin

Ähnlich wie in Russland erhofften sich auch in Deutschland viele Künstler und Intellektuelle von der Revolution weitreichende gesellschaftliche Impulse und eine Erneuerung in Kunst und Kultur. Der Maler Max Pechstein gründete am 3. Dezember 1918 mit Gleichgesinnten die «Novembergruppe», die sich zu den politischen Zielen der Novemberrevolution und zu einer demokratischen Republik bekannte. Die Ideen der radikalen Linken zur Gründung einer Räterepublik und damit die Fortführung der Revolution lehnte Pechstein entschieden ab. Die Ermordung von

Karl Liebknecht und Rosa Luxemburg sowie die hohe Zahl von Toten bei der Niederschlagung des Januaraufstandes erschütterten Pechstein aber zutiefst. Unter dem Eindruck der Ereignisse entstand sein Gemälde *Beerdigung der Revolutionsopfer II*. Ohne jedes Pathos vermittelt das Bild durch seine kontrastierende Farbgebung die allgemeine Aufbruchstimmung um die Jahreswende 1918/19. *AS*

Plakat *Wählt Spartakus*
Karl Jakob Hirsch (1892–1952)
Deutschland, 1919/20
Deutsches Historisches Museum,
Berlin

Eine Kampfansage an das politische
System des Parlamentarismus: Die
geballte rote Faust zerschlägt das Red-
nerpult und damit das Herzstück des
Parlamentes. Die Gewalt richtet sich in
diesem Plakat der KPD nicht etwa
gegen die Angehörigen bestimmter
Parteien, sondern gegen die Institution
der parlamentarischen Demokratie an
sich. Neben Polizei und Militär waren
auch der Reichstag und seine Mitglieder Ziel der propagandistischen Angriffe der deutschen Kommunisten,
standen sie doch gleichermaßen dafür,
ein Organ der Klassengesellschaft zu
sein.

Das Plakat ruft einerseits zur Stimm-
abgabe für den Spartakusbund und die
KPD und damit zur Teilnahme vermutlich an der Reichstagswahl vom 6. Juni
1920 auf, andererseits visualisiert –
und verspricht – es das Ende des
demokratischen Parlamentarismus.
Die Beteiligung an der Wahl ist hier nur
ein Mittel zum Zweck der von kommunistischer Seite geforderten Abschaffung aller Parlamente und Institutionen der «herrschenden Klassen». *JF*

**Wahlplakat der Bayerischen
Volkspartei**
*Bayern, der Bolschewik geht um!
Hinaus mit ihm am Wahltag!*
Hermann Keimel (1899 – 1948)
Deutschland, 1918/19
Deutsches Historisches Museum, Berlin

Auf ihrem Wahlplakat zur Landtags-
wahl in Bayern am 12. Januar 1919 be-
diente sich die Bayerische Volkspartei
(BVP) rassistischer Muster. Der Bolschewismus – personifiziert durch eine
Figur mit einfacher roter Bekleidung
und gekennzeichnet durch stereotypi-
sierte Gesichtszüge, die seine asiati-
sche Herkunft andeuten sollen – hat
das bereits brennende Berlin fest im
Griff. Seine Brandfackel nähert sich
München. Das in seinen Landesfarben
gezeichnete Bayern erscheint auf der
angedeuteten Karte als letztes intaktes
Bollwerk gegen die Ideen des Bolschewismus.

Die Bayerische Volkspartei stellte den
politischen Gegner als von außen kom-
mend dar und verortete damit auch
seine Anhänger in entschiedener Distanz zu den Werten des Freistaates. Als
Reaktion auf die Revolution 1918 von
früheren Politikern des Zentrums gegründet, war die Partei zwischen 1920
und 1933 die stärkste Partei in Bayern.

Wenige Wochen nach der Landtags-
wahl wurde Kurt Eisner, sozialistischer Revolutionär und erster Ministerpräsident des Freistaates Bayern,
ermordet. Der politische Mord verschärfte die Konflikte zwischen den
Befürwortern einer parlamentarischen Demokratie und den Anhängern
einer sozialistischen Räterepublik. Im
April 1919 kam es kurzzeitig zu einem
politischen Systemwechsel: Rasch
aufeinanderfolgend wurden zwei
Räterepubliken ausgerufen, deren
brutale Niederschlagung durch paramilitärische Freikorpsverbände
schließlich im Mai folgte. *JF*

**Telegramm von Maxim Gorki
(1868–1936) an den deutschen
Schriftsteller Gerhart Hauptmann
(1862–1946)**
Moskau, 14. Juli 1921
Staatsbibliothek zu Berlin – Preußischer Kulturbesitz, Handschriftenabteilung, GH Br NL A: Gorki, Maxim, 1, 1-5

Wenige Monate, bevor Maxim Gorki im
Deutschen Reich Exil suchte, schickte
er dieses Telegramm an seinen deutschen Schriftstellerkollegen Gerhart
Hauptmann. Es enthält die dringliche
Bitte, dem Hunger leidenden russischen Volk nach Dürre, Missernte und
Krieg zu helfen. Sein Appell hatte einen
wesentlichen Anteil am Zustandekommen der deutschen «Hungerhilfe».
Von verschiedensten Seiten – von
Künstlern, Kirchen, Gewerkschaften,
Parteien und Hilfsorganisationen, aber
auch von Persönlichkeiten wie dem
späteren Außenminister Walther
Rathenau – wurde zu Spenden aufge-
rufen. Obwohl viele der Unterstützer
das bolschewistische System ablehn-
ten, entstand eine erfolgreiche Aktion
humanitärer Hilfe, zu deren Unterstüt-
zerinnen und Unterstützern auch Albert Einstein, Erwin Piscator und Käthe
Kollwitz gehörten.

Zuvor hatten fast alle europäischen
Regierungen, darunter die deutsche,
die Bitte des Völkerbundes, Sowjetrussland zu helfen, negativ beschieden.
Angesichts der Lebensmittelknappheit
nur wenige Jahre nach dem Ende des
Ersten Weltkrieges achtete die deutsche Regierung so auch darauf, dass
von Regierungsseite keine Nahrungs-
mittel, sondern lediglich Lieferungen in
Form von ärztlicher Hilfe und Medika-
menten geleistet wurden. *JF*

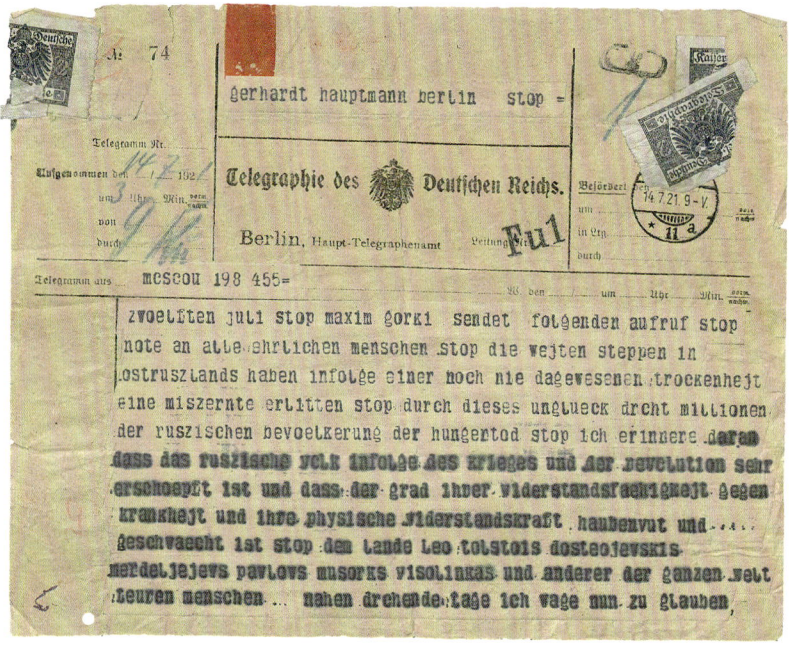

Banner der Kommunistischen Partei Deutschlands (KPD)

Deutschland, um 1920

Deutsches Historisches Museum, Berlin

Mit Hammer und Sichel auf rotem Grund warb die KPD für die «Diktatur des Proletariats». Diese Werkzeuge symbolisieren Arbeiter und Bauern, die das Fundament eines klassenlosen Staates darstellen sollten. Die KPD bekannte sich zur *Komintern* und zu deren Plänen einer «Weltrevolution». Damit stellte sie sich in den Dienst der außenpolitischen Interessen von Sowjetrussland und erhielt ihre Weisungen aus Moskau.

In den Anfangsjahren der Weimarer Republik verbreitete die KPD durch die Radikalität ihrer Agitation und durch bewaffnete Aufstandsversuche in ihren industriellen Hochburgen in Berlin, Hamburg, Mitteldeutschland sowie im Ruhrgebiet reichsweit das «Schreckgespenst des Bolschewismus»: Bei der Reichstagswahl am 6. Juni 1920 erhielt die KPD lediglich 2,1 Prozent der Stimmen. Angesichts der schwierigen wirtschaftlichen und sozialen Lage sowie der politischen Instabilität der Republik konnte sie ihren Stimmenanteil bei der Reichstagswahl am 4. Mai 1924 auf beachtliche 12,6 Prozent steigern. Mit Beginn einer relativen politischen und wirtschaftlichen Stabilisierung ab 1924 wendeten sich viele Deutsche zunächst von radikalen politischen Losungen ab. Als die Weltwirtschaftskrise mit ihren verheerenden sozialen Auswirkungen aber den idealen Nährboden für politischen Extremismus bot, steigerte die KPD zwischen 1930 und 1932 ihre Mitgliederzahl von 120 000 auf über 300 000. Bei der letzten freien Reichstagswahl am 6. November 1932 konnte die KPD als drittstärkste Partei schließlich nahezu sechs Millionen Wähler mobilisieren. *AS*

Stahlhelm eines Freikorpsangehörigen
Deutschland, 1916/18
Deutsches Historisches Museum,
Berlin

In den Anfangsjahren der Weimarer Republik versuchten Links- wie Rechtsradikale, die Demokratie gewaltsam zu beseitigen und die Macht zu übernehmen. Als die in der Armee hochgeachtete Marinebrigade von Hermann Ehrhardt aufgelöst werden sollte, widersetzte sich der ranghöchste General der sogenannten Vorläufigen Reichswehr, Walther von Lüttwitz, der Anordnung der Entente. Als Folge seiner Entlassung besetzte Lüttwitz am 13. März 1920 mit der Marinebrigade Ehrhardt das Regierungsviertel in Berlin. Als Ausdruck ihres aggressiven Nationalismus und Antisemitismus trugen viele Angehörige der Brigade einen Stahlhelm mit Hakenkreuz, das seit Ende des 19. Jahrhunderts als angeblich «arisches» Symbol Verbreitung in Deutschland gefunden hatte.
AS

**Putschisten verteilen Flugzettel
vor der Reichskanzlei**
Willi Römer (1887–1979)
Berlin, 13. März 1920
Deutsches Historisches Museum,
Berlin

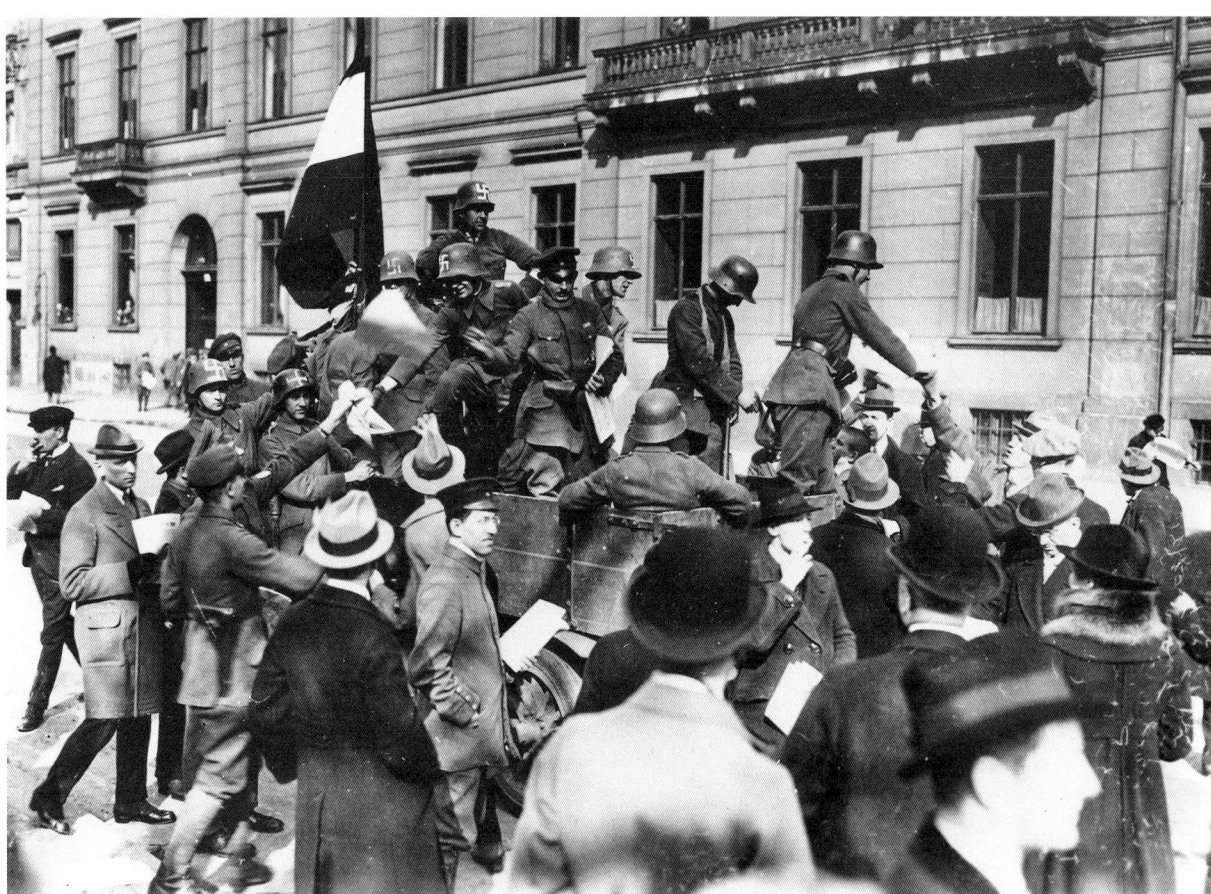

Walther von Lüttwitz ernannte Wolf-
gang Kapp, den maßgeblichen Kopf
einer zum gewaltsamen Umsturz ent-
schlossenen «Nationalen Vereinigung»
von rechtsgerichteten Kräften, zum
neuen Reichskanzler. Im Angesicht des
Scheiterns des Putsches aufgrund einer
sich massiv aufbauenden Streikfront
der Arbeiterbewegung erklärte Kapp
am 16. März, er lege das Amt nieder,
weil «die Not des Vaterlands den Zu-
sammenschluß Aller gegen die Gefahr
des Bolschewismus verlange». Zur
selben Zeit nämlich versuchten Kommunisten in Sachsen, Thüringen und
im Ruhrgebiet, den Generalstreik zur

Revolution voranzutreiben. Zur gewaltsamen Niederschlagung der Auf-
standsbewegungen setzte die Reichs-
regierung Freikorps ein, denen sich
auch Mitglieder der Marinebrigade Ehrhardt anschlossen.

Die bürgerkriegsähnlichen Zustände
im März und April 1920 verfestigten
bei Millionen Deutschen die Angst vor
Revolution und Bolschewismus, während viele Arbeiter die Politik der
regierenden SPD für das Erstarken
rechtsgerichteter «reaktionärer Kräfte»
verantwortlich machten. *AS*

**Plakat mit Aufruf zum Eintritt
in die KPD**
Karl Holtz (1899–1978)
Deutschland, 1921
Deutsches Historisches Museum,
Berlin

Das Plakat thematisiert den durch Poli-zeieinheiten niedergeschlagenen Auf-stand im mitteldeutschen Industrie-gebiet 1921: Brutale Polizeigewalt auch gegen Frauen und Kinder und erfolg-reiches Bemühen selbstbewusster Arbeiter um bessere Lebensverhält-nisse werden einander gegenüberge-stellt. Schuld am sozialen Elend waren nach Ansicht der KPD die Parteien der bürgerlichen Mitte, zu denen sie neben den liberalen Parteien und dem Zent-rum auch die SPD und die USPD zählte. Nur die KPD könne die Arbeiter vor wirtschaftlicher Ausbeutung und staatlicher Gewalt schützen, so die Aussage des Plakates. *AS*

Pest in Rußland. Der Bolschewismus,
seine Häupter, Handlanger
und Opfer mit 75 Lichtbildern
aus Sowjet-Rußland
Alfred Rosenberg (1892–1946)
München, 1922
Deutsches Historisches Museum,
Berlin

Der im russischen Reval (heute Tallinn)
geborene Deutsch-Balte Alfred Rosenberg hatte die Revolution 1917 als Student in Moskau erlebt. 1918 kam er
nach Deutschland. Bereits 1920 in die
NSDAP eingetreten, tat er sich schon
früh als ihr propagandistischer Autor
hervor. In seiner Schrift *Pest in Rußland*
verknüpfte er Bolschewismus und
Judentum. Für ihn, so sein verschwö-
rungstheoretischer wie antisemitischer
Ansatz, war die Revolution von 1917 die
Folge einer «jüdisch-freimaurerischen
Weltverschwörung». Das Buch trug
enorm zur Popularisierung antisemitischer wie antibolschewistischer Vorstellungen bei. Der zu Beginn der
1920er Jahre stark anwachsende deutsche Buchmarkt sorgte für eine mas-
senhafte Verbreitung des Stereotyps
des «jüdischen Bolschewismus».

Rosenberg sollte zum führenden Ideo-
logen der NSDAP werden. Während des
Zweiten Weltkrieges verantwortete er
mit seinem «Einsatzstab Reichsleiter
Rosenberg» die umfangreiche Plünderung von Bibliotheken, Archiven und
Museen in den vom Deutschen Reich
besetzten Gebieten, insbesondere in
der Sowjetunion. 1941 wurde Rosenberg «Reichsminister für die besetzten
Ostgebiete». Als Mitverantwortlicher
für den Holocaust wurde er im Nürn-
berger Hauptkriegsverbrecherprozess
nach dem Ende des Zweiten Weltkrieges für die von ihm verantworteten
Verbrechen in den vom Deutschen
Reich besetzten Ostgebieten angeklagt
und zum Tode verurteilt. *JF*

**Monokulares Auszugsfernrohr
von Max Hoelz, benutzt während
des Aufstandes 1921**
Deutschland, um 1900
Deutsches Historisches Museum,
Berlin

Die prekäre wirtschaftliche Situation
Anfang der 1920er Jahre verschärfte
die soziale Lage und die Unzufriedenheit vor allem in der Arbeiterschaft. Im
mitteldeutschen Industriegebiet, einer
Hochburg der KPD, kam es fortwährend
zu Streiks und Zusammenstößen zwischen Arbeitern und der Polizei. Mit
dem Eintreffen des Anarchisten Max
Hoelz, der sich bereits bei Unruhen
1920 im Vogtland als radikaler und
gewaltbereiter Arbeiterführer hervor-
getan hatte, eskalierte die Streikbewegung vom Bergbaugebiet Mansfeld-
Eisleben ausgehend im März 1921 zu
bewaffneten Aufständen in weiten
Teilen der preußischen Provinz Sachsen. Bis Ende März schlugen 39 Hun-
dertschaften der Polizei die Aufstände
nieder. Über hundert Menschen kamen
bei den Kämpfen ums Leben, mehr als
3 000 Aufständische wurden festge-
nommen. Hoelz erhielt eine Verurtei-
lung zu lebenslangem Zuchthaus,
wurde jedoch aufgrund einer Amnestie
für politische Gefangene 1928 entlassen. *AS*

**Reichsbanknote mit antisemitischem
Aufdruck «Sowjet Jude Radeck»**
Deutschland, 9. August 1923
Deutsches Historisches Museum,
Berlin

Infolge der Krisenjahre der frühen
Weimarer Republik dienten Juden für
breite Bevölkerungsschichten als ge-
eignete Sündenböcke für Revolution,
Geldwertverfall und soziale Not. Die
Beteiligung von politischen Akteuren
jüdischer Herkunft an der revolutionären Phase in Deutschland und an den
revolutionären Regierungen 1918/19
in München hatte in der deutschen
Öffentlichkeit und Politik zudem Ver-
knüpfungen von Bolschewismus und
jüdischer Glaubenszugehörigkeit be-
fördert. Die Inflationsbanknote mit
einem Wert in Höhe von 200 000 Mark
wurde rückseitig nachträglich von Angehörigen rechtsextremer Kreise mit
der antibolschewistischen wie antise-

mitischen Zeichnung bedruckt. Herausgeber des Propagandaaufdrucks war
das Wahlbündnis Völkisch-Sozialer
Block, das aus verschiedenen rechtsra-
dikalen Parteien bestand. Die Banknote
sollte veranschaulichen, wen sie für die
Wirtschaftskrise der Weimarer Republik in der Verantwortung sahen.

Der zwar aus einer jüdischen Familie
stammende, sich selbst aber als Atheist
bezeichnende Journalist und kommunistische Politiker Karl Radek galt als
Personifizierung des Feindbildes des
«jüdischen Bolschewismus». Der im
galizischen Lemberg (heute Lwiw,
Ukraine) geborene Radek war eine im
Deutschen Reich bekannte Figur.

1918 war er am Aufbau der KPD beteiligt
gewesen. Im Auftrag der *Komintern*
reiste er 1923 erneut illegal nach
Deutschland ein, um dort die geplanten
kommunistischen Aufstände zu organi-
sieren.

Die Propagandaaufdrucke wurden im
Wahlkampf zu den Reichstagswahlen
vom Mai und Dezember 1924 verwendet. Die dafür eingesetzten Banknoten
waren durch die Hyperinflation seit
August 1923 praktisch wertlos geworden. Als Propagandaträger eigneten sie
sich dennoch, da bedruckte Geldscheine
nichtsdestotrotz Aufmerksamkeit er-
regten. *JF*

Aufstand der Kommunistischen Partei Deutschlands (KPD) in Barmbeck
Willy Römer (1887–1979)
Barmbeck (heute Hamburg-Barmbek),
23.–25. Oktober 1923
bpk, Berlin

Die Weimarer Republik erlebte im Herbst 1923 ihre bisher schwerste Krise. Diese sei, so glaubte das Exekutivkomitee der Kommunistischen Internationale (EKKI) in Moskau, der richtige Zeitpunkt für einen «Deutschen Oktober»: Ein bewaffneter Aufstand in mehreren deutschen Städten sollte zu einem Sieg der proletarischen Revolution in Mitteleuropa führen. So wurden dem Zentralkomitee der KPD 400 000 Dollar zur Verfügung gestellt, von denen vor allem Waffen gekauft werden sollten. Allerdings kam es nur in Barmbeck bei Hamburg zum Aufstand, der bereits nach wenigen Tagen niedergeschlagen wurde. Von kommunistischer Seite wurden die Barrikadenkämpfe in diesem Arbeiterquartier dennoch zum heroischen Fanal umgedeutet. Nach dem Scheitern des Aufstandsversuches geriet die KPD vollends in Abhängigkeit von Moskau. Der «Deutsche Oktober» war somit ein richtungsweisendes Ereignis in der Geschichte der deutschen kommunistischen Bewegung. *JF*

**Fahnenspitze
des Roten Frontkämpferbundes**
Deutschland, 1924–1929
Deutsches Historisches Museum,
Berlin

Die geballte Faust sowie Hammer und
Sichel im fünfzackigen roten Stern sind
die zentralen Symbole der Fahnenspitze des Roten Frontkämpferbundes
(RFB). Der 1924 in Halle (Saale) gegründete RFB war der paramilitärische Verband der KPD. Seine Mitglieder, die sich
als politische Soldaten verstanden,
waren – illegal bewaffnet – an den
Straßenkämpfen der 1920er Jahre
beteiligt. Gemeinsame Rituale und
Symbole hielten die Gemeinschaft zusammen: So leisteten die uniformiert
auftretenden Mitglieder einen Eid auf
ihre Fahne. Dieser Fahneneid verlangte
die Unterordnung des Einzelnen sowohl unter die Organisation als solche
als auch unter die Idee der «Weltrevolution». Er endete mit den Sätzen:
«Sieg oder Tod, ein heiliger Schwur.
Wir leben oder sterben für dich, du
rote Fahne der Proletarier-Diktatur.»

Das Emblem des Bundes, die geballte
Faust, war von dem Montagekünstler
John Heartfield entwickelt worden.
Obschon die Faust bereits zuvor ein
Bildmotiv der Arbeiterbewegung ge-
wesen war, etablierte erst der RFB die
geballte, hochgereckte Faust als jenen
Gruß, den bald die gesamte kommunis-
tische Arbeiterbewegung teilen sollte.
Später fand diese Grußformel welt-
weite Verbreitung und wurde so etwa
in den USA zum Symbol der schwarzen
Bürgerrechtsbewegung. *JF*

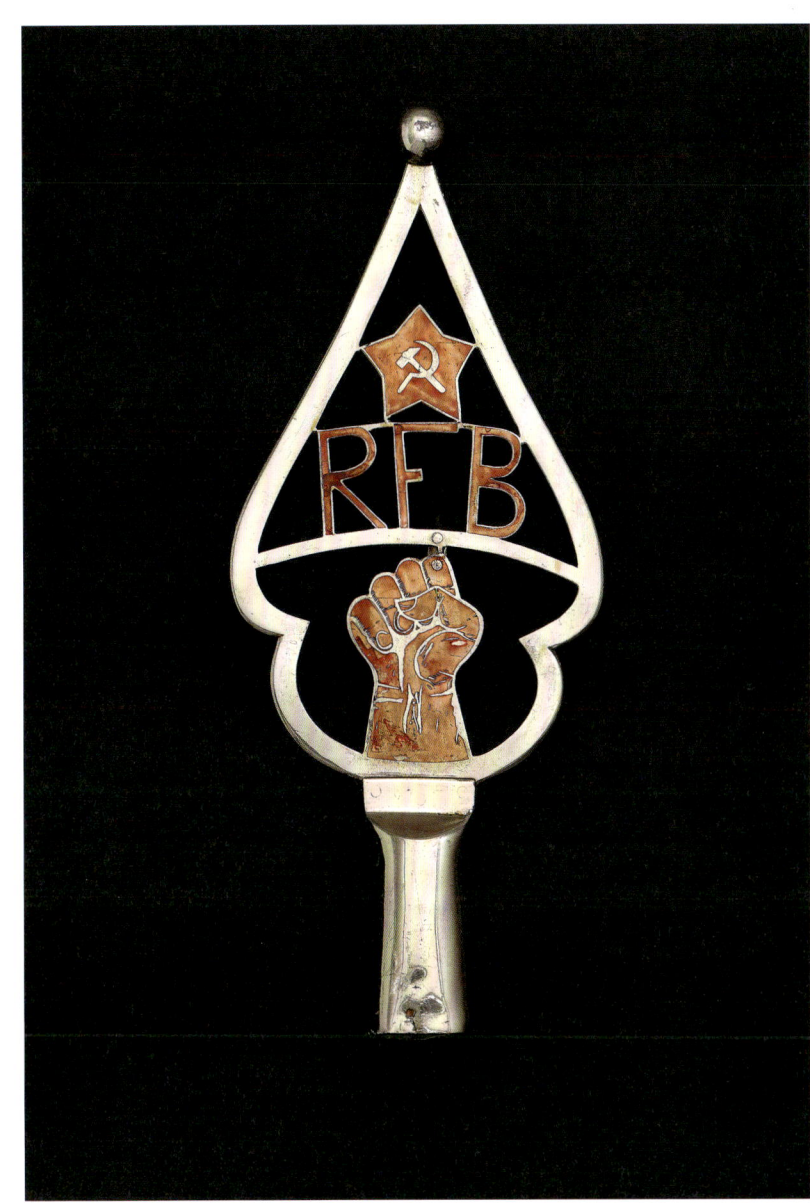

Die Internationale
Otto Griebel (1895 – 1972)
Dresden, 1929/30
Deutsches Historisches Museum,
Berlin

Das Gemälde ist auch ein Selbstbildnis
des Malers Otto Griebel, seit 1919 Mitglied der KPD: Im blauen Jackett steht
er Seite an Seite mit den Arbeitern, die
Hand einem Bergmann mit der Gruben-
lampe auf die Schulter gelegt. Griebel
inszeniert damit nicht nur einen Schulterschluss zwischen Arbeitern und
Künstlern, die beide, so die Bildbotschaft, für dieselbe gute Sache kämpften. Er illustriert eine Idealvorstellung
des über Partei- und Landesgrenzen
hinaus vereinten Weltproletariats.
Die Bildsprache verzichtet auf die
Heroik üblicher kommunistischer
Darstellungen und findet zu einem
beinahe melancholischen Realismus.

Griebel gehörte zu den Gründern der
1929 in Dresden gebildeten ASSO-
Gruppe, der Assoziation Revolutionärer
Bildender Künstler Deutschlands.
Dieser Zusammenschluss kommunisti-
scher Künstlerinnen und Künstler pro-
pagierte eine sich aktiv einbringende,
dezidiert kommunistisch ausgerichtete
Haltung und verstand Kunst als eine
Waffe im «Klassenkampf». *JF*

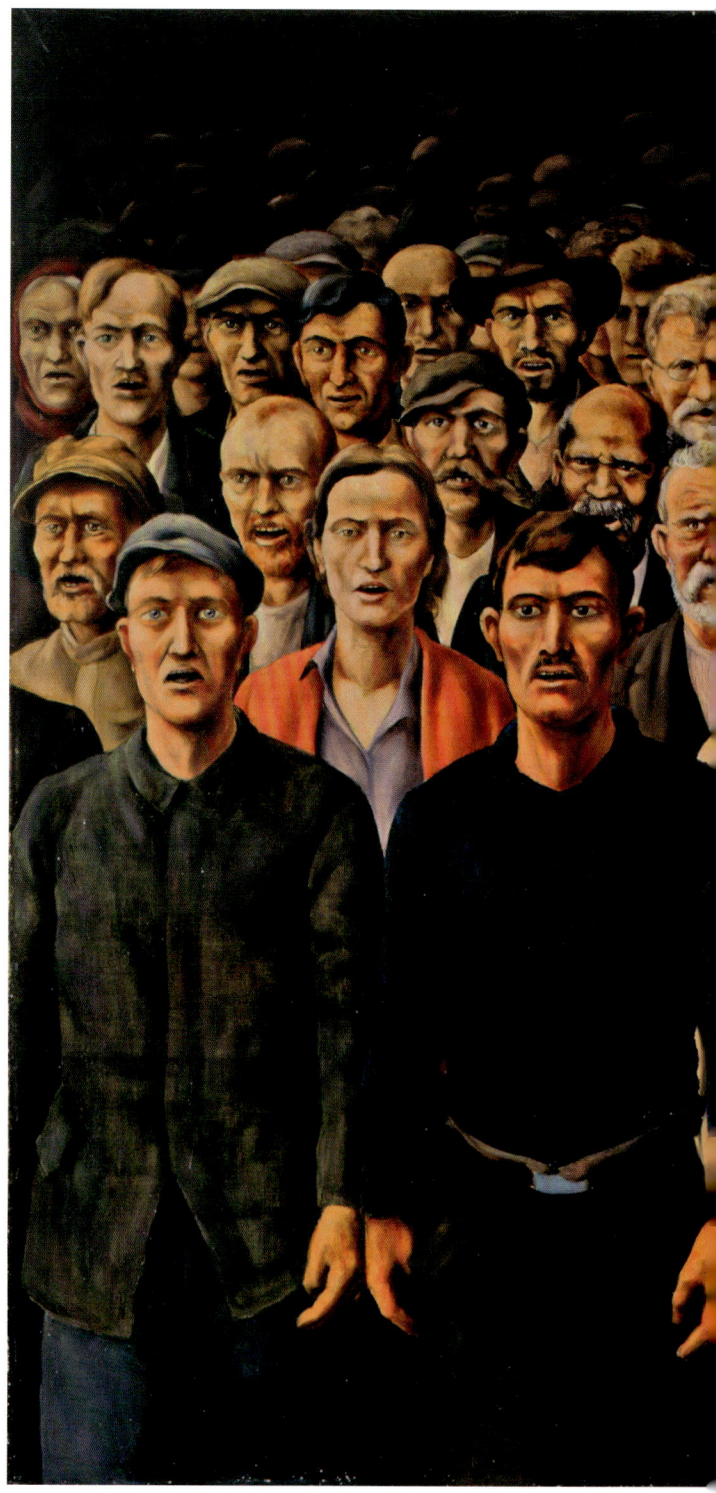

Die kurzlebige Räterepublik: Ungarn

Nach dem kriegsbedingten Ende der österreichisch-ungarischen Doppelmonarchie kam es in beiden Landesteilen zu revolutionären Bewegungen. Am 12. November 1918, dem Tag der Ausrufung der Republik Österreich, scheiterte in Wien schon nach wenigen Stunden ein von Kommunisten initiierter Putsch. Dagegen entstand in Ungarn wenige Monate später die weltweit erste Räteregierung nach sowjetrussischem Vorbild. Sie blieb allerdings nur eine Episode in der von kurzlebigen Regierungen geprägten Phase nach der Proklamation der ersten ungarischen Republik am 31. Oktober 1918.

Zunächst war eine von den Sozialdemokraten gestützte liberale Regierung unter Mihály Károlyi ins Amt gewählt worden, deren Unterstützer sich immer wieder heftige Straßenkämpfe mit Anhängern der 1918 gegründeten Kommunistischen Partei Ungarns, der *Kommunisták Magyarországi Pártja*, lieferten. Hintergrund dieser Unruhen waren die großen Verluste früherer ungarischer Gebiete an andere Staaten. Am 21. März 1919 übergab Károlyi die Macht an eine nominell von den Sozialdemokraten geführte, tatsächlich aber von der Kommunistischen Partei Ungarns unter ihrem «Chefideologen» Béla Kun dominierte Koalition. Kun war in russischer Kriegsgefangenschaft zum Anhänger der Ideen der Bolschewiki geworden und wurde 1918 gezielt nach Ungarn entsandt, um dort eine kommunistische Revolution zu initiieren.

Die bolschewistische Staatsführung in Moskau sah sich mit der ungarischen Räterepublik auf einem erfolgreichen Weg zur «Weltrevolution» und unterstützte die ungarischen Kommunisten. Auch für die entstehenden kommunistischen Parteien Europas hatte die Räteregierung Ungarns eine nicht unbedeutende Strahlkraft, da sie als gelungene Adaption der bolschewistischen Ideen außerhalb Sowjetrusslands galt. In Ungarn selbst genoss die Räterepublik sowohl unter den Arbeitern als auch unter den Budapester Intellektuellen große Sympathien. Doch gelang es den Kommunisten nicht, die Unterstützung der Landbevölkerung zu gewinnen. Unter dem Kommando Miklós Horthys, des letzten Oberbefehlshabers der österreichisch-ungarischen Marine, formierte sich im südungarischen Szeged schließlich eine konterrevolutionäre Regierung.

Zu Fall brachte die kommunistische Herrschaft aber letztlich ein Krieg zwischen Ungarn und Rumänien, denn beide Staaten beanspruchten Regionen des früheren Kaiserreichs Österreich-Ungarn für sich: Die ungarische Rote Armee kapitulierte am 1. August 1919, rumänische Truppen besetzten Budapest und stürzten damit die gerade einmal 133 Tage während Räteregierung. *JF*

Plakat *Köztársaságot!* (Republik!)
Mihály Biró (1886–1948)
Budapest, November 1918
Budapest History Museum,
Museum Kiscell

Ein Arbeiter stößt den verschreckten
König vom Thron. Er erscheint mit
freiem, muskulösem Oberkörper, einfacher Hose, derben Schuhen und einer
bemerkenswerten Kopfbedeckung:
dem *bonnet phrygien*, der Jakobiner-
mütze der Französischen Revolution.
Der tatsächliche Rückzug des Ober-
hauptes der Habsburger Doppelmonarchie vollzog sich im November 1918 in
zwei Schritten: Am 11. November erklärte er als Kaiser Karl I. von Österreich
und zwei Tage später als König Karl IV.
von Ungarn seinen Verzicht auf den
Thron. Dem vorausgegangen war Ende
Oktober die sogenannte Astern-Revo-
lution – Unruhen, Streiks und Demonstrationen von Soldaten wie Zivilisten –,
in deren Folge der bisherige Oppositionelle Mihály Károlyi von König Karl IV.
zum Ministerpräsidenten ernannt worden war. Am 16. November 1918 rief die
neue Regierung unter Károlyi schließlich die Republik aus.

Das Plakat wurde vermutlich von der
Republikanischen Landespartei herausgegeben. Bereits Ende 1918 wurde
diese in die Neue Unabhängigkeitspar-
tei unter der Führung von Károlyi ein-
gegliedert. *JF*

Világforradalom (Weltrevolution)
Ferenc Márton (1884–1940)
Ungarn, 1919
Verteidigungsministerium,
Militärhistorisches Institut und
Museum, Budapest

Das Ende alles bisher Dagewesenen
und ein radikaler Übergang in ein neues
Zeitalter sind Aspekte, die jedem Revo-
lutionsmythos eigen sind. Diese Erwartungen drücken sich oft in Vorstellungen und Metaphern einer sich er-
neuernden Natur aus. Der ungarische
Künstler Ferenc Márton – gerade erst
von den Schlachtfeldern des Ersten
Weltkrieges zurückgekehrt – visualisiert dieses Motiv im kosmischen Sinne.
Die sich mit hoher Geschwindigkeit
drehende Erdkugel dynamisiert die
Menschen. Aus der Bewegung entsteht
etwas radikal Neues, ein neues Leben.
In der Darstellung des Weltalls und der
propagierten Gestaltungskraft des
Menschen klingt auch ein atheistisches
Selbstverständnis an. Zwei Figuren auf
der Weltkugel entzünden jeweils eine
Fackel und präsentieren damit das zen-
trale Symbol sozialistischer Utopien für
Licht, Aufklärung und Freiheit. *JF*

Plakat «*Vörös katonák előre*»
(Rote Soldaten nach vorn)
Ungarn, 1919
Deutsches Historisches Museum,
Berlin

Am 25. März 1919 beschloss die ungarische Regierung die Aufstellung einer Roten Armee, um die neugebildete Räterepublik gegen deren innere wie äußere Feinde zu schützen. Im Norden forderte die Tschechoslowakei, im Osten Rumänien und im Süden das Königreich der Serben, Kroaten und Slowenen die Erweiterung ihrer Gebiete auf Kosten Ungarns. Mit Unterstützung Frankreichs drangen ab April 1919 tschechoslowakische, rumänische und jugoslawische Verbände in Ungarn ein, wo sich in Szeged eine konservative Gegenregierung bildete. Diese ließ keinen Zweifel daran aufkommen, dass sie die innenpolitischen Verhältnisse mit militärischen Mitteln umkehren wollte.

Mit Plakaten wie diesem rief die Räteregierung die ungarische Bevölkerung auf, der Roten Armee beizutreten. Insbesondere Industrie- und Landarbeiter waren uneingeschränkt bereit, die Ideale und Ziele der Räterepublik mit der Waffe in der Hand zu verteidigen. Angesichts der ausländischen Invasion schlossen sich zur Verteidigung der Heimat aber auch linken Ideen fernstehende Ungarn zu Tausenden der Roten Armee an. Diese konnte zwar zunächst einige Erfolge im Norden erzielen, im Verlauf des Krieges aber stießen rumänische Truppen im Juli 1919 weit ins Innere Ungarns vor. Die Besetzung der Hauptstadt Budapest Anfang August 1919 bedeutete auch das Ende der Räterepublik. *AS*

**Tibor Szamuely (1890–1919) und
Wladimir I. Lenin bei einer Militär-
parade auf dem Roten Platz**
Moskau, 25. Mai 1919
Verteidigungsministerium,
Militärhistorisches Institut und
Museum, Budapest

Der ungarischen Räterepublik wurde
von Seiten Sowjetrusslands eine große
Bedeutung für die Weltrevolution beigemessen. Die Moskauer Führung
hoffte, diese könne einen revolutionären Dominoeffekt in Zentraleuropa
auslösen, und so unterstützten die Bolschewiki die kommunistischen Akteure
in Ungarn. Tibor Szamuely (2. von rechts)
war neben Revolutionsführer Béla Kun
einer der einflussreichsten Köpfe der
Räterepublik. Bei seinen Aufenthalten
in Moskau hatte Szamuely auch an
Feiern und Paraden der Sowjetregierung teilgenommen und war so mit

der sowjetrussischen Repräsentations-
politik vertraut. Als Verantwortlicher
für die Feier zum 1. Mai 1919 in Budapest bemühte er sich darum, die ungarische Geschichte in die der internationalen revolutionären Bewegung ein-
münden zu lassen. *JF*

«1.-Mai-Feier» in Budapest, 1919
Géza Ulrich (1881–1943)
Ungarn, 1919
Öl auf Leinwand
Budapest History Museum,
Museum Kiscell – Municipal Gallery

Ein Meer roter Fahnen dominiert die Darstellung der Feierlichkeiten zum 1. Mai 1919 und markiert zugleich den Machtanspruch der politischen Kraft, die Budapests Prachtstraße Andrássy út erobert hat. Für das nach dem Vorbild der Petrograder Maifeier organisierte Massenfest der ungarischen Räterepublik waren zentrale Straßen, Plätze und Gebäude Budapests mit den Vordenkern und Heroen der erst wenige Wochen alten Regierung besetzt worden: In Windeseile hatte man Statuen von Karl Marx, Friedrich Engels, Karl Liebknecht und Lenin aufgebaut. Die Insignien der gerade erst untergegangenen K.-u.-k.-Monarchie hingegen waren verdeckt oder umgestaltet worden. Derart konsequent in Szene gesetzt, kündete auch der gesamte Budapester Stadtraum am 1. Mai 1919 von der internationalen proletarischen Revolution. Die aufmarschierenden Massen waren Teil der symbolischen Machtdemonstration eines neuen politischen Systems, das seinen Machtanspruch am *Tag der Arbeit* verdeutlichen und damit legitimieren wollte. **JF**

Plakat *Velem vagy ellenem*
(Mit mir oder gegen mich)
Ungarn, 1919
Deutsches Historisches Museum,
Berlin

Im Laufe ihrer 133 Tage währenden kommunistischen Herrschaft kündigte die Regierung Béla Kuns beständig neue, drastische Reformen an. Da es nicht gelang, dafür die Unterstützung aller Gesellschaftsschichten zu gewinnen, setzte die Regierung zunehmend auf Repression und Terror. Die Losung «Mit mir oder gegen mich» war Teil dieser Kampagne gegen Andersdenkende. Auch in Sowjetrussland setzte Lenin diesen Leitsatz auf seinem Kreuzzug gegen sogenannte Konterrevolutionäre ein. Dabei handelt es sich ursprünglich um das Bibelzitat «Wer nicht mit mir ist, der ist gegen mich» aus Matthäus 12,30.

Tibor Szamuely, Volkskommissar für militärische Angelegenheiten, leitete die Organisation «Roter Terror», deren Ziel es war, sogenannte konterrevolutionäre Aktivitäten niederzuschlagen. In der *Vörös Úsjág*, der «Roten Zeitung», schrieb Szamuely: Bevor die Konterrevolutionäre «die Revolution ersticken können, ertränkt sie in ihrem eigenen Blut». Den kommunistischen Terrormaßnahmen fielen schätzungsweise 600 Menschen zum Opfer, insbesondere Bauern und Geistliche.

Die Losung des Plakats tauchte im Laufe des 20. Jahrhunderts ein zweites Mal in Ungarn auf. Ein wenig verändert hieß die Devise nach der Niederschlagung des Volksaufstandes 1956 dann: «Wer nicht gegen mich ist, der ist mit mir». **JF**

**Reiseschreibmaschine
aus dem Besitz von Béla Kun
(1886–1938)**
Ungarn, o. D.
Hungarian National Museum,
Budapest

Diese Reiseschreibmaschine nahm Béla Kun mit ins sowjetische Exil. Sie erlaubte es ihm, der in seiner ungarischen Heimat die Sprachhoheit verloren hatte, weiterhin in seiner Schrift und seiner Sprache zu kommunizieren. Nach der Kapitulation der ungarischen Roten Armee und dem damit verbundenen Ende der von ihm geführten Räteregierung war Kun zunächst nach Wien geflohen. In Österreich zwischenzeitlich inhaftiert, gelang ihm schließlich die Flucht nach Moskau. Von dort wurde er im Auftrag der Kommunistischen Partei in den Folgejahren immer wieder zur Agitation etwa nach Wien und nach Deutschland entsandt. 1938 wurde Kun im Rahmen des stalinistischen Terrors in Moskau erschossen. *JF*

Plakat *Horthy*!
Miltiades Manno (1879 – 1935)
Ungarn, 1920
Deutsches Historisches Museum,
Berlin

Als Befehlshaber national gesinnter
Militärverbände bekämpfte Admiral
Miklós Horthy, letzter Kommandant
der österreichisch-ungarischen Kriegs-
marine, die im März 1919 gebildete
Räterepublik. Drei Monate nach dem
Sturz der Räteregierung zog er am
16. November 1919 in Budapest ein –
an der Spitze der neu entstandenen ungarischen Nationalarmee, die rück-
sichtslos jeden verfolgte, den sie für
einen Anhänger der Räterepublik hielt.
Unter dem Vorwand, die Räterepublik
sei vor allem von Juden getragen
worden, wurde in ganz Ungarn nun
auch einem zügellosen Judenhass
freier Lauf gelassen.

Am 1. März 1920 wählte das ungarische
Parlament den 52-jährigen Horthy zum
sogenannten Reichsverweser in der
formell wiederhergestellten Monarchie, die jedoch ohne König blieb. In den
folgenden Jahren gelang es Horthy, ein
ihm treu ergebenes autoritäres Regime
zu etablieren, das zutiefst nationalis-
tisch und antisemitisch ausgerichtet
war und nicht müde wurde, der Bevölkerung das Feindbild des «jüdischen
Bolschewismus» zu propagieren. *AS*

Der Künstler Mihály Biró hatte sich den ungarischen Kommunisten angeschlossen. 1919 bekleidete er für einige Monate das Amt eines Staatssekretärs für Propaganda. In seiner Serie über den nach der Niederschlagung der Räterepublik einsetzenden «Weißen Terror» dokumentierte Biró 1920 die rechtsradikale, paramilitärische Gewalt. Seine Zeichnungen sind in vier Sprachen betitelt: Ungarisch, Deutsch, Französisch und Englisch. So sollten sie die europäische Öffentlichkeit über jene gewalttätigen Übergriffe aufklären, die sich nun gegen Bauern, Kommunisten, Sozialisten und Juden richteten, denen eine Kollektivschuld für die Verbrechen des «Roten Terrors» gegeben worden war. Die politisch motivierte Gewalt, an der sich zunehmend auch die vom national-konservativen Regierungschef Miklós Horthy gegründete Nationalarmee beteiligte, forderte von August 1919 bis Anfang 1920 bis zu 5000 Todesopfer. Rund 75000 Ungarn wurden inhaftiert, weitere 100000 gingen ins Exil. **JF**

**Propagandazettel
mit der Aufschrift *Nem! Nem! Soha!*
(Nein! Nein! Niemals!)**
Ernő Jeges (1898–1956)
Budapest, Ende 1919 / vor Juni 1920
Budapest History Museum, Museum
Kiscell – Department of City History

Unter Protest unterzeichnete die ungarische Delegation am 4. Juni 1920 den
Vertrag von Trianon, den Friedensvertrag mit den alliierten Siegermächten
des Ersten Weltkrieges. Mit der Unterzeichnung verlor Ungarn etwa zwei
Drittel seines früheren Territoriums
und etwa 60 Prozent seiner Bevölkerung. Die Konditionen des Vertrages
lösten in der Bevölkerung einen Schock
aus. In Budapest wehten die Fahnen an
öffentlichen Gebäuden auf Halbmast.
Es gab keine gesellschaftliche oder
politische Gruppierung in Ungarn, die
sich mit den in Trianon festgelegten
Grenzen abfand. Der Protest gegen die
als ungerecht empfundenen Gebiets-
verluste manifestierte sich in Demonstrationen und in der Herstellung zahl-
reicher Propagandaobjekte, die mit der
Losung «Nein! Nein! Niemals!» ihr
Nichteinverständnis bekundeten. Die
tiefe Verbitterung über den Vertrag von
Trianon war auch eine entscheidende
Grundlage für die Zustimmung vieler
Ungarn zur autoritären national-
konservativen Regierung unter Miklós
Horthy. *JF*

**Protestdemonstration
gegen den Friedensvertrag
von Trianon**
Budapest, 1920
Hungarian National Museum,
Budapest

Krieg gegen Sowjetrussland: Polen

Polen war seit dem Ende des 18. Jahrhunderts unter Russland, Preußen und Österreich-Ungarn aufgeteilt. Erst der Zusammenbruch der drei Monarchien nach dem Ende des Ersten Weltkrieges machte im November 1918 die Wiederherstellung eines unabhängigen polnischen Staates möglich. Am 11. November übernahm der spätere polnische Staatschef Józef Piłsudski die Regierungsgewalt.

Die neu gegründete Republik stand vor der Herausforderung, ihre Staatsgrenzen zu konsolidieren. Dies führte in den Jahren zwischen 1918 und 1921 zu zahlreichen kriegerischen Auseinandersetzungen. Den entscheidenden Konflikt hatte Polen mit Sowjetrussland: Polen ging es um die Wiederherstellung der Ostgrenze von 1772, wohingegen die Bolschewiki ihr Einflussgebiet in Richtung Westen ausweiten wollten. Der zwischen Frühjahr 1919 und Herbst 1920 ausgetragene Krieg wurde innerhalb der polnischen Gesellschaft zur «Schicksalsfrage» der jungen Nation erklärt.

Polen sah sich vor die Aufgabe gestellt, eine einheitliche nationale Identität zu formen und schnellstmöglich eine schlagkräftige Armee aufzubauen. Denn die Soldaten, die nun gemeinsam in einer polnischen Streitmacht kämpfen sollten, hatten im Ersten Weltkrieg noch in drei unterschiedlichen Armeen gekämpft – häufig sogar gegeneinander. Die beginnende Massenmobilisierung appellierte dabei sowohl an alte Ängste vor der einstigen russischen Fremdherrschaft als auch an das verbreitete Feindbild des «jüdischen Bolschewismus». So brachte der Polnisch-Sowjetische Krieg auch eine Welle antisemitisch motivierter Gewalt mit sich: Mehrere Tausend jüdische Soldaten der polnischen Armee wurden inhaftiert, da sie pauschal der Kollaboration mit den Bolschewiki verdächtigt wurden. Auch die Mitglieder der im Dezember 1918 gegründeten *Komunistyczna Partia Robotnicza Polski*, der Kommunistischen Arbeiterpartei Polens, sahen sich Repressionen ausgesetzt, da sie sich im Polnisch-Sowjetischen Krieg an die Seite Sowjetrusslands stellten: Mit Kriegsbeginn wurde ihre Partei verboten. Mit ihrer konsequenten Absage an die Idee nationaler Selbstbestimmung und an den wiedererrungenen Nationalstaat hatte sich die Kommunistische Partei ins Abseits manövriert.

Der Friedensvertrag von Riga besiegelte 1921 den polnischen Sieg über Sowjetrussland. Zudem definierte er die Ostgrenze der Republik Polen, die Teile Weißrusslands und der Ukraine zugesprochen bekam. Die komplexe multiethnische Zusammensetzung Polens – von den nun mehr als 27 Millionen polnischen Staatsangehörigen waren nur 19 Millionen polnischer Nationalität – sollte die innenpolitische Situation in den Folgejahren prägen und zu innerstaatlichen Konflikten führen. *JF*

Polnische Nike
Edward Wittig (1879 – 1941)
Polen, 1917/18
Muzeum Narodowe w Warszawie,
Warschau

Angelehnt an Nike, die Siegesgöttin aus
der griechischen Mythologie, schuf Edward Wittig noch während des Ersten
Weltkrieges diese Skulptur, die für den
Unabhängigkeitskampf Polens steht.
Während die weibliche Aktfigur würde-
voll und siegesgewiss in sich ruht,
weist der die Vaterlandsliebe symboli-
sierende Genius zu ihrer Linken den
Weg zur polnischen Unabhängigkeit.
Der ebenfalls ungeduldig wirkende
Genius zur Rechten verkörpert die Tapferkeit. Er scheint das Kurzschwert an
sich nehmen zu wollen, um selbst in
die entscheidende Schlacht für die
Freiheit Polens vorzustürmen.

Nach 123 Jahren Fremdherrschaft erlangte Polen am Ende des Ersten Weltkrieges die langersehnte Selbständigkeit: Am 11. November 1918 kam es zur
Gründung der polnischen Republik.
Zahlreiche polnische Künstler schufen
nach 1918 zur Erinnerung an die Staats-
gründung zum Teil monumentale
Skulpturen, die den Stolz auf die Errun-
genschaft der Unabhängigkeit und das
nationale Selbstbewusstsein weiter
stärken sollten. *AS*

Nationalmarsch in Warschau
Warschau, 17. November 1918
Muzeum Niepodległości w Warszawie,
Warschau

POCHÓD NARODOWY
Warszawa, 17 listopada 1918 roku.

Die Wiedererlangung der staatlichen Selbständigkeit nach 123 Jahren Fremdherrschaft versetzte weite Teile der polnischen Gesellschaft im November 1918 in Euphorie. Beim Nationalmarsch in Warschau war so auch das polnische Wappentier, der gekrönte Adler, ein viel gezeigtes Motiv. Andere Transparente huldigten dem amerikanischen Präsidenten Woodrow Wilson. Mit seiner Forderung nach einem «Selbstbestimmungsrecht der Völker» hatte er einen konkreten Vorschlag für die Friedensregelungen nach dem Ende des Ersten Weltkrieges gemacht. Damit wurde der polnischen Unabhängigkeit international der Weg bereitet.

Große Zustimmung erfuhr 1918 auch der neu eingeführte Parlamentarismus. Die politischen Gremien waren allerdings noch nicht demokratisch legitimiert. In seiner Eigenschaft als provisorisches Staatsoberhaupt erließ Józef Piłsudski Ende November eine rechtsverbindliche Wahlordnung für das neu zu bestimmende Parlament, den verfassunggebenden *Sejm*. **JF**

Polnisches Mobilisierungsplakat
Na pomoc! Wszystko dla frontu!
Wszyscy na front! (Hilfe! Alles für
die Front! Alle an die Front!)
Edmund Bartomiejczyk (1885 – 1950)
Polen, 1920
Muzeum Wojska Polskiego, Warschau

Aus dem Ersten Weltkrieg als unabhängige Republik hervorgegangen, stand
das junge Polen bereits 1919 vor dem
nächsten kriegerischen Konflikt. Dem
vermeintlich durch Revolution und
Bürgerkrieg geschwächten Sowjetrussland wollte man Gebiete entlang
der polnisch-sowjetrussischen Grenze
abringen. In der allgemeinen Mobilmachung wurde hingegen ein anderes Bild
gezeichnet: Polen habe sich, so die
Botschaft, gegen einen teuflischen und
bereits todgeweihten Feind zu verteidigen. Dementsprechend wurden die
bolschewistischen Angreifer als Teufel
und Untote mit Totenschädeln gezeichnet. Dass der Teufel seine Hände mit im
Spiel haben musste, insinuiert auch die
mittig dargestellte Figur: Ihr Haar-
ansatz endet in zwei rot gefärbten
Haarsträhnen, die an Hörner erinnern –
und auf den Fahnen verschwimmt der
rote Stern mit dem satanistischen
Pentagramm. *JF*

Polnisches Mobilisierungsplakat
Kto w Boga wierzy – w obronie Ostro-
bramskiej, pod sztandar Orła i Pogoni!
(Wer an Gott glaubt – zur Verteidigung
des Tores der Morgenröte, unter der
Standarte des Adlers und der Jagd!)

Warschau, 1920
Muzeum Wojska Polskiego,
Warschau

Für die Mobilmachung der polnischen
Bevölkerung im Polnisch-Sowjetischen
Krieg spielten die Katholische Kirche
und der christliche Glaube eine zentrale
Rolle. Auf diesem Plakat wird ein bol-
schewistischer Angreifer mit antijüdi-
schen Stereotypen als grobschlächti-
ger Barbar inszeniert, der Leib und
Leben einer Bauernfamilie bedroht.
Heroisch erscheint hingegen die Figur
des polnischen Soldaten, der, so die
Bildbotschaft, unter dem Schutz der
Mutter Gottes steht. Die Darstellung
Mariens lehnt sich an das Bild der
Matka Boska Ostrobramska (Mutter
Gottes im Tor der Morgenröte) des
Wallfahrtsortes *Ostra Brama* im heute
litauischen Vilnius an. Der katholische,
orthodoxe wie griechisch-katholische
Pilgerort ist im Bildhintergrund zu
sehen und wird im Aufruf explizit be-
nannt. Während des Polnisch-Sowjetischen Krieges wurde die Stadt ab-
wechselnd von polnischen Truppen
sowie von der Roten Armee besetzt. *JF*

**Das Provisorische
Revolutionskomitee für Polen**
Polen, vermutlich 1. August 1920
Muzeum Niepodległości w Warszawie,
Warschau

Im Polnisch-Sowjetischen Krieg vertrat
die 1918 gegründete Kommunistische
Arbeiterpartei Polens die Positionen
Moskaus. Einige prominente Kommunisten polnischer Herkunft bildeten das
am 30. Juli 1920 zur Unterstützung der
sowjetrussischen Truppen eingerichtete Provisorische Revolutionskomitee
für Polen. Dazu gehörten Felix Dserschinski, der seit 1917 in enger Kooperation mit Lenin die Leitung der sowjetischen Geheimpolizei (*Tscheka*) übernommen hatte, Julian Marchlewski, der
zuvor in Deutschland für den Spartakusbund und die KPD engagiert war,
und Felix Kohn, der aktiv an der russischen Oktoberrevolution teilgenommen hatte (mittlere Reihe, 2. bis 4. von
links). Nach der Niederlage der Roten
Armee vor Warschau im August 1920
wurde das Revolutionskomitee aufgelöst. Die Kommunistische Arbeiterpartei Polens war bereits im März 1919
aufgrund ihrer Teilnahme am Krieg auf
Seiten der Roten Armee für illegal erklärt worden. *JF*

Antisemitisches und antibolschewistisches Plakat
Znowu łapy żydowskie? Nie, przenigdy!
**(Wieder jüdische Klauen?
Nie und nimmer!)**

Piotr Danya
Polen, 1920
Muzeum Niepodległości w Warszawie,
Warschau

Wie fast überall in Europa nutzten auch in Polen reaktionäre Kräfte das Feindbild des «jüdischen Bolschewismus», um die Idee des Kommunismus zu diskreditieren und seine Anhänger als Juden zu diffamieren. So verbindet das Plakat eine antisemitische Stereotypen nutzende Darstellung eines Juden mit einem die Figur überragenden schemenhaften Umriss eines Soldaten der Roten Armee. Diese Verknüpfung von Bolschewismus und Judentum wird zudem durch ein zentrales Bildelement verstärkt: Der Rote Stern auf der *Budjonowka*, der Kopfbedeckung des Soldaten, ist gleichzeitig ein Davidstern. Die mit ausgebreiteten Armen dastehende Figur reproduziert das verbreitete antisemitische Stereotyp des nach der Weltherrschaft strebenden Judentums. Der Polnisch-Sowjetische Krieg 1919–1921 war insofern nicht nur ein Kampf um den Grenzverlauf, sondern auch ein Kampf der Ideologien, der sich auch in Form von Propagandaplakaten manifestierte. *JF*

Polnisches Rekrutierungsplakat
Józef Piłsudski. Naczelnik Państwa
i Naczelny Wódz – Pierwszy Marszałek
Polski (Józef Piłsudski. Staatsoberhaupt
und Oberster Heerführer – Erster
Marschall Polens)

Michał Boruciński (1885–1976)
Polen, 1920/1922
Muzeum Narodowe w Warszwawie,
Warschau

Am 20. Februar 1919 berief das erste
frei gewählte polnische Parlament
Józef Piłsudski zum neuen Staatsoberhaupt. Piłsudski hatte als Kommandeur
der Polnischen Legionen unter dem
Oberbefehl Österreich-Ungarns im Ersten Weltkrieg gegen das Russische
Reich gekämpft und 1916, als Mitglied
des unter der Kontrolle des Deutschen
Reiches und Österreich-Ungarns stehenden polnischen Staatsrates, den Eid
auf den deutschen Kaiser verweigert
und eine unabhängige polnische Regierung gefordert. Infolgedessen wurde er
zu drei Jahren Festungshaft in Magde-
burg verurteilt. Nach Kriegsende aus
der Haft entlassen, wurde Piłsudski für
seinen Einsatz für die staatliche Souveränität Polens gefeiert. Das Plakat
visualisiert die zu Beginn der 1920er
Jahre verbreitete Begeisterung der sich
neu formierenden polnischen Nation
für die Person Piłsudskis: Die Über-
schrift «Er mit der Nation – die Nation
mit ihm» ist zugleich ein Bekenntnis.

Der 1867 im von Russland okkupierten
Teil Polens geborene Piłsudski hatte
sich schon früh gegen die russische
Herrschaft aufgelehnt. 1887 wurde er
wegen seiner Beteiligung an einem von
Wladimir I. Lenins älterem Bruder
Alexander I. Uljanow geplanten Mord-
anschlag auf den Zaren für fünf Jahre
nach Sibirien verbannt.

Im Mai 1926 initiierte Piłsudski einen
Militärputsch, entmachtete das Parlament und errichtete ein autoritäres
Regime. Er hielt sich bis zu seinem Tod
1935 an der Macht. *JF*

Extreme Polarisierung: Italien

Italien ging aus dem Ersten Weltkrieg zwar als Siegermacht hervor, dennoch geriet der liberale Staat angesichts enormer Verschuldung, hoher Arbeitslosigkeit, Inflation und angespannter Lebensmittelversorgung zunehmend in die Defensive. Ein Großteil der Bevölkerung fühlte sich um den Sieg betrogen. Die Frustration darüber führte zu einer extremen Polarisierung und Radikalisierung der politischen Lager.

Unter dem Einfluss der Oktoberrevolution verabschiedete die Sozialistische Partei, der *Partito Socialista Italiano* (PSI), 1919 ein Programm, das eine Revolution nach dem Vorbild der Bolschewiki forderte, sich zur Kommunistischen Internationale bekannte und angesichts der sozialen Situation in Italien auf fruchtbaren Boden fiel. Bei den Parlamentswahlen im November 1919 gewannen die Sozialisten mehr als ein Drittel aller Stimmen und wurden die stärkste Kraft in der Abgeordnetenkammer. Die bürgerlich-liberalen Regierungsparteien hatten hingegen herbe Verluste zu verzeichnen.

Die neue Regierung meinte es ernst mit radikalen Reformen. Es kam zu Enteignungen und gewalttätigen Auseinandersetzungen. Proteste der Gewerkschaften und Streiks trugen dazu bei, innerhalb des bürgerlichen Italiens die Angst vor «russischen Verhältnissen» zu verstärken. Die gewaltsam ausgetragenen Klassenkonflikte und deren nachlässige Strafverfolgung führten dazu, dass der Ruf nach einem autoritären Führer immer lauter wurde, der die «rote Gefahr» eindämmen sollte.

Während die Jahre des *Biennio rosso* 1919 und 1920 stark durch die Agitation der politischen Linken geprägt waren, folgten 1921 und 1922 die vor allem durch die Faschisten dominierten *Biennio nero*. Der im März 1919 in Mailand gegründete paramilitärische Kampfbund Benito Mussolinis, die *Fasci di Combattimento*, hatte innerhalb kürzester Zeit seine Mitgliederzahlen erhöhen können.

1921 gründete Mussolini den *Partito Nazionale Fascista* (PNF), die Nationale Faschistische Partei. Sie richtete sich ausdrücklich gegen die vermeintliche Bedrohung durch Sozialismus und Bolschewismus und forderte zugleich gesellschaftspolitische Veränderungen. Gegenüber den konservativen Eliten präsentierte sich Mussolini als staatsmännischer Politiker. Die Partei profitierte in der Folge von der weit verbreiteten Angst vor dem Bolschewismus und von der Krise des italienischen Parlamentarismus mit insgesamt fünf Regierungen in nicht einmal drei Jahren. Ab 1922 gelang es Mussolini schrittweise, eine Diktatur zu errichten. Das weltweit erste faschistische System verstand sich dabei auch als dezidiert antibolschewistisch. *JF*

Bildpostkarte
Vom Generalstreik in Mailand.
Massenversammlung Streikender
im Mailänder Stadion.
Mailand, 1920
akg-images, Berlin

In keinem anderen Staat Europas wurde nach 1918 häufiger gestreikt als in Italien. Allein 1919 gab es landesweit 1860 Streiks, an denen 1,6 Millionen Arbeiter beteiligt waren. Die Gründe dafür lagen in der breiten gesellschaftlichen Ernüchterung nach dem Ersten Weltkrieg angesichts der wirtschaftlichen Misere. Die zahlreichen Streiks wurden zum Mittel der Selbstbehauptung der Industrie- und Landarbeiter. Nach dem Kriegsende am 3. November 1918 war der Verdruss über die als unzureichend wahrgenommene Wiedergutmachung für 600 000 Weltkriegstote gewaltig. Er führte zu der in weiten Teilen der Gesellschaft verbreiteten Vorstellung der *vittoria mutilata*, des «verstümmmelten» Sieges Italiens, und befeuerte einen radikalen Nationalismus. Zudem hatte der Krieg die Spaltung der Gesellschaft vertieft und die bereits zuvor bei vielen verbreitete Ablehnung des Staates noch weiter verstärkt. *JF*

Difendiamo la Rivoluzione russa!
(Lasst uns die Russische Revolution
verteidigen!)
Giuseppe Scalarini (1873–1948)
Mailand, 17. Oktober 1920
Scalarini Heirs, Mailand

Aufgrund der Inflation und landeswei-
ter Engpässe in der Lebensmittelversorgung fielen die Versprechungen der
Russischen Revolution nach dem Ende
des Ersten Weltkrieges in Italien auf
fruchtbaren Boden. Teilen der sozialistischen Arbeiterschaft und der ländlichen Unterschichten erschien die
Russische Revolution als verheißungs-
volles Vorbild. Die in der sozialistischen
Tageszeitung *Avanti!* erschienene
Zeichnung des politischen Karikaturis-
ten Giuseppe Scalarini visualisiert die
Nähe der Sozialistischen Partei Italiens
(PSI) zu den Ideen der Revolution von
1917: Angegriffen von einer Personifi-
kation der bürgerlichen Presse stellt
sich die PSI, verkörpert durch einen
ihrer Anhänger, schützend vor die Rus-
sische Revolution. Die Mitglieder der
Sozialistischen Partei Italiens diskutier-
ten die Ideen der Bolschewiki intensiv.
Dies führte im Januar 1921 zu einer
Spaltung der Partei in Anhänger und
Gegner bolschewistischer Ideen und
zur Gründung des *Partito Comunista
Italiano* (PCd'I). Hier fanden vor allem
Industriearbeiter und junge Intellektuelle wie Antonio Gramsci zusammen.
JF

Terrine mit Zeichnungen
Giuseppe Scalarinis (1873 – 1948)
Mailand, um 1920
Scalarini Heirs, Mailand

Der politische Zeichner Giuseppe Scalarini arbeitete von 1911 bis 1926 für die in Mailand herausgegebene sozialistische Tageszeitung *Avanti!*. Seine Zeichnungen sind Kommentare zu den zeitgenössischen Konflikten und deren Akteuren. Die Zeichnungen von Wolf und Lamm, übertragen auf eine Terrine, visualisieren die Hetze und die brutalen Angriffe der faschistischen Kampfverbände insbesondere auf Organisationen und Gewerkschaften, die vor allem der Sozialistischen Partei, aber auch der katholischen Italienischen Volkspartei, der *Partito Popolare Italiano* (PPI), nahestanden. Etwa 3 000 Menschen fielen zwischen 1919 und 1922 diesen bürgerkriegsartigen Zuständen zum Opfer. Die meisten von ihnen waren Sozialisten und militante Anhänger nichtfaschistischer Parteien. Scalarini selbst wurde ebenfalls Opfer des faschistischen Regimes: 1926 mit einem Berufsverbot belegt, musste er zudem zwangsweise auf einer Insel im Süden Italiens leben. Zu Beginn des Zweiten Weltkrieges wurde er in einem italienischen Konzentrationslager inhaftiert. Nach der Befreiung des Lagers erlebte er noch das Ende des Faschismus in Italien und starb 1948 im Mailand. *JF*

Mitgliedsausweis der
Partito Comunista d'Italia
Italien, 1925
Privatsammlung Luigi Martini,
Rom

Aufgrund von Richtungsstreitigkeiten
innerhalb der Sozialistischen Partei
Italiens beschloss 1920 eine an Sowjetrussland orientierte radikale Frak-
tion um Amadeo Bordiga, Antonio
Gramsci und Palmiro Togliatti die Gründung einer neuen Partei auf Grundlage
der Prinzipien der Kommunistischen
Internationale. Am 21. Januar 1921
gründete sich in Livorno die *Partito
Comunista d'Italia* (PCd'I), die ihrem
eigenen Anspruch nach als Speerspitze
der Revolution in Italien zu fungieren
gedachte. Nur vier Monate nach ihrer
Gründung erzielten die Kommunisten
bei den italienischen Parlamentswahlen einen ersten Erfolg: Mit über
300 000 Wählerstimmen und 4,6 Prozent konnte die PCd'I 15 Sitze in der
Abgeordnetenkammer gewinnen. Die
Inhaber dieser 1925 neu ausgegebenen
Ausweise konnten ihre Parteiarbeit
nicht mehr lange in der Legalität fort-
führen: Die PCd'I wurde 1926 vom faschistischen Regime verboten, agierte
aber im Untergrund weiter. *AS*

Die russischen Bolschewiki in Karikaturen – Serie von sechs antibolschewistischen Karikaturen

Militärischer Kommissar
Eine Dame vom Roten Kreuz
Propagandist
Rote Garde
Demonstranten
Kämpfer der Roten Armee

Italien, 1920
Civica Raccolta delle Stampe
«Achille Bertarelli» – Castello
Sforzesco – Milano, Mailand

Die sechs Zeichnungen umfassende Serie überzeichnet das «Feindbild Bolschewismus» in rassistischen Klischees. Der von kommunistischer Seite propagierte Internationalismus, der der Vorstellung eines Wiedererstarkens der italienischen Nation entgegenstand, sowie die mit ihm assoziierte Brutalität waren dabei die wirkmächtigsten Fak-

toren, die die Furcht vor dem Bolschewismus in Italien schürten. Das bolschewistische Sowjetrussland stand als Gefahr und Antipode im politischen Raum. Neben der Schwäche der Zentralregierung profitierte die Faschistische Partei bei ihrem Aufstieg auch von dieser Angst. So stilisierte der einstige Sozialist Benito Mussolini schon 1918

Sowjetrussland – und eben nicht die politische Linke Italiens – zum alleinigen Widersacher: «Dies ist keine Zeit für Engel, es ist eine Zeit für Teufel. Sie verlangt Grausamkeit, keine Demut [...]. Sie verlangt ein langes Schwert und eine Unmenge Feuer [...]. Entweder das – oder die Niederlage. Entweder das – oder Russland.» *JF*

Postkarte *Chi ha salvato l'Italia?*
Il facismo!!
(Wer hat Italien gerettet?
Der Faschismus!!)
Italien, 1922
Civica Raccolta delle Stampe
«Achille Bertarelli» – Castello
Sforzesco – Milano, Mailand

Die von Juni 1920 bis Juli 1921 amtie-
rende Regierung unter dem liberalen
Ministerpräsidenten Giovanni Giolitti
verhielt sich gegenüber den schweren
Unruhen des *Biennio rosso*, den Streiks
und gewalttätigen Auseinandersetzungen in Industrie und Landwirtschaft,
weitgehend teilnahmslos. Dies ermög-
lichte es den Faschisten, sich als die
einzige Kraft darzustellen, die in der
Lage sei, sich dem Kommunismus ent-
gegenzustellen. Benito Mussolini verstand es, sich gegenüber König Viktor
Emanuel III. und den konservativen
Machteliten, der Armee und der Büro-
kratie, als der einzig mögliche Retter
Italiens auszugeben. Nachdem er seine
gewaltsame Machtübernahme ange-
droht und gemeinsam mit seinen Anhängern den «Marsch auf Rom» inszeniert hatte, wurde er am 28. Oktober
1922 vom König zum Ministerpräsidenten ernannt. Damit nutzte die Faschistische Partei den herrschenden Anti-
kommunismus als Instrument für ihre
Zwecke. Sie stilisierte ihr Regime als
Rettung Italiens vor dem Kommunismus. *JF*

**Gedenkpostkarte mit dem Porträt
von Giacomo Matteotti (1885–1924)**
*«Uccidete me: ma l'idea che è in
me non la ucciderete mai»*
**(«Ermordet mich: Aber die Idee
in mir könnt ihr niemals töten»)**

Mailand, um 1924
Archivio Fondazione Anna Kuliscioff,
Mailand

Der Führer der reformerischen Sozialisten Giacomo Matteotti war der ent-
schiedenste Widersacher des faschistischen Ministerpräsidenten Benito
Mussolini. Angesichts der offensicht-
lichen Manipulation bei der Parlamentswahl im April 1924, bei der die
Faschistische Partei mehr als 60 Prozent der Stimmen erhalten hatte, focht
Matteotti die Gültigkeit der Wahl an.
In seiner Rede vor der Abgeordnetenkammer am 30. Mai 1924 wandte sich
Matteotti persönlich an Mussolini und
warnte ihn vor der «Tyrannei», die «zum
Tode der Nation» führe, und bezeichnete seine eigene Partei als Verteidige-
rin der «Souveränität des italienischen
Volkes». Wenige Tage später, am
10. Juni 1924, wurde Matteotti durch
Mitglieder der faschistischen Miliz ent-
führt und ermordet. Der politische
Mord an dem populären sozialistischen
Oppositionsführer löste eine innenpolitische Krise aus, die Mussolini gezielt
ausnutzte. Die folgende Einschränkung
der Pressefreiheit, die Unterdrückung
der Opposition und das Verbot anderer
Parteien markieren den Beginn der
Diktatur Mussolinis. *JF*

A. Sassu – Editore – Milano

*"Uccidete me: ma l'idea che è
in me non la ucciderete mai ,,*

Integration der Kommunisten in die parlamentarische Demokratie: Frankreich

Gemessen an den gewaltigen Umwälzungen, die der Erste Weltkrieg in vielen Staaten Europas ausgelöst hatte, schien das politische System in Frankreich nach 1918 unbeschädigt. Doch der Krieg hatte die französische Gesellschaft schwer erschüttert: Weite Teile des Landes waren verwüstet, rund 1,3 Millionen Soldaten und Zivilisten dem Krieg zum Opfer gefallen. Zudem war Frankreich hoch verschuldet.

Die mit dem Kriegsende aufkeimenden sozialen Konflikte führten zu einem Erstarken der Interessenvertretungen der Arbeiterschaft. Sowohl die Gewerkschaften als auch die 1905 gegründete sozialistische Partei *Section française de l'Internationale ouvrière* (SFIO) erhielten großen Zulauf. Aus der Enttäuschung über die trotz des siegreichen Kriegsausganges schwierige wirtschaftliche Situation resultierte bei vielen Parteimitgliedern 1919 eine Begeisterung für die revolutionären Bewegungen in Russland, Deutschland und Ungarn. Allerdings ging es den wenigsten um einen revolutionären Umsturz wie in Russland, man hoffte vielmehr auf eine «emanzipatorische Demokratie», die auf Distanz zum Parlamentarismus ging, aber die Errungenschaften der bürgerlichen Freiheitsrechte nicht aufgab.

Die Regierung unter Ministerpräsident Georges Clemenceau fand sich zu Reformen bereit und führte etwa im April 1919 den lange geforderten Achtstundentag ein. Darüber hinaus ließ die weitreichende Radikalisierung der Arbeiterbewegung die verschiedenen Fraktionen des bürgerlichen Lagers noch enger zusammenrücken: Aus der Parlamentswahl 1919 ging der *Bloc national* als Sieger hervor. Nationalismus und die Angst vor Bolschewismus und Revolution hatten zu einem Wahlsieg des Parteienbündnisses geführt. Die antibolschewistische Propaganda wirkte dabei systemstabilisierend und trug dazu bei, die politische Ordnung der Dritten Republik in einer Phase des Übergangs vom Krieg zum Frieden abzusichern. In den Folgejahren verschoben sich die Mehrheitsverhältnisse vom *Bloc national* hin zu einem Zusammenschluss verschiedener Parteien des linken Spektrums, dem *Cartel des gauches*, das 1924 die Parlamentswahlen mit knapper Mehrheit gewann.

Im Schatten dieses Machtkampfes zwischen bürgerlichem und sozialistischem Lager etablierte sich eine kommunistische Partei: die *Parti communiste français* (PCF). Mit ihrer Gründung 1920 vollzog sich ein Bruch innerhalb der französischen Arbeiterbewegung, dem 1921 die Spaltung der Gewerkschaftsbewegung folgte. Die Kommunistische Partei etablierte sich im Laufe des 20. Jahrhunderts als bedeutende Kraft im politischen System, ohne jedoch einen revolutionären Umsturz anzustreben. *JF*

Öffentlicher Aushang
«Que dirais-tu, si ...»
(Was würdest du sagen, wenn ...)
Guy Arnoux (1886–1951)
Paris, 1919
Bibliothèque de Documentation
Internationale Contemporaine (BDIC),
Nanterre

Auch wenn es in Frankreich nicht zu
ernst zu nehmenden Umsturzversu-
chen durch kommunistische Akteure
kam, instrumentalisierten konservative
Parteien die Vorstellung einer drohen-
den «kommunistischen Infizierung» für
ihre Zwecke. Das Plakat wurde für die
Union des grandes associations fran-
çaises contre la propagande ennemie
entworfen, einen noch während des
Ersten Weltkrieges im März 1917 gegründeten landesweiten Zusammenschluss von etwa 30 000 Vereinen
sowie Künstlern, Politikern und Intellektuellen mit rund zwölf Millionen
Mitgliedern. Das sehr unterschiedliche
gesellschaftliche Gruppen zusammen-
fassende Bündnis zielte darauf ab, die
französische Arbeiterschaft «zur Raison
zu rufen» und bemühte dazu das Motiv
eines die proletarische Moral zersetzenden Bolschewismus. Gerade die
Kommunisten seien es, so die Botschaft,
die sich mit ihren Aufrufen zu Streiks
gegen die Interessen der Arbeiterschaft
stellen würden. Dabei wurde der Streik
mit dem drastischen Bild des Hunger-
todes konnotiert, wohingegen nur
Pflichterfüllung und harte Arbeit die
wirtschaftliche Krise nach dem Ersten
Weltkrieg überwinden könnten.
Das Plakat spiegelt den Geist seiner
Zeit: Konservative und bürgerliche Parteien schlossen sich – mit Ausnahme
der extremen Rechten – für die Parlamentswahlen 1919 zum *Bloc National*
zusammen, dessen beherrschendes
Wahlkampfthema die Gefahr des
Bolschewismus war. *JF*

**Parteitag der *Section française
de l'Internationale ouvrière* (SFIO)
in Tours**
Tours, 25.–30. Dezember 1920
Mémoires d'Humanité / Archives
départementales de la Seine-Saint-
Denis, Bobigny

Der Bruch war vollzogen: Auf dem
Parteitag der sozialistischen *Section
française de l'Internationale ouvrière*
(SFIO) in Tours im Dezember 1920 gaben
3 247 Mitglieder ihre Stimme für den
Anschluss an die 1919 gegründete
Kommunistische Internationale ab.
Die Gegner der Unterordnung unter
eine bolschewistische Führung kamen
lediglich auf 1 398 Stimmen. Die SFIO
spaltete sich anschließend in zwei unabhängige Parteien auf: Die Mehrheit
ihrer Mitglieder firmierte fortan als
*Section française de l'Internationale
communiste* (SFIC), als Französische

Sektion der Kommunistischen Internationale. Zwei Jahre später wurde
daraus die *Parti communiste français*
(PCF). Erst in den 1980er Jahren sollte
es den französischen Sozialisten unter
der Führung von François Mitterrand
wieder gelingen, zu einer wirklichen
Volkspartei zu werden. Bis dahin blieb
die PCF die wichtigste parlamentari-
sche Kraft der französischen Linken. *JF*

Plakat *Aux Colonies les Communistes travaillent à poignarder la France* (In den Kolonien arbeiten die Kommunisten daran, Frankreich den Dolchstoß zu versetzen)

André Galland (1886–1965)
Paris, 1928
Deutsches Historisches Museum,
Berlin

Mitte der 1920er Jahre wurden in Europa jene Stimmen lauter, die aus unterschiedlicher Motivation heraus ein Ende des Kolonialismus forderten. Insbesondere die kommunistischen Parteien und ihr nahestehende Organisationen entfalteten zielgerichtete Aktivitäten, um die kolonisierten Bevölkerungen zum Unabhängigkeitskampf zu motivieren – und möglichst zur Gründung von Staaten nach sowjetischem Vorbild. Das vom konservativen *Centre de propagande des républicains nationaux* herausgegebene Plakat wollte die französische Bevölke-rung vor dem kommunistischen Wirken warnen und allein schon durch die düstere Farbgebung emotional ansprechen: Ein Kommunist steckt einem Nordafrikaner einen Dolch zu, damit dieser den durch den Schatten angedeuteten Franzosen heimtückisch ermorden kann. Ein Ende des französischen Kolonialreiches, so die Aussage des Plakates, sei gleichbedeutend mit dem Ende von Wirtschaftskraft und Wohlstand und dem Beginn einer düsteren Zukunft für Frankreich. *AS*

Plakat mit antikommunistischer Propaganda
Derrière le brave travailleur trompé par les communistes, il y a ceux qui attendent le «Grand Soir» pour piller, incendier, tuer.

(Hinter dem anständigen Arbeiter, getäuscht von den Kommunisten, stehen jene, die nur auf den «Grand Soir» warten, um zu plündern, zu brandschatzen, zu töten.)
André Galland (1886–1965)
Paris, 1928
Deutsches Historisches Museum, Berlin

Die Hände ausgebreitet, den Blick zur Sonne gerichtet, auf der Hammer und Sichel prangen: Mit heroischer Geste empfängt ein Arbeiter den Segen der bolschewistischen Doktrin, während hinter ihm eine marodierende, brand-schatzende, mordende Menschen-menge tobt.

Das Plakat wurde vom 1926 gegründe-ten konservativen *Centre de propa-gande des républicains nationaux* pub-liziert. Die Herausgeber verfolgten damit eine doppelte Intention. Einer-seits sollte unter den bürgerlichen Schichten die Furcht vor dem *Grand Soir*, einer proletarischen Revolution nach dem Vorbild der Oktoberrevolu-tion, geschürt werden. Andererseits sollte der Bolschewismus und die Idee der Kommunistischen Internationale gerade unter der französischen Arbei-terschaft diskreditiert werden. Der sich aus den so evozierten Ängsten spei-sende Antibolschewismus wurde zu einem Mittel der Integration, das die Anhänger der politischen Mitte und der Rechten einen und das bestehende politische System stärken sollte. *JF*

Derrière le brave travailleur trompé par les communistes, il y a ceux qui attendent le "Grand Soir" pour piller, incendier, tuer.

Die gefestigte Demokratie: Großbritannien

Als Siegermacht des Ersten Weltkrieges erlebte Großbritannien nach 1918 keine Legitimationskrise des parlamentarischen Systems, keine offen ausgefochtenen Konflikte extremer politischer Lager, zu keinem Moment lag eine Revolution in der Luft. Trotzdem waren die Erschütterungen des Krieges auch auf den Britischen Inseln groß und trafen die Gesellschaft hart. Nach der gemeinsamen nationalen Anstrengung der Kriegsjahre war in der britischen Gesellschaft die Auffassung verbreitet, dass auch die sozialen Lasten der Nachkriegszeit gerecht verteilt werden sollten. So kam es zu sozialen Reformen, die eine zunehmende Verelendung der Arbeiter in den einstigen Industrialisierungszentren im Norden und Westen des Landes dennoch nicht aufhalten konnten.

Mit diesen Entwicklungen war ein Wandel des britischen Parteienspektrums verknüpft: Vor dem Ersten Weltkrieg dominierten die Liberalen und die Konservativen die Politik und wechselten einander regelmäßig in der Regierungsverantwortung ab. Die fortschreitende Demokratisierung des Wahlrechts, das auch ein eingeschränktes Frauenwahlrecht einschloss, begünstigte die 1900 gegründete Arbeiterpartei *Labour Party* gegenüber der *Liberal Party*. 1924 stellte sie mit Ramsay MacDonald erstmalig den Premierminister. Fortan war es die *Labour Party*, die mit der *Conservative Party* um den Regierungsauftrag konkurrierte. Die 1920 gegründete *Communist Party of Great Britain* (CPGB) blieb hingegen weitgehend einflusslos, war es doch der *Labour Party* gelungen, eine integrierende demokratische Kraft auf nationaler Ebene zu werden, die linke Positionen in das politische System zu integrieren vermochte. *Labour* verstand sich als sozialdemokratische Partei und lehnte eine «proletarische Revolution» ebenso ab wie einen offen ausgetragenen Klassenkampf. Die CPGB strebte ihrerseits allerdings Bündnisse mit der *Labour Party* an, wurde von dieser aber immer wieder zurückgewiesen. 1924 kam es zu einem formalen Unvereinbarkeitsbeschluss durch die *Labour Party*.

Diese blieb die einzige politische Vertretung der Arbeiterschaft mit einer breiten Basis. Dennoch wurde die antikommunistische Propaganda der konservativen Presse und Parteien Großbritanniens auch auf die *Labour Party* übertragen: Die Angst vor dem Bolschewismus – die *Red Scare* – wurde gezielt mit der *Labour Party* und ihren Akteuren verknüpft, stellte diese doch, im Gegensatz zu den britischen Kommunisten, eine tatsächliche Gefahr für das konservative Establishment dar. *JF*

*British Labour Delegation among
the Russian Soldiers*
(Delegation der britischen *Labour
Party* inmitten russischer Soldaten)
Sowjetrussland, 1917
People's History Museum,
Manchester

Die offizielle Reaktion der britischen
Regierung auf die Februarrevolution
1917 beinhaltete einen verhaltenen
Willkommensgruß an die Revolutionäre, vor allem aber freundliche Worte
für den Zaren, «unseren treuen Verbündeten». Von Teilen der britischen
Öffentlichkeit wurde die Februarrevolution hingegen gefeiert und Russland
zur Demokratie gratuliert. Der Systemwechsel in Russland und insbesondere
der Sturz des Zaren führten in weiten
Teilen Großbritanniens dazu, dass ein
Land, das bis dato in vielerlei Hinsicht
als rückständig angesehen worden war,

nun als Modell für die Entwicklung der
eigenen Gesellschaft wahrgenommen
wurde. Besonders die Sozialisten verbanden mit der Revolution auch die
Hoffnung, dass die Akzeptanz der britischen Beteiligung am Ersten Weltkrieg
sinken würde.

Noch 1917 reiste eine Delegation der
Labour Party nach Russland, darunter
Arthur Henderson (Bildmitte, mit Hut),
der später Vorsitzender der Partei werden sollte. **JF**

Sowjetrussisches Plakat gegen die Weiße Armee *АНТАНТА* (Entente)
Wiktor Deni (1893–1946)
Sowjetrussland, 1919
Deutsches Historisches Museum,
Berlin

Großbritannien gehörte neben Frankreich, den USA und Japan zu den Staaten, die ab 1918 im russischen Bürgerkrieg die gegenrevolutionären Truppen, die Weiße Armee, unterstützten. Die Propaganda der Bolschewiki machte folglich ihre Feinde während des Bürgerkrieges sowohl bei den Generälen der Weißen Armee als auch bei den ausländischen, «bürgerlich-kapitalistischen» Nationen aus. Das Plakat karikiert die Generäle der Weißen Armee – Anton I. Denikin, Alexander W. Koltschak und Nikolai N. Judenitsch – als Kettenhunde, gehalten an der kurzen Leine der drei zur Entente gehörenden Staaten. Damit werden die Kommandeure der Weißen Armee als Marionetten Großbritanniens, Frankreichs und der USA lächerlich gemacht, die zwar geifernd bellen, letztlich aber nur harmlose «Schoßhunde» ohne eigene Durchsetzungskraft der Entente-Staaten sind. Großbritannien, während des Ersten Weltkrieges mit Frankreich und Russland zur *Triple Entente* verbündet, lieferte vor allem Kriegsgerät an die Einheiten der «Weißen». Am 17. November 1919 verkündete der liberale Premierminister David Lloyd George, dass seine Regierung den Versuch aufgegeben habe, das bolschewistische Regime mit militärischer Gewalt zu beenden. Der Grund dafür lag in der enormen Summe in Höhe von mehr als 100 Millionen Pfund, die Großbritannien dafür aufgewendet hatte.
JF

АНТАНТА

ПО ПОЯС УТОПАЯ В КРОВИ,
АНТАНТЫ ЗЛОБНАЯ ОРДА
ГЛЯДИТ, НАСУПИВ МРАЧНО БРОВИ,
НА ЗЕМЛЮ ВОЛЬНОГО ТРУДА.

ТАИТ АНТАНТА МЫСЛИ ЗЛЫЕ,
МЕЧТАЯ ЗЛОБНО ПО ЧАСАМ
ОТДАТЬ СОВЕТСКУЮ РОССИЮ
НА РАСТЕРЗАНЬЕ ХИЩНЫМ ПСАМ.

В УГОДУ РАЗЖИРЕВШЕЙ КЛИКЕ,
СВОБОДЫ РАСТОПТАВШЕЙ ФЛАГ,
РЫЧАТ ЮДЕНИЧ И ДЕНИКИН,
РЫЧИТ ГОЛОДНЫЙ ПЕС КОЛЧАК.

И ЗАПАХ ЗОЛОТА ПОЧУЯ,
ПО ВЕТРУ НАВОСТРИВ НОСЫ,
В ЗАЩИТУ МИРОВЫХ БУРЖУЕВ
ОСТЕРВЕНЕЛО ЛЕЗУТ ПСЫ.

НО МОЩНАЯ РУКА РАБОЧИХ,
ПОДНЯВ ВЫСОКО КРАСНЫЙ СТЯГ,
КАК СОР ОТБРАСЫВАЕТ ПРОЧЬ ИХ,
СКРЕПЛЯЯ БОЕМ КАЖДЫЙ ШАГ.

ТРЕЩАТ ПО ШВАМ АНТАНТЫ ПЛАНЫ
БОРЬБА ЧТО ДЕНЬ, ТО ГОРЯЧЕЙ;
ПУСТЕЮТ БЕЗ ТОЛКУ КАРМАНЫ
ГОСПОД СОЮЗНЫХ БОГАЧЕЙ.

НА ПСОВ НАДЕЖЫ ОЧЕНЬ МАЛО,
ПОБЕДЫ ПУТЬ НЕ ТАК УЖ ПРОСТ:-
КОЛЧАК РАСШИБСЯ БЛИЗ УРАЛА,
БЕДНЯГЕ ОТДАВИЛИ ХВОСТ.

ПОДШИБЛИ ГЛАЗ, ПОМЯЛИ ЛАПЫ:
СКУЛИТ ОБЛЕЗЛЫЙ ПЕС КОЛЧАК;
ГЛЯДЯТ СОЮЗНЫЕ САТРАПЫ -
НА КРАСНЫЙ ЗАПОВЕДНЫЙ ФЛАГ.

И С ГРУДОЙ РЕНТ И ОБЛИГАЦИЙ,
РЕШАЯ ВСЕ ДЕЛА ВТРОЕМ,
СИДИТ УНЫЛО „ЛИГА НАЦИЙ"
В СОБАЧЬЕМ ОБЩЕСТВЕ СВОЕМ.

№ 42

Demonstration der Kampagne
Hands off Russia
(Hände weg von Russland)
Großbritannien, 1919
People's History Museum,
Manchester

In der Arbeiterbewegung Großbritanniens regte sich bald Widerstand gegen die britische Intervention im russischen Bürgerkrieg: Im Januar 1919 riefen die Sozialisten die Kampagne *Hands off Russia* ins Leben. Sie betrachteten die Beteiligung Großbritanniens im Kampf gegen die Bolschewiki auch als einen Angriff auf die eigene proletarische Identität. Bei Protestmärschen trugen die Demonstranten Plakate mit der Aufschrift «Workers will not fight Russia». Das *National Hands off Russia Committee* forderte allerdings nicht nur den Rückzug der britischen Truppen und eine Aussetzung der Lieferungen von Versorgungsgütern an die Generäle der Weißen Armee, Anton I. Denikin und Alexander W. Koltschak, sondern ebenso die Aufnahme vollwertiger diplomatischer Beziehungen mit der Sowjetregierung. Finanziert wurde die Kampagne der britischen Sozialisten auch durch Gelder der russischen Bolschewiki. Es waren unter anderem Mitglieder der Kampagne *Hands off Russia*, die 1920 die *Communist Party of Great Britain* (CPGB) gründeten. *JF*

Gründungsversammlung der
Communist Party of Great Britain
London, 31. Juli 1920
People's History Museum,
Manchester

Rund 160 Delegierte verschiedener sozialistischer Organisationen gründeten
auf einem gemeinsamen Treffen am
31. Juli und 1. August 1920 die *Communist Party of Great Britain* (CPGB). Für
die Kommunistische Internationale war
die Gründung der Partei im «Herzen des
Kapitalismus» von hoher strategischer
Bedeutung. Das industrialisierte Großbritannien mit seiner enorm großen
und klassenbewussten Arbeiterschaft
galt als zentraler Baustein auf dem Weg
zur angestrebten «Weltrevolution».
Tatsächlich schienen die gesellschaftlichen und politischen Voraussetzungen
für eine erfolgreiche Zukunft der CPGB
in Großbritannien günstig zu sein, wo
soziale Konflikte und Arbeitskämpfe
den Alltag von Millionen Menschen bestimmten. Viele Mitglieder der CPGB
waren streikerfahrene Gewerkschafter,
die das Handwerk der politischen Agitation von Grund auf gelernt hatten.
Obwohl die Partei 1922 über kaum
3 000 Mitglieder verfügte, wurde sie als
ernst zu nehmende Organisation links
der *Labour Party* und als eine Gefahr für
das politische System wahrgenommen:
In den 1920er Jahren setzte der Staat
erhebliche Mittel ein, die CPGB geheim-
dienstlich zu durchdringen und ihre
Funktionäre zu überwachen. *AS*

Plakat *Use Your Head!*
(Benutze deinen Kopf!)
Großbritannien, 1923
People's History Museum,
Manchester

Nach dem Ende des Ersten Weltkrieges etablierte sich die 1900 gegründete und sich betont klassenbewusst gebende *Labour Party* neben Konservativen und Liberalen als dritte schlagkräftige politische Kraft in Großbritannien. In dem von harten Arbeitskämpfen erschütterten Land rekrutierte sie ihre Mitglieder und Anhänger vor allem aus der Arbeiterschaft und dem Handwerk. Revolutionären Ideen stand die Parteiführung ablehnend gegenüber. Sie grenzte sich damit deutlich von der 1920 gegründeten *Communist Party of Great Britain* ab, in der die *Labour Party* Anfang der 1920er Jahre zunächst eine ernsthafte Konkurrenz im linken politischen Spektrum sah. Für die Werbung zur Unterhauswahl am 6. Dezember 1923 nutzten die Parteistrategen mit diesem Plakat die Popularität des vor allem in der Arbeiterschaft beliebten britischen Volkssports Fußball: Der Wähler solle das etablierte «eigene Team» unterstützen – und nicht in das «Fanlager» des Gegners wechseln. Während die Kommunisten nur 0,2 Prozent der Stimmen erhielten, war die Wahl für die Labour Party mit 30,7 Prozent ein großer Erfolg: Mit Ramsay MacDonald stellte sie ab Januar 1924 mit Unterstützung der Liberalen erstmals den Premierminister. *AS*

**Ramsay MacDonald (1866–1937),
links, nach der Beauftragung zur Regierungsbildung durch König Georg V.**
London, 1924
akg-images, Berlin

Im Januar 1924 wurde Ramsay MacDonald Premierminister und stand damit
der ersten Regierung Großbritanniens
vor, die von der *Labour Party* geführt
wurde. Gleich zu Beginn seiner Amts-
zeit trat er für die diplomatische Anerkennung der Sowjetunion ein. Daraufhin setzte eine antikommunistische
Kampagne der *Conservative Party* und
der ihr nahestehenden Presse ein, die
insbesondere MacDonald als Handlanger Moskaus diffamierte. In weniger als
einem Jahr wurde die *Labour*-Regie-
rung mit zahlreichen Angriffen, Ver-
leumdungen sowie gezielten Falsch-
meldungen konfrontiert. Höhepunkt
dieser Kampagne war der «Sinow-
jew-Brief», ein gefälschtes Schreiben,
das wenige Tage vor den Unterhaus-

wahlen ohne Wissen des Premierminis-
ters vom britischen Außenministerium
veröffentlicht wurde. Darin rief angeblich Grigori J. Sinowjew, Vorsitzender
der *Komintern* und Mitglied des Polit-
büros der Kommunistischen Partei der
Sowjetunion, die britischen Kommunisten zur Revolution in Heer und Marine
auf. Das Auftauchen des Briefes setzte
MacDonald unter Druck, zumal er und
seine Partei ihre Distanz zum Kommunismus nicht entschieden genug vermitteln konnten. Infolgedessen verlor
MacDonald die Wahlen im Herbst 1924.
JF

Karikatur *The Shadow Show.*
(Das Schattenspiel.)
David Low (1891–1963)
London, 2. Oktober 1924

«Ein Gespenst geht um in Europa – das Gespenst des Kommunismus» – mit diesem Satz beginnt das 1848 in London erschienene *Manifest der Kommunistischen Partei* von Karl Marx und Friedrich Engels. Das Gespenst etablierte sich in Großbritannien auch als bildliche Metapher, um die Furcht vor kommunistischen Einflüssen zu visualisieren. Der Karikaturist David Low machte sich über ebendiese Angst vor dem Kommunismus lustig: In seiner 1924 in der Londoner Abendzeitung *The Star* erschienenen Karikatur stellt er sie als eine überzogene Furcht dar, indem er den projizierten Schatten übergroß, das «Schreckgespenst» aber sehr klein zeichnete. Die in Großbritannien wie auch in den USA als *Red Scare* bezeichnete Angst vor dem Bolschewismus war, auch darauf verweist die Karikatur, zudem ein mediales Phänomen. Die antibolschewistische Rhetorik der konservativen Presse richtete sich dabei immer auch gegen die *Labour Party*. Sie nutzte «das Schreckgespenst des Bolschewismus» und machte sich die in der britischen Gesellschaft existierenden Ängste zunutze: die der Mittelschicht vor der Abschaffung des Privateigentums, die der Arbeiterschaft vor einer steigenden Arbeitslosigkeit und die vieler Frauen vor einem Bedeutungsverlust des traditionellen Familienlebens. *JF*

The Shadow Show.

Rundbrief
The Man in the Street der *Conservative Party: Latest Novelty. A New Russian Toy: Can perform loans and treaties by mere pressure.* (Letzte Neuigkeit. Ein neues russisches Spielzeug:

Es kann Darlehen und Verträge auf bloßen Druck vornehmen.)
London, Januar 1925

Obschon Ramsay MacDonald im Januar 1925 nicht mehr Premierminister Großbritanniens war, blieben er und die *Labour Party* eine Zielscheibe der konservativen Presse. Der konservative Politiker Lord Birkenhead bezeichnete die *Labour Party* in einem Editorial der *Daily Mail* als «Our Kerenskys» in Anspielung auf den russischen Politiker Alexander F. Kerenski, der zwischen der Februar- und der Oktoberrevolution 1917 zeitweise der demokratischen Regierung vorstand.

Die in *The Man in the Street*, einem Rundbrief der *Conservative Party*, veröffentlichte Karikatur stellt den *Labour*-Politiker als Spielzeug der Sowjetunion dar: ein träger Ramsay MacDonald, eine willfährige Marionette sowjetischer Interessen in den Händen einer mit antibolschewistischen wie antisemitischen Stereotypen versehenen Figur. In dieser Darstellung ist ein Grundmotiv verankert, das bis weit in die Nachkriegsmoderne hinein ein beliebtes Motiv konservativer Kräfte bleiben sollte: Kommunistische, sozialistische wie auch sozialdemokratische Parteien Europas sahen sich bis 1989 immer wieder dem polemischen Vorwurf ausgesetzt, unter dem Einfluss der Sowjetunion zu agieren. *JF*

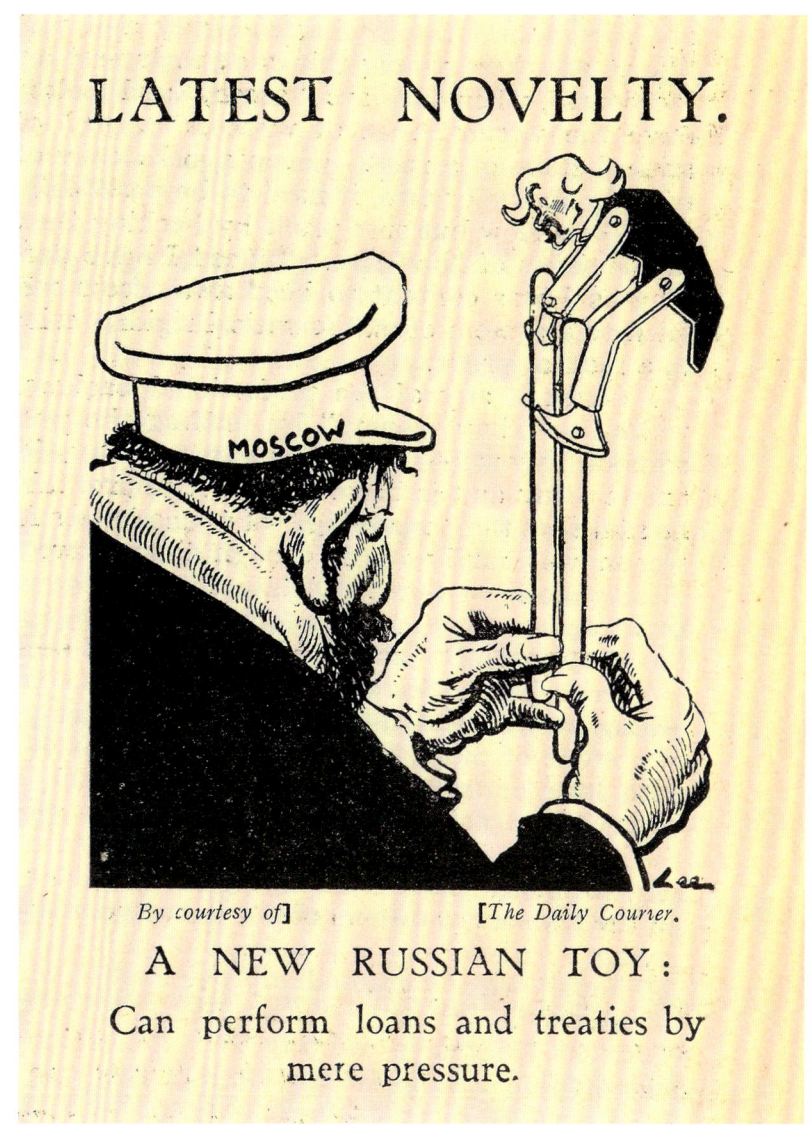

LATEST NOVELTY.

MOSCOW

By courtesy of]   [The Daily Courier.

A NEW RUSSIAN TOY:
Can perform loans and treaties by mere pressure.

«Ich werde alles oder fast alles verstehen, vergessen und verzeihen können, wenn es ein wirkliches, aufrichtiges Bestreben nach Russlands Wiedergeburt gibt, aber niemals werde ich vergessen, dass während der Zeit unseres russischen Unglücks ein großer, sehr großer

Schriftsteller, Remisow, der an Magen-
geschwüren leidet, täglich ein Achtel
Strohbrot bekam, während der Diktator
Lenin sich in den Smolny gewiss alles
Beliebige bestellen konnte.
[...] ich bleibe dabei: In dieser Zeit wurde
der Mensch wie ein Schwein gehalten.»*

Michail M. Prischwin, 30. März 1918

* Der Schriftsteller Alexej M. Remisow (1877–1957) emigrierte
1921 nach Berlin, 1923 übersiedelte er nach Paris.

Zuflucht in Europa

Mit der Februarrevolution, der Abdankung des Zaren und dem Herrschaftsantritt der Bolschewiki im Oktober 1917 sahen sich zahlreiche gesellschaftliche Gruppen Verfolgung, Enteignung und Repressionen ausgesetzt. Der anschließende Bürgerkrieg und die Gründung der Sowjetunion 1922 verschärften die Situation noch einmal. Eine unmittelbare Folge dieser Entwicklungen war die Emigration aus Russland: Weit mehr als eine Million Menschen – einigen Schätzungen zufolge sogar bis zu zwei Millionen – gingen ins Exil.

Die Emigranten entstammten den unterschiedlichsten Milieus und Schichten der russischen Gesellschaft: So verließen Angehörige des Adels und des Militärs, Mitglieder politischer Parteien wie der Menschewiki oder der Sozialrevolutionäre, Intellektuelle, Künstler, aber auch Unternehmer fluchtartig das Land. Darüber hinaus waren auch Angehörige religiöser Glaubensgemeinschaften lebensbedrohlicher Verfolgung ausgesetzt: Führende Persönlichkeiten der Russisch-Orthodoxen Kirche und Angehörige des jüdischen Glaubens gehörten deshalb ebenfalls zu den Emigranten.

Infolge des Ersten Weltkrieges waren um 1920 insgesamt bis zu 9,5 Millionen Menschen auf der Flucht, unter ihnen auch die große Gruppe der aus Russland Geflüchteten. Auf einen Erlass Wladimir I. Lenins hin war allen russischen Emigranten die Staatsbürgerschaft entzogen worden. Die hohe Zahl an Flüchtlingen stellte Europa vor große Herausforderungen. Aufgrund ihres unsicheren Status setzte sich der norwegische Diplomat Fridtjof Nansen als Hochkommissar für Flüchtlingsfragen des Völkerbundes für ein international gültiges Reise- und Ausweisdokument für die nun Staatenlosen ein. Am 5. Juli 1922 beschloss der Völkerbund in Genf, einen Ausweis einzuführen, der zunächst nur für russische Flüchtlinge galt: den «Nansen-Pass».

Die Emigranten ließen sich vorzugsweise dort nieder, wo es bereits eine russische Diaspora gab. In Europa wurden so etwa Berlin, Paris, Warschau und Prag, außerhalb Europas das chinesische Harbin oder New York zu Zentren der russischen Emigration. Andere Emigranten wie die ehemaligen Mitglieder der zaristischen Armee lebten noch monatelang unter provisorischen Bedingungen auf der türkischen Halbinsel Gallipoli, in der Hoffnung, nach einer Beseitigung der kommunistischen Herrschaft wieder nach Russland zurückkehren zu können.

Wenngleich die russischen Exilanten zumeist in homogenen Gemeinden zusammenlebten, so kam es vor allem in Metropolen wie Berlin und Paris insbesondere in der Kunst-, Theater- und Literaturavantgarde zur kreativen Zusammenarbeit mit Kulturschaffenden vor Ort. *JF*

Brief von Wladimir I. Lenin an Josef W. Stalin über die Notwendigkeit der Ausweisung von Angehörigen der *Intelligenzija*

vermutlich Moskau, 16. Juli 1922

Russisches Staatsarchiv für sozial-politische Geschichte, Moskau

Die Revolution duldete keinen Widerspruch – schon gar keinen intellektuellen. So wurden ab 1921 systemkritische Intellektuelle und Professoren systematisch exiliert. «Fort aus Russland mit ihnen allen […] und ab die Post meine Herren», schrieb Lenin. Dass fast alle Parteigrößen, darunter Leo Trotzki und Stalin, in diese Säuberung des russischen Universitäts- und Geistesleben involviert waren, zeugt von der Bedeutung, die diesem Thema beigemessen wurde. Im Herbst 1922 erreichte die Abschiebewelle ihren Höhepunkt. Mindestens fünf «Philosophenschiffe» – so ihre spätere Bezeichnung – brachten 224 Wissenschaftler und Intellektuelle mitsamt ihren Familien auf dem Seeweg außer Landes. Zu den Schiffen gehörten auch die beiden deutschen Ostseedampfer *Preußen* und *Oberbürgermeister Haken*, die Petrograd im September bzw. November 1922 gen Stettin verließen. Eine Rückkehr aus der lebenslänglichen Verbannung hätte für alle Expatriierten laut dem neuen, am 1. Juni 1922 in Kraft getretenen Strafgesetzbuch die sofortige Hinrichtung bedeutet. *JF*

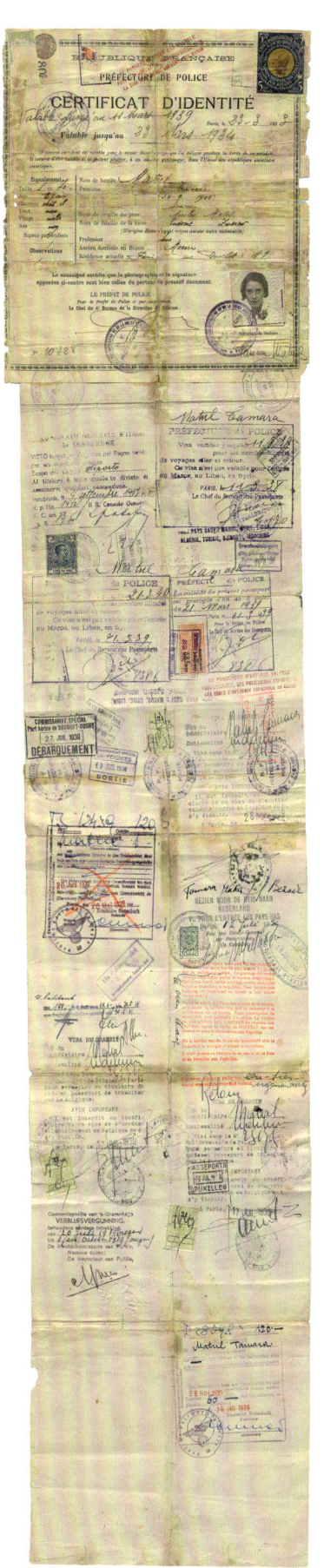

Nansen-Pass von Tamara Matul
Paris, 23. März 1933

Tamara Matul (1905–1965)
mit Marlene Dietrich und
Rudolf Sieber in Hollywood
Hollywood, um 1934
Deutsche Kinemathek – Marlene
Dietrich Collection Berlin

Nach der Gründung der Sowjetunion 1922 wurden alle Personen, die das Land zuvor verlassen hatten, formal zu Staatenlosen. Auf Initiative des prominenten norwegischen Polarforschers und damaligen Hochkommissars für Flüchtlingsfragen des Völkerbundes, Fridtjof Nansen, wurde deshalb 1922 der sogenannte Nansen-Pass als internationales Reise- und Ausweisdokument eingeführt. Ziel war es, Menschen ohne Staatsangehörigkeit ein Mindestmaß an Schutz und Freizügigkeit zu gewähren. Der jährlich zu erneuernde Pass, der zunächst nur für Flüchtlinge aus dem Russischen Reich galt, gestattete zwar keinen dauerhaften Aufenthalt, aber die Wiedereinreise in das ausstellende Land.

Die 1905 in Moskau geborene Tamara Matul kam vor 1920 mit ihren Eltern und ihrem Bruder Sergej nach Berlin. Die Familie lebte in der Nachodstraße 26 in Wilmersdorf. Matul arbeitete später als Komparsin beim Film. Dort lernte sie Rudolf Sieber, den Ehemann Marlene Dietrichs, kennen und wurde seine Lebensgefährtin. Fortan reiste sie mit der Familie Sieber/Dietrich – mit ihrem Nansen-Pass –, so auch in die USA. Matul starb 1965 im kalifornischen Camarillo. *JF*

**Bitte des Arbeiterfürsorgeamtes
der jüdischen Organisationen
Deutschlands an die Presseabteilung
des Auswärtigen Amtes um
eine Aufenthaltserlaubnis für
Pinchas Kahanowitsch (1884–1950)**

Berlin, 12. Januar 1922
Auswärtiges Amt – Politisches Archiv,
Berlin

In nahezu allen Staaten Europas zielte
die antibolschewistische Propaganda
auf eine Verknüpfung von Bolschewismus und Judentum ab. Das Schreiben
des Arbeiterfürsorgeamtes der jüdischen Organisationen Deutschlands
belegt indes, dass gerade auch Menschen jüdischen Glaubens Opfer
bolschewistischer Gewalt wurden.
Der Generalsekretär des Berliner Hilfs-
vereins bittet darin um die Ausstellung
einer Aufenthaltserlaubnis für den
russisch-jüdischen Schriftsteller
Pinchas Kahanowitsch. Dieser sei aufgrund «ausserordentlicher Leiden und
Schwierigkeiten aus dem bolschewistischen Russland» emigriert. Der in
Berdytschiw geborene Kahanowitsch
stammte aus einer Region der heutigen
Ukraine, in der es zu besonders vielen
Pogromen an der jüdischen Bevölkerung kam. Hierbei starben Schätzungen
zufolge mehr als 100 000 Menschen,
mehr als 500 000 verloren ihre Heimat.

Die Bemühungen um die Erlangung
eines geduldeten Aufenthaltsstatus im
Exil prägten den Alltag der meisten
russischen Migranten. Denn ihr recht-
licher Status blieb ein prekärer, auch
wenn sie schon mehrere Jahre in Berlin
lebten. *JF*

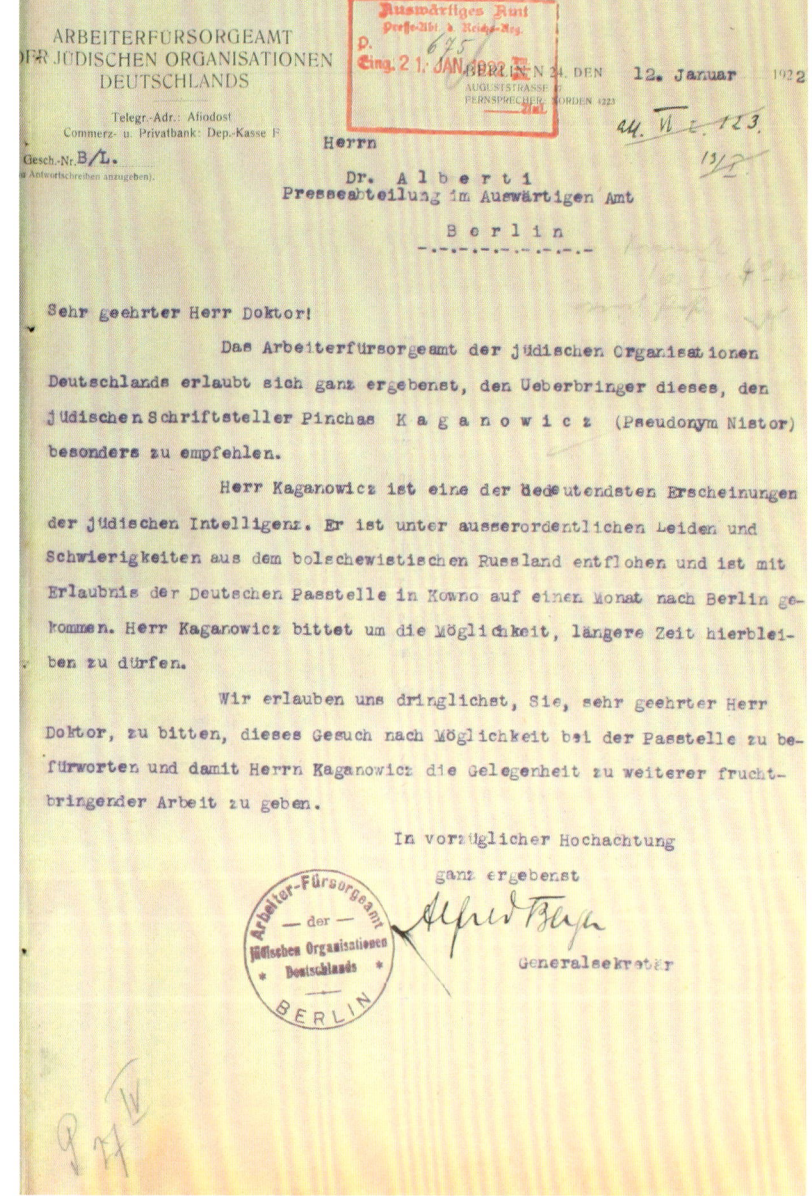

Stilleben mit Säge und Palette

Iwan A. Puni (1892–1956)
Berlin, 1923
Öl auf Leinwand
Berlinische Galerie, Landesmuseum
für Moderne Kunst, Fotografie
und Architektur, Berlin

Zu Beginn des 20. Jahrhunderts standen Politik und Kunst vor erstaunlich
ähnlichen Aufgaben. Beide wollten sich
selbst – und damit auch die Welt – er-
neuern. Seit etwa 1920 sahen sich
Künstlerinnen und Künstler in Sowjetrussland einer zunehmenden Regle-
mentierung des Kunstbetriebs ausgesetzt. Eine Reise nach Berlin oder ein
etwas längerer Aufenthalt boten hier
einen Ausweg. Als kulturell und indus-
triell hochentwickeltes Land genoss
Deutschland ein hohes Ansehen unter
den russischen Avantgardisten.

Der russische Maler Iwan A. Puni war
1920 nach Berlin gekommen. Während
seiner Zeit in Berlin wandte er sich dem
Kubismus zu und verließ mehr und
mehr die gegenständliche Malerei zugunsten geometrischer Formen. Doch
Deutschland sollte nicht sein letzter
Aufenthaltsort sein: 1924 zog es Puni
weiter nach Paris. Spätestens mit der
Machtübernahme der Nationalsozialisten 1933 entwickelte sich die französische Hauptstadt zum Fluchtort für
russische Emigranten. **JF**

Monument für einen Flughafen
Naum Gabo (1890–1977)
Berlin, 1924/1926;
wieder zusammengesetzt 1985
Berlinische Galerie, Landesmuseum
für Moderne Kunst, Fotografie
und Architektur, Berlin

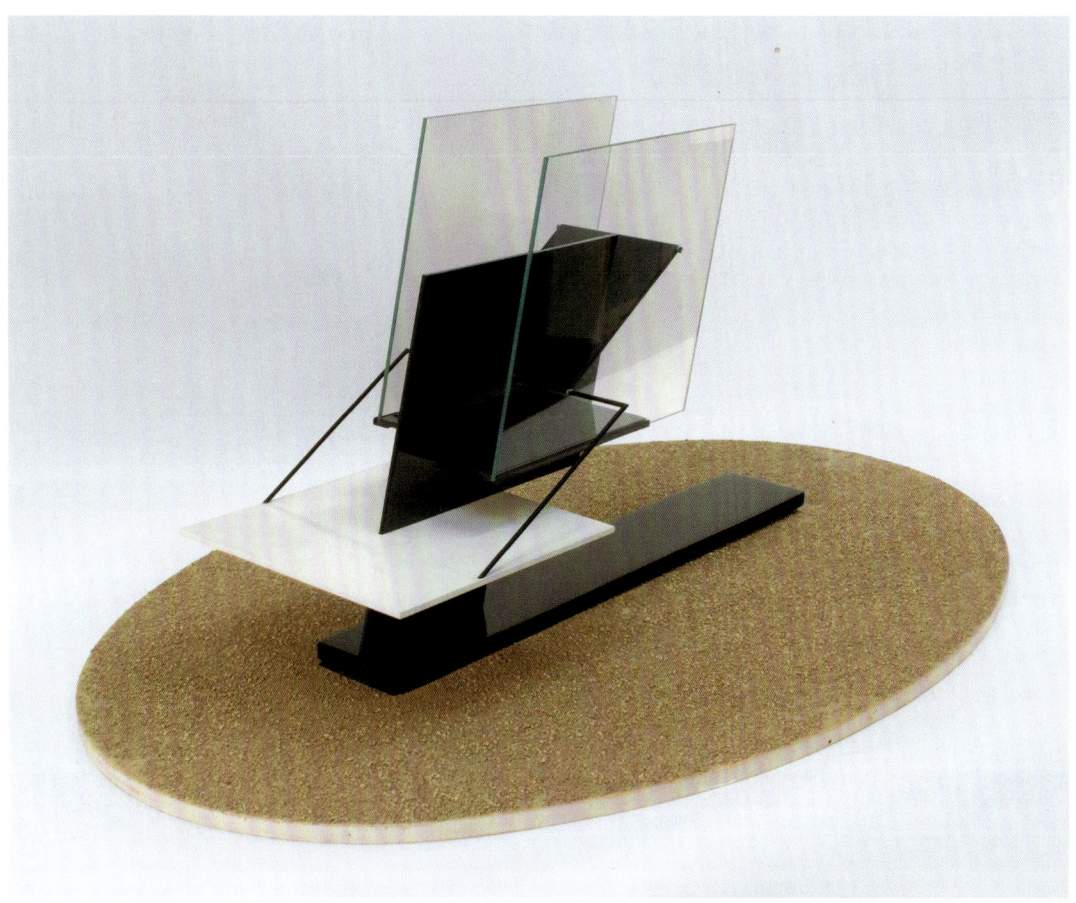

Der Künstler Naum Gabo kam 1922 nach Berlin. In Sowjetrussland hatte er im August 1920 gemeinsam mit seinem Bruder Antoine Pevsner das *Realistische Manifest* verfasst. Darin formulierten sie eine radikal neue Auffassung der Bildhauerei. So verkörpert auch das *Monument für einen Flughafen* die Idee, Volumen nicht durch Masse, sondern durch Flächen und Linien herzustellen. Ihr Manifest war eine Antwort auf die von offizieller Seite immer stärker werdende Forderung nach einer «nützlichen» und «volkstümlichen» Kunst. Gabo hingegen war der Ansicht, dass gerade die abstrakte Kunst universalis-tisch sei und weder auf bestehende Traditionen zurückgreifen noch auf nationale Besonderheiten Wert legen solle. Er nutzte daher 1922 die Gelegenheit, mit der Delegation der Ersten Russischen Kunstausstellung nach Berlin zu reisen – und blieb dort. Berlin sollte für Gabo allerdings nur ein vorübergehender Aufenthaltsort bleiben: Nachdem sein Atelier von einem Schlägertrupp der SA überfallen worden war, entschloss er sich 1932, nach Paris zu emigrieren. *JF*

Die Kunstismen. Les ismes de l'art.
The Isms of Art. 1914–1924
Hans Arp (1886–1966) und
El Lissitzky (1890–1941)
Erlenbach-Zürich, München, Leipzig,
1925
Deutsches Historisches Museum,
Berlin

Möchte man sich das produktive, krea-
tive Klima des durch die Migration
russischer Künstler bereicherten kulturellen Berlins vor Augen führen, bietet
sich das Buch *Die Kunstismen* an. Das
von Hans Arp und El Lissitzky gestaltete Buch ist ein Meisterwerk der
Neuen Typografie und gilt als erste
Gesamtdarstellung zeitgenössischer
Avantgarde-Bewegungen wie des
Konstruktivismus, des Futurismus
und des Dadaismus.

Der russische Künstler Lissitzky sprach
fließend Deutsch. Er hatte bereits
während seines Architektur- und Inge-
nieurstudiums in Darmstadt gelebt.
1921 kam er nach Berlin, da er von der
sowjetrussischen Regierung mit dem
Aufbau russisch-deutscher Künstler-
kontakte beauftragt worden war. Das
dreisprachige Gemeinschaftswerk mit
dem deutsch-französischen Dadaisten
und Surrealisten Arp war seine letzte
Arbeit, bevor er 1925 in die Sowjetunion
zurückkehrte. *JF*

Der rote Terror in Russland
Sergej P. Melgunow (1879–1956)
Berlin, 1924
Deutsches Historisches Museum,
Berlin

Sergej P. Melgunow begann seine Arbeit
an der Pionierstudie zum Terror der
Bolschewiki bereits in Sowjetrussland.
Er beendete und veröffentlichte sie
aber erst im deutschen Exil. Der russische Sozialrevolutionär und Historiker
dokumentierte darin detailliert die Verbrechen der Bolschewiki, insbesondere
der *Tscheka*, der 1917 eingerichteten
Staatssicherheit Sowjetrusslands, die
brutal gegen Oppositionelle und vermeintliche Konterrevolutionäre vor-
ging. Melgunow widmete sich sowohl
den Täterinnen und Tätern als auch den
Opfern der Gewalt. Fotografien dokumentieren unter anderem die Gräuel-
taten an Mönchen und Priestern. So
verbreitete seine Studie das Wissen in
Westeuropa um die Verbrechen, die im
bolschewistischen Auftrag begangen
worden waren, und nährte zugleich
auch die Furcht vor dem Bolschewismus. *JF*

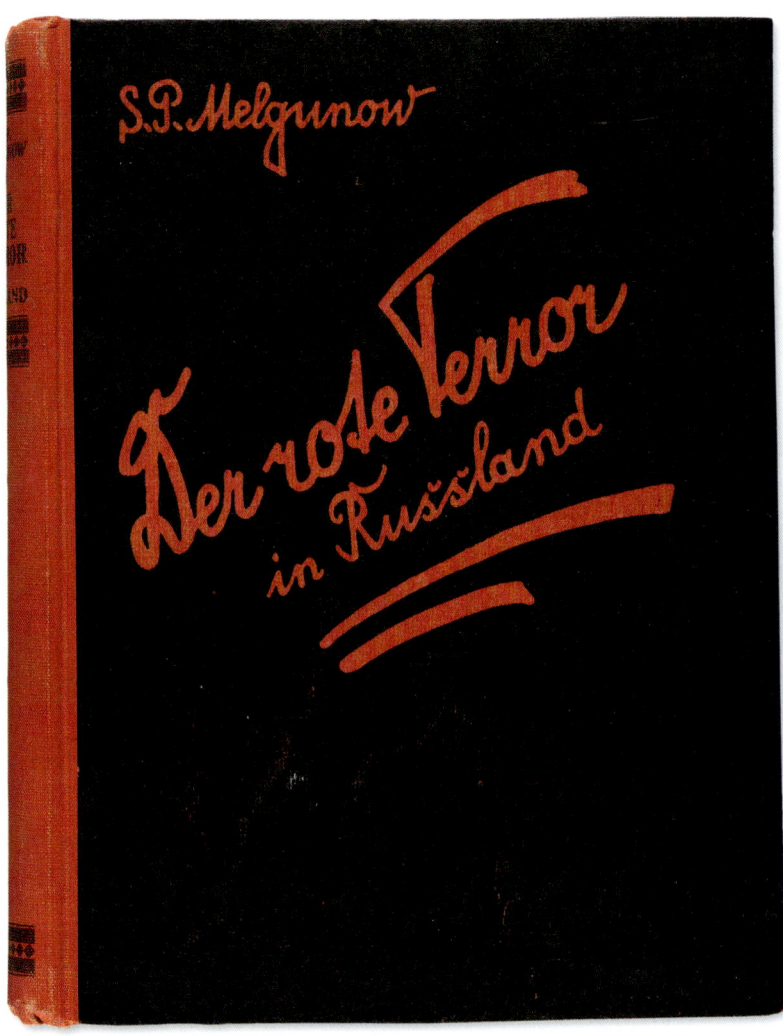

**Ikone *Moses – Einführung Mariä
in den Tempel* aus der Sammlung
Alexandre Popoffs (1885–1965)**
Russland, 17. Jahrhundert
Ikonen-Museum Recklinghausen

Die Ikonenkunst der Russisch-Orthodoxen Kirche kann aus vielerlei Sicht als
buchstäblich ikonisch für die Umbrüche
dieser revolutionären Zeitenwende
gelten. Die Kirche, und mit ihr ihre Bilder und Insignien, wurde selbst früh zur
Verfolgten der neuen politischen
Machthaber. Im Oktober 1921 wurde
etwa ein Dekret zur Enteignung von
Klöstern und Kirchengemeinden erlas-
sen. Zudem verkauften die Bolschewiki
Tausende von Kunstwerken aus Kir-
chenbesitz gezielt ins Ausland. Vom
Erlös der Verkäufe sollte der Aufbau
des neuen Staates mitfinanziert werden. Darüber hinaus begannen russische Exilanten schon bald einen florie-
renden Handel mit Ikonen, die nun
quasi vom Kult- zum Kunstgegenstand
geworden waren. Alexandre Popoff,
bereits während des Ersten Weltkrieges in Paris stationiert, eröffnete 1919
einen Antiquitätenhandel in der französischen Hauptstadt. Er wurde zu einem
maßgeblichen Sammler und Händler
russischer (Ikonen-)Kunst und organisierte in den Folgejahren mehrere Ausstellungen etwa in Brüssel 1928 und in
London 1935. **JF**

Tagebuch von Adèle C. Reznikoff
(1907–1988)
verschiedene Orte, 1920–1924
Musée national de l'histoire
de l'immigration, Paris

Die Schülerin Adèle C. Reznikoff begann ihr Tagebuch 1920 in Konstantinopel, dem heutigen Istanbul, sie beendete es 1924 in Paris. Der Weg ins Exil führte ihre Familie 1920 aus Smolensk über die Türkei und die Tschechoslowakei in die französische Hauptstadt. Dort arbeitete ihre Mutter als Schneiderin, vorwiegend für eine russischstämmige Kundschaft. In Russland war einmal in der Woche eine Schneiderin zur ehe-

maligen Großgrundbesitzerfamilie nach Hause gekommen. Reznikoff trat in Paris gelegentlich als Model für Konfektionskaufhäuser auf. 1926 heiratete sie Nicolas C. Vorontzoff, wie sie ein russischer Immigrant. Obwohl ihr Tagebuch ausschließlich auf Russisch verfasst ist, schrieb Reznikoff das Gedicht «Psalm of Life» von Henry Wadsworth Longfellow im englischen Original in ihr Tagebuch:

«Let us, then, be up and doing,
With a heart for any fate,
Still achieving, still pursuing,
Learn to labor and to wait.» *JF*

Horn von Alexandrovitch
C. Tikhomiroff (1896 – 1976)
Frankreich, o. D.
Musée national de l'histoire
de l'immigration, Paris

Kaum in Frankreich angekommen, fand Alexandrovitch C. Tikhomiroff gleich bei mehreren Zirkussen – Barnum, Hagenbeck und Pinder – eine Anstellung als Hornist. Hinter dem früheren Angehörigen der Weißen Armee lag eine mehrjährige Odyssee: 1920 war er nach der Niederlage seines Regiments aus Sowjetrussland in die Türkei geflohen und hatte für neun Monate in einem Lager auf der Halbinsel Gallipoli gelebt, einem Zentrum der Emigranten, die in der Weißen Armee gekämpft hatten. Dann wurde ihm gestattet, nach Bulgarien weiterzuziehen, wo er als Landarbeiter Stellung fand. Französische Rekruteure brachten ihn schließlich 1926 nach Frankreich. Tikhomiroff unterschrieb einen Vertrag, der ihn verpflichtete, die Kosten seiner Reise nach Frankreich selbst zu tragen. In der Manege fühlte er sich endlich am richtigen Platz: Der Zirkus war nicht nur eine populäre Form der Unterhaltung in Europa, er stand auch für ein weltoffenes, integratives Milieu. *JF*

251

Bibel von Dimitry I. Atriaskin
(1902 – 1987)
Russland, um 1916
Privatsammlung Maria von Moltke,
née Atriaskin, Berlin

Der 14-jährige Dimitry I. Atriaskin trat 1916 als Kadett in die Petrograder Marine-Akademie ein. Wie jeder neue Kadett erhielt er eine mit seinem Namen und dem Datum seines Eintritts versehene Bibel. Seine militärische Ausbildung für eine mögliche Karriere in der Armee konnte er jedoch nicht abschließen. Nach der Einnahme der Lehranstalt durch die Bolschewiki und deren Auflösung im März 1918 emigrierte der Sohn einer russischen Adelsfamilie. Da die Kadetten ihren Ausbildungsort schnell verlassen mussten, blieb seine Bibel in Petrograd zurück. Sein Exil führte ihn über Murmansk nach Serbien, Österreich und Deutschland schließlich 1951 in die USA. Er ließ sich in Sea Cliff auf Long Island im Bundesstaat New York nieder, da dieser Ort über eine lebendige russische Emigrantengemeinde verfügte. 1953 entdeckte ein Freund die Bibel mit Atriaskins handschriftlich geschriebenem Namen auf dem Vorsatzblatt in einem Trödelladen in Lower Manhattan. Atriaskin kehrte nie wieder nach Russland zurück, seine Bibel aber bewahrte er zeitlebens auf seinem Nachttisch auf. *JF*

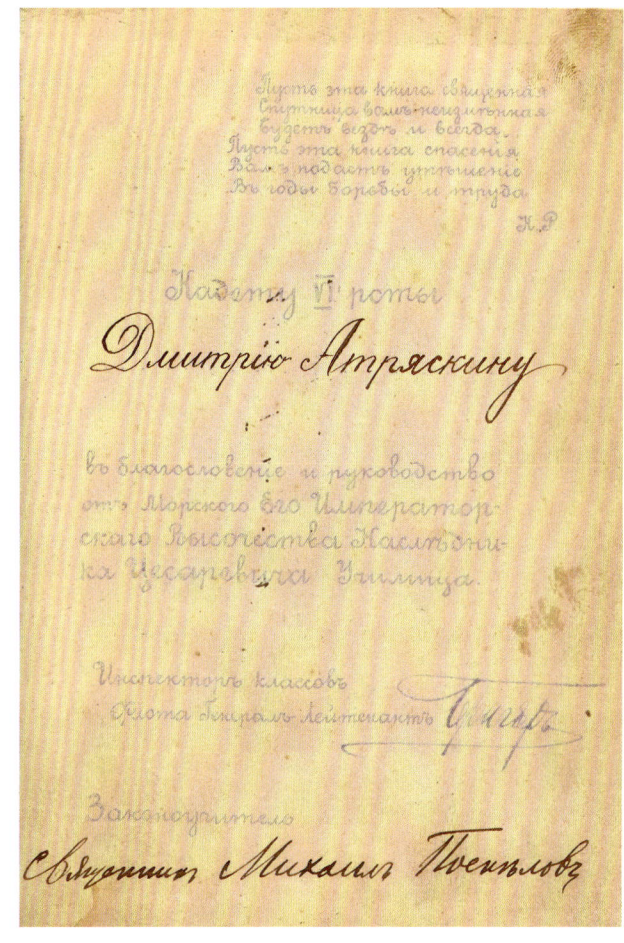

Die Sowjetunion als Sehnsuchts- und Exilort

Mochten in Europa antibolschewistische Horrorszenarien und Ängste vor diesem radikal und gewaltsam auftretenden Staat auch an der Tagesordnung sein, so produzierte die Sowjetunion auch Sehnsüchte. Das erste kommunistische Land der Welt wurde in der Rezeption europäischer Kommunisten zur Projektionsfläche einer gerechteren Zukunft und lockte als ein Versprechen, das als Alternative zu Kapitalismus, Ausbeutung und sozialer Not erschien. Westeuropäische Künstler, Architekten, Intellektuelle, Journalisten und Schriftsteller projizierten ihre Visionen einer besseren, gerechteren Welt auf die im Entstehen befindliche Sowjetunion. So besuchten linke Intellektuelle wie Egon Erwin Kisch oder Lion Feuchtwanger in den 1920er und 1930er Jahren das Land, um sich selbst ein Bild von der sozialistischen Gesellschaft zu machen.

Die Kommunistische Partei Deutschlands (KPD) organisierte ab 1925 regelmäßig Reisen von Arbeiterdelegationen in die Sowjetunion, wobei es die Bolschewiki verstanden, den deutschen Arbeitern einen sprichwörtlich großen Bahnhof zu bereiten. Zurück im Ruhrgebiet, im Hamburger Hafen oder im «roten Wedding» in Berlin wurden die Eindrücke dieser Reisen etwa bei Ortsvereinen der KPD oder in Gremien des Allgemeinen Deutschen Gewerkschaftsbundes vorgetragen.

Mit Beginn der Weltwirtschaftskrise wurde die Sowjetunion dann tatsächlich zu einem Ort mit großer Anziehungskraft vor allem für gut ausgebildete Facharbeiter: Während in Deutschland die Arbeitslosenzahlen explodierten, begann dort die Industrialisierung, weshalb Stalin aktiv um ausländische Experten warb.

Nach 1933 gingen auch viele vom NS-Regime verfolgte deutsche Kommunisten in die Sowjetunion. Zu Beginn des Jahres 1936 lebten dort rund 2 600 Mitglieder der KPD. In diesem Jahr begann der «Große Terror», der sich auch gegen die eingewanderten deutschen Kommunisten richtete: Von Seiten der sowjetischen Führung wurde ihre Flucht aus Deutschland nun häufig als Feigheit gewertet oder der Immigrant gar als Spion der Nationalsozialisten diffamiert. Viele der in utopischer Aufbruchstimmung in die Sowjetunion emigrierten Arbeiter, Ingenieure, Künstler, Professoren oder Politiker fielen ab 1936 der stalinistischen Verfolgung zum Opfer. Sie wurden verhaftet, in einigen Fällen sogar an das nationalsozialistische Deutschland ausgeliefert oder gezielt erschossen. Andere verschwanden in den Lagern des *Gulag* und überlebten die Gefangenschaft oft nicht. Mehr als 1 000 Mitglieder der KPD kamen im Rahmen des «Großen Terrors» ums Leben. *JF*

Rote Metropole
Heinrich Vogeler (1872–1942)
o. O., 1923
Öl auf Leinwand
Staatliches Museum für Zeitgenössische Geschichte Russlands, Moskau

Begeistert von der Dynamik des jungen Staates reiste der Künstler Heinrich Vogeler 1923 zum ersten Mal in die Sowjetunion. Seine Eindrücke inspirierten ihn zu den sogenannten Komplexbildern. Wie etwa bei seiner Darstellung Moskaus, der *Roten Metropole*, hatte Vogeler bei seinen Arbeiten ein politisches Sendungsbewusstsein: Er wollte «die beste agitatorisch-propagandistische Form […] finden, die unserer Arbeiterschaft einen möglichst umfassenden Einblick in das Werden der sozialistischen Gesellschaft nach der großen Oktoberrevolution geben» sollte.

Vogeler sollte es schließlich ganz an seinen Sehnsuchtsort verschlagen; 1931 blieb er in der Sowjetunion. Um sich nach 1933 nicht der Gefahr der Verfolgung durch die Nationalsozialisten auszusetzen, war seine Rückkehr nach Deutschland ausgeschlossen. Nach dem deutschen Überfall auf die Sowjetunion wurde er 1941 nach Kasachstan deportiert und starb dort ein Jahr später. *JF*

Zaren, Popen, Bolschewiken
Egon Erwin Kisch (1885–1948)
Berlin, 1927
Deutsches Historisches Museum,
Berlin

Der bekannte deutsche Schriftsteller und Journalist Egon Erwin Kisch besuchte die Sowjetunion zu Beginn des Jahres 1926. In seinen insgesamt 30 Reportagen beschrieb er die erst wenige Jahre alte sowjetische Gesellschaft. Dabei ging er keineswegs objektiv und unparteiisch vor. Kisch zielte vielmehr darauf ab, im Westen existierende Vorurteile zu entkräften. Anstatt von Uniformität und Zwang zu berichten, beschrieb er eine vermeintlich freiheitliche, vielfältige, an der Bildung ihrer Individuen interessierte Gesellschaft. Seine politische Überzeugung, gepaart mit seinem Berufsverständnis, führte ihn zu der Auffassung, dass eine Reportage nur dann gut sei, wenn sie «von der Krise des Kapitalismus» berichte. Da die Reportagen des auch literarisch überzeugenden Verteidigers und Propagandisten der jungen Sowjetunion zudem unterhaltsam und kurzweilig geschrieben waren, trafen sie den Nerv der Zeit: Bis zum Ende der Weimarer Republik erschien das 1927 erstmals publizierte Buch in zehn Auflagen. *JF*

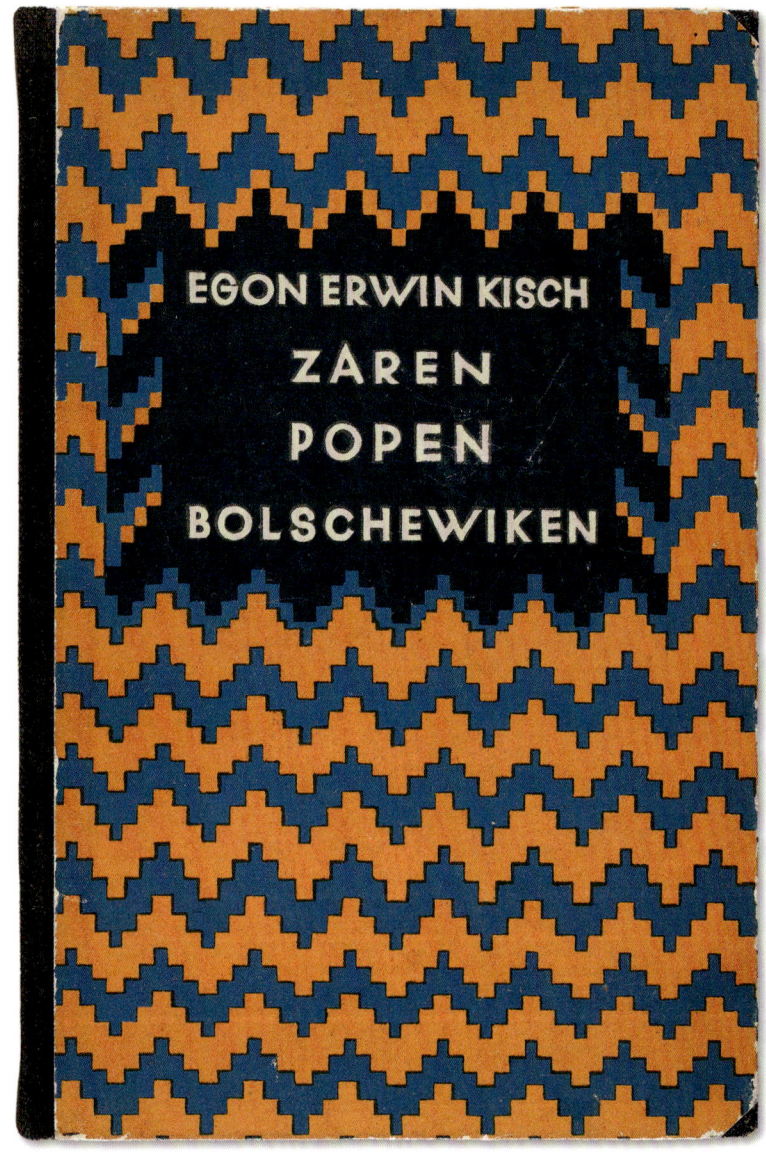

**Entwurfszeichnung
der Leningrader Textilfabrik
Krasnoje Snamja (Rote Fahne)**
Erich Mendelsohn (1887–1953)
o. O., 1925/26
Kohle, rote Kreide auf Papier
Staatliche Museen zu Berlin,
Kunstbibliothek

Der Auftrag, in Leningrad eine Fabrik zu
bauen, in der 8 000 Arbeiterinnen und
Arbeiter in zwei Schichten tätig sein
sollten, war außergewöhnlich: Erich
Mendelsohn war der erste ausländische
Architekt, der von der Sowjetunion ein
solches Angebot erhielt. Seine Auftrag-
geber hatten die von ihm entworfene
Hutfabrik in Luckenwalde vor Augen,
als sie ihn 1925 mit dem Umbau der
Textilfabrik *Rote Fahne* beauftragten.
Mendelsohn entwarf einen Fabrikkom-
plex, dessen Kraftwerksgebäude er
selbst als «Schiff, das die ganze Fabrik
hinter sich herzieht» beschrieb. Das
Kraftwerk war das einzige Bauwerk,
das nach seinen Plänen realisiert wurde.

Aufgrund zunehmender Konflikte mit
seinen Auftraggebern legte Mendelsohn die Arbeit 1927 vor der Fertig-
stellung der Fabrik nieder. Zunehmend
resigniert hatte er bereits am 1. August
1926 an seine Frau Luise geschrieben:
«Man macht gründliche Revolution,
aber man erstickt in noch gründlicherer
Verwaltung.» *JF*

«Vielleicht die größte Aufgabe, die je
einem Architekten gestellt wurde»,
so begründete Ernst May am 1. August
1930 seine Entscheidung, eine Einla-
dung der sowjetischen Regierung an-
zunehmen. Zwischen 1930 und 1933
sollte er an mehr als 20 Orten in der
Sowjetunion städtebauliche Projekte
entwerfen, darunter Generalbebau-
ungspläne für neue Industriestädte wie
Magnitogorsk im Südural. Zusammen
mit May gingen 17 weitere deutsch-
sprachige Architekten in die Sowjetunion, unter ihnen Mart Stam und Mar-
garete Schütte-Lihotzky. Die deutsche
Fachöffentlichkeit interessierte sich
lebhaft für die Arbeit Mays und die Ar-
chitekturzeitschrift *Das Neue Frankfurt*
widmete der «Brigade May» ein Sonder-
heft. Wenngleich May seine Entscheidung selbst nicht als explizit politischen Akt betrachtete, war es dennoch
ein bewusster Schritt vom sozialen
Wohnungsbau in Deutschland zum
sozialistischen Städtebau in der Sowjetunion.

May sollte nicht nach Frankfurt zurückkehren. Rückblickend schrieb er:
«Nachdem Goebbels im Radio verkündet hatte, ich sei dort, wo ich hinge-
hörte, war ich gewarnt.» *JF*

**Von dem deutschen Bauingenieur
Nikolaus Kelen (1894–1940)
inspizierte Wasserkraftanlage**
Sowjetunion, 1928
Stiftung Deutsches Technikmuseum
Berlin

Der Ingenieur Nikolaus Kelen hatte sich
auf den Talsperrenbau spezialisiert und
war über die Grenzen Deutschlands
hinaus ein gefragter Experte für den
Bau von Wasserkraftanlagen. Ab 1927
wirkte er als Privatdozent für Bauinge-
nieurwesen an der Technischen Hochschule Berlin. Ebenfalls ab 1927 war er
für die sowjetische Regierung als Be-
rater tätig. Nach der nationalsozialisti-
schen Machtübernahme 1933 kam der
Ingenieur jüdischen Glaubens seiner
Entlassung zuvor und kündigte seine
Stelle an der Technischen Hochschule.
Im Folgejahr emigrierte er in die Sowjetunion. Aus Anlass der 15. Jahresfeier
der Sowjetunion analysierte Kelen die
Methoden und Mechanismen des Aufbaus des noch jungen Staates: «Wie
wird das geschaffen? Durch systemati-
sche Erziehung, durch die Begeisterung
der breiten Massen, durch die uner-
müdliche kulturelle Arbeit, durch die
Erweckung des technischen Interesses
der ganzen Bevölkerung, durch eine
rücksichtslose Selbstkritik. Und so ist
diese aufopferungsvolle Arbeit des
technischen Aufbaues letzten Endes
keine technische Leistung, sondern –
eine politische Tat.»

Im Zuge des stalinistischen Terrors
wurde Kelen im Januar 1938 verhaftet.
Er starb 1940 auf einem Transport in
die sibirischen Kolyma-Lager. *JF*

berliner proleten vom moskauer
elektrosawod erzählen
Fritz Pose, Erich Matté,
Erich Wittenberg
Moskau, 1932
Deutsches Historisches Museum,
Berlin

Der von der Verlagsgenossenschaft
Ausländischer Arbeiter in der UdSSR
herausgegebene Band schildert die
Arbeits- und Lebensverhältnisse in der
Sowjetunion über alle Maßen positiv.
Am Beispiel von zwei Arbeiterfamilien
aus Berlin – den Familien Huth und Zint
– sollten der deutschen Öffentlichkeit
die Vorzüge des Lebens in der Sowjetunion vermittelt werden: Alle Familienmitglieder hätten einen Arbeitsplatz im
Moskauer Werk Elektrosawod, studier-
ten und lebten in Wohlstand. Die Sowjetunion, so sollte deutlich werden, bot
deutschen Arbeiterfamilien Chancen,
die sie im eigenen Land nicht hätten.
Auch die *Rote Fahne*, das Zentralorgan
der KPD, berichtete über das Leben der
Familie Huth in Moskau. Darauf rea-
gierte der sozialdemokratische *Vor-
wärts* mit Interviews deutscher Facharbeiter, die desillusioniert aus der
Sowjetunion zurückgekehrt waren.

Von der siebenköpfigen Familie Huth
überlebte nur der jüngste Sohn Karl
den stalinistischen Terror. Bernhard
Zint und seinem Sohn Otto wurde
Spionagetätigkeit für Deutschland
unterstellt. Bernhard Zint starb in Haft,
Otto Zint wurde 1938 erschossen. *JF*

Der Mitbegründer der 1921 gegründeten Kommunistischen Partei der
Schweiz, Fritz Platten, wanderte 1923
in die Sowjetunion aus. Seinen Traum
von einer sozialistischen Weltrevolution hatte er bereits 1917 maßgeblich
vorangetrieben: Platten hatte die Zug-
fahrt Wladimir I. Lenins aus dessen
Züricher Exil ins revolutionäre Russland
organisiert. In der Sowjetunion wollte
er nun am Aufbau der neuen Gesellschaft mitwirken. Gemeinsam mit
Schweizer Gleichgesinnten hatte er
eine landwirtschaftliche Genossenschaft aufgebaut, bevor er 1926 nach
Moskau übersiedelte.

1937 wurde seine Ehefrau Berta Zim-
mermann, die in Moskau für die *Komintern* gearbeitet hatte, im Rahmen des
stalinistischen Terrors wegen angeblicher antisowjetischer Tätigkeit zum
Tode verurteilt und hingerichtet. Im
Folgejahr wurde auch Platten Opfer
des politischen Systems, an dessen
Aufbau er voller Überzeugung mitge-
wirkt hatte: 1938 verhaftet und in das
Lager Lipowo verbannt, wurde er dort
1942 erschossen. *JF*

Wilhelm Pieck (1876–1960)
beim Weltkongress der
Kommunistischen Internationale
Abraham Pisarek (1901–1983)
Moskau, Juli/August 1935
ullstein bild, Berlin

Nachdem der kommunistische Politiker
Wilhelm Pieck zum Mitglied des Präsi-
diums des Exekutivkomitees der Kommunistischen Internationale (EKKI)
aufgestiegen war, fiel 1935 die Wahl auf
ihn, den im März 1933 inhaftierten
Ernst Thälmann als Parteivorsitzenden
der KPD zu vertreten. Wegen der Verfolgung politisch Andersdenkender
nach der Machtübernahme der Nationalsozialisten emigrierte Pieck im Mai
1933 auf Geheiß der KPD-Führung nach
Paris. 1935 verlegte er sein Exil nach
Moskau. Dort wurde er Leiter der
Exil-Führung der KPD und nahm in
dieser Funktion am Weltkongress der
Komintern 1935 teil (Pieck stehend,
3. von links).

Während des Zweiten Weltkrieges gehörte Pieck 1943 zu den Begründern
des Nationalkomitees Freies Deutschland. Anders als etwa 1000 der in die
Sowjetunion emigrierten deutschen
Kommunisten, die im Rahmen des stalinistischen Terrors ermordet wurden,
blieb er von Verfolgung verschont.
1945 kehrte Pieck nach Deutschland
zurück. Am 11. Oktober 1949 wurde er
der erste Präsident der neu gegründeten DDR. **JF**

Ernst Thälmann und Willi Leow
an der Spitze einer RFB-Schalmeien-
kapelle in Treptow
Berlin, 1926

Retuschierte Fotografie
Ernst Thälmann an der Spitze eines
RFB-Aufmarsches in Berlin-Treptow
Berlin, 1926; retuschiert Berlin (Ost),
nach 1949
Deutsches Historisches Museum,
Berlin

Ernst Thälmann und Willi (Willy) Leow
waren zwei der zentralen Figuren der
KPD in der Weimarer Republik. Von 1925
bis 1929 war Thälmann Vorsitzender
des Roten Frontkämpferbundes, Leow
sein Stellvertreter. Das Foto zeigt beide
1926 an der Spitze eines Aufmarsches
des Frontkämpferbundes; auf der später in der DDR angefertigten Retusche
wurde Leow jedoch eliminiert. Weshalb, erklärt der Blick auf die weiteren
Lebenswege der beiden Politiker: Thälmann, 1933 von den Nationalsozialisten
verhaftet und schließlich 1944 im
Konzentrationslager Buchenwald ermordet, wurde in der DDR zu einer
Helden- und Märtyrerfigur stilisiert,
zu einer Ikone des kommunistischen
Widerstandes gegen den Nationalsozi-
alismus. Der 1934 in die Sowjetunion
emigrierte Leow hingegen wurde am
3. Oktober 1937 im Rahmen des stalinistischen Terrors wegen der angeblichen
«Organisation einer trotzkistisch-
terroristischen Gruppe» zum Tode verurteilt und noch am selben Tag erschossen. Auch nach Josef W. Stalins
Tod blieb der «Große Terror» in der DDR
ein Tabuthema und das Wirken, ja die
Existenz Leows wurde dementsprechend negiert. *JF*

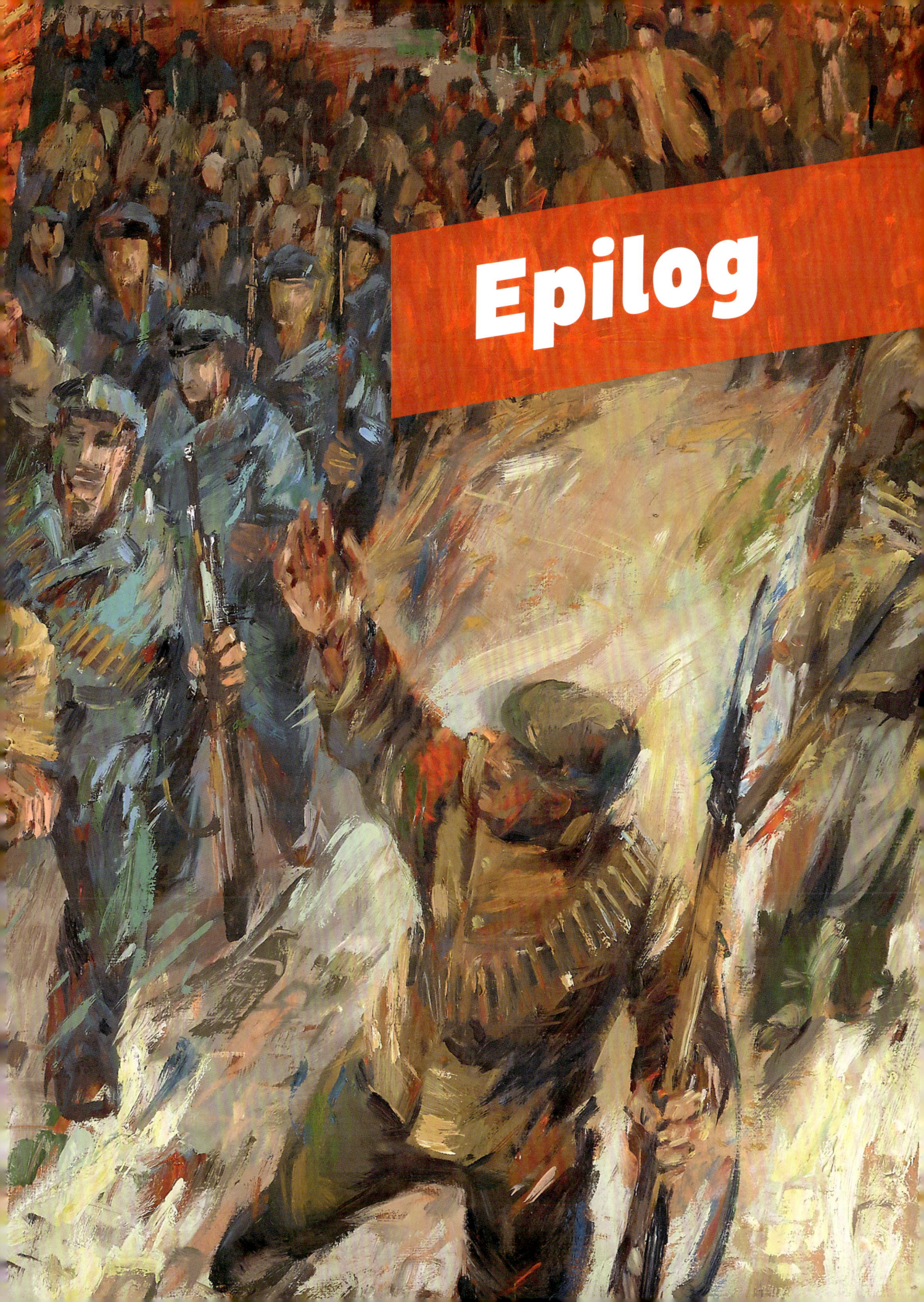

Epilog

Epilog

Die Russische Revolution erfuhr im Laufe des 20. und frühen 21. Jahrhunderts vielfältige Interpretationen und Deutungen, Mythologisierungen und geschichtspolitische Konjunkturen. Die marxistische Geschichtsschreibung stilisierte die Machtübernahme der Bolschewiki zur «Großen Sozialistischen Oktoberrevolution». Diese wurde zum Gründungsmythos der Sowjetunion und die Geschichtsschreibung auf das Paradigma des Marxismus-Leninismus verpflichtet. Das galt für alle sozialistischen Staaten unter der Kontrolle Moskaus, darunter auch die Deutsche Demokratische Republik (DDR). Instrumentalisierungen der Revolution und der kommunistischen Ideologie für politische Zwecke sind bis in die Gegenwart in Kuba, China, Nordkorea und Vietnam zu beobachten. Als Motor für soziale und nationale Befreiungsbewegungen hat der Sieg der Bolschewiki in Asien und nach dem Zweiten Weltkrieg in Afrika und Südamerika gedient.

Im heutigen Russland hat das Narrativ der Revolution seit dem Zusammenbruch der Sowjetunion 1991 eine mehrfache Umdeutung von der vollständigen Ablehnung während der Perestroika in den 1990er Jahren bis hin zu der aktuellen Interpretation als «Großer Russländischer Revolution» erfahren. Dieser Ansatz setzt auf die Versöhnung der historisch verfeindeten Lager, lehnt Revolution als Mittel politischer Aktivität grundsätzlich ab und ist bemüht, die Ereignisse zwischen 1917 und 1922 in die imperiale Tradition der russischen Geschichte einzuschreiben.

Einen vollständigen Überblick über die Vielfalt an Auslegungen kann die Ausstellung nicht leisten. Sie will aber Impulse setzen und Denkanstöße geben, sich mit kritischen Gedanken und Reflexionen zum revolutionären Geschehen in Russland und zu seinen Folgen auseinanderzusetzen. Zu diesem Zweck bietet sie eine Auswahl von Zitaten von Intellektuellen, Schriftstellern und Philosophen an, die sich in verschiedenen Kontexten mit der Russischen Revolution beschäftigt haben. Darüber hinaus präsentiert sie die Standpunkte dreier Künstler mit je unterschiedlichem Hintergrund: Mit den Werken von Werner Schulz, Georg Baselitz und Alexander S. Kosolapov zeigt sie Arbeiten von drei Gegenwartskünstlern, die in Systemen aufgewachsen sind und gelebt haben, in denen der Interpretation der Revolution eine politische Bedeutung zukam. Ihre Zugänge und Schwerpunkte in der künstlerischen Verarbeitung sind dabei sehr verschieden. *KJ*

Die Oktoberrevolution

Werner Schulz (* 1932)
Deutsche Demokratische Republik,
1976
Deutsches Historisches Museum,
Berlin

Die künstlerische Verarbeitung der Revolution in diesem Triptychon ent-
spricht der geschichtspolitischen Deu-
tung der Ereignisse in der DDR. Im Stil
des Sozialistischen Realismus stellt es
demonstrierende Arbeiter, die «Helden
der Oktoberrevolution», in den Mittelpunkt und suggeriert durch Aufbau und
Farbgebung Dynamik und Zukunftsge-
staltung. Die in der christlichen Kunst
verbreitete Form des Triptychons asso-
ziiert zum einen den quasireligiösen
Status der sozialistischen Ideologie,
zum anderen erlaubt sie die erzählende
Darstellung des Klassenkampfes vom
Aufstand gegen die Unterdrückung
über die Revolution zur lichten Zukunft
einer klassenlosen Gesellschaft. *KJ*

Lenin on the Tribune
(A. M. Gerasimov)
Georg Baselitz (* 1938)
Deutschland, 1999
Privatsammlung, Österreich,
Courtesy Galerie Thaddaeus Ropac,
London/Paris/Salzburg

Der 1938 in Sachsen geborene Künstler Georg Baselitz wuchs in der DDR mit den Bildern des Sozialistischen Realismus auf. Darunter waren auch die Werke des sowjetischen Künstlers Alexander M. Gerassimow, dessen 1929 entstandenes Gemälde *Lenin auf der Tribüne* Baselitz hier zitiert. Es ist eine Ikone des sowjetischen Sozialistischen Realismus und zählt zu den bekanntesten Bildern der Sowjetunion. 1958 siedelte Baselitz nach West-Berlin über. Nach der deutschen Wiedervereinigung setzte er sich in einer Serie mit den Bildwelten auseinander, die ihn als Jugendlichen geprägt hatten. Zwischen 1998 und 2005 entstanden so mehr als 60 *Russenbilder*. Sein großformatiges, stilistisch an den Pointillismus erinnerndes Gemälde stellt sowohl die Figur Lenins als auch die sowjetische Propaganda sprichwörtlich auf den Kopf. Durch diese Umwertung verändert, ja «zerstört» Baselitz das bekannte Heroengemälde Gerassimows mit all seinen kulturgeschichtlichen Konnotationen und bietet zugleich eine neue, freie und subversive Lesart an. ***JF***

Hero, Leader, God
Alexander S. Kosolapov (*1943)
USA, 2007
Galerie Vallois, Paris

Mit dem Bedeutungswandel der Revolution in der Sowjetunion und in Russland setzt sich Alexander S. Kosolapov
auseinander. Der Künstler wuchs in
der Sowjetunion auf, seit 1975 lebt und
arbeitet er in den USA. Sein Werk ist
geprägt von der sowjetischen *SozArt*,
die Symbole des Sozialistischen Realismus im Stil der westlichen Popart auf-
nimmt.

In ihrer provokanten Kombination setzt
die Skulptur den sowjetischen und den
US-amerikanischen Gesellschaftsent-
wurf zueinander in Beziehung. Lenin
und Mickey Mouse scheinen ebenso
austauschbar als Götzen der Massen-
kultur wie Lenin und Christus als gött-
liche Instanzen. Die charakteristischen
Symbole und Zeichen der politischen
Systeme liegen nah beieinander. Mit
seinem Titel fordert das Werk den Besucher heraus zu überlegen, welche der
Figuren welche Rolle verkörpert und
wie sich Kommerz, Ideologie, Propaganda und Religion in verschiedenen
Weltanschauungen zueinander verhalten. *KJ*

Kurzbiografie Michail M. Prischwin

Michail M. Prischwin,
Anfang der 1930er Jahre

Der in Russland vielgerühmte Schriftsteller Michail M. Prischwin kam 1873 im Gouvernement Orjol als Kaufmannssohn zur Welt. 1897 wurde er, damals Student am Polytechnikum in Riga, verhaftet, weil er an der Verbreitung revolutionärer Schriften beteiligt war.

Nach einer Gefängnisstrafe von einem Jahr in Mitau reiste er ins Ausland, wo er zwischen 1900 und 1902 sein Studium in Leipzig abschloss. Nach einer kurzen Episode als Agronom arbeitete Prischwin ab 1905 als Journalist und veröffentlichte erste literarische Texte. Im Zuge der Oktoberrevolution wurden die Zeitungen, für die er gearbeitet hatte, allerdings verboten, den Bürgerkrieg überlebte der Autor als Dorflehrer, Bibliothekar und Museumskustos.

Seine ebenfalls 1905 begonnenen Tagebücher, von denen zu Lebzeiten nur seine zweite Frau wusste, sind, wie sein gesamtes künstlerisches Schaffen, eine Ausnahmeerscheinung in der russischen Literatur der ersten Hälfte des 20. Jahrhunderts. In ihnen hielt Prischwin unter anderem seine Eindrücke von den politischen und gesellschaftlichen Umbrüchen und Zuständen während der revolutionären Ereignisse, des Bürgerkrieges und der Stalinära fest. Die Tagebücher sind ein herausragendes zeithistorisches Dokument und ein beeindruckendes Beispiel für die Fähigkeit, sich nicht brechen zu lassen und die eigene innere Freiheit sowie einen kritischen Blick zu bewahren. Prischwin hinterließ zudem ein umfangreiches fotografisches Werk, in dem er neben zahllosen Naturmotiven auch die gesellschaftlichen Veränderungen festhielt. Er starb am 16. Januar 1954 in Moskau. Die letzte Gesamtausgabe seiner literarischen Werke erschien auf Russisch 1982–1986. Die seit 1991 laufende Edition seiner Tagebücher umfasst 18 Bände und wurde 2017 abgeschlossen. Aus Anlass des 100. Jahrestages der Russischen Revolution startet der Guggolz Verlag nun eine auf vier Bände angelegte deutsche Edition der Tagebücher, übersetzt und herausgegeben von Eveline Passet. Für den vorliegenden Katalog übernahm Jana Grischina, Leiterin des Prischwin-Museums in Dunino, einer Dependance des Staatlichen Literaturmuseums in Moskau, die Auswahl der Zitate.

Objektverzeichnis
mit Bildnachweis

Lenin-Denkmal
Matvej G. Manizer (1891–1966)
Sowjetunion, 1925
Deutsches Historisches Museum,
Berlin, Dauerleihgabe der Stadtverwaltung Lutherstadt Eisleben
▶ Abb. S. 15 | © Deutsches Historisches Museum

Aufbruch und Zerfall: Das russische Imperium

Die russische Gesellschaft

Der Pilger
Robert Büchtger (1862–1951)
Russland, 1895
Öl auf Leinwand; 300 × 200 cm
Privatsammlung Urbanczyk, Berlin
▶ Abb. S. 39 | © Privatsammlung Urbanczyk, Berlin; Foto: Marlies Dattler

Modell eines russischen Pfluges
Deutschland, um 1900
Holz, Eisen; 30 × 22 × 63 cm
Deutsches Historisches Museum,
Berlin (Pro 65/111)

Bauernbekleidung: Hemd und Hose
Russland (Gouvernements Archangelsk und Rjazan'), um 1900
Leinen; 90,5 und 82,5 cm
Das Staatliche Historische Museum,
Moskau (ГИМ 101275/59, Б-2944; ГИМ 84107/27, Б-1770)

Переселенцы (Umsiedler)
Leonid V. Posen (1849–1921)
Bronzegießerei: Karl F. Woerffel
Russland, 1880er Jahre
Bronze; 37 × 82 × 58 cm
Das Staatliche Historische Museum,
Moskau (ГИМ 82482, И IV 1163)

Mitglieder der Zarenfamilie
Russland, 1913
Fotografie (Reproduktion)
Deutsches Historisches Museum,
Berlin (PK 90/1290)

18 Ostereier mit den Porträts aller Zaren der Romanov-Dynastie
o. O., nach 1917
Lackmalerei, Holz, Samt, Metall;
Höhe der Eier: etwa 15,5 cm; Kasten: 11 × 53 × 56 cm
Deutsches Historisches Museum,
Berlin (KG 2013/15)
▶ Abb. S. 40 | © Deutsches Historisches Museum

Uniform des Kaiserlich 4. Leibgarde-Schützen-Regiments
Russland, 1911
verschiedene Textilien, Leder, Gold, Holz, Metall; 34 × 74 × 37,5 cm
Das Staatliche Historische Museum,
Moskau (ГИМ 68257/2110, Т-735)
▶ Abb. S. 41 | © Das Staatliche Historische Museum, Moskau

Uniform eines Kammerherrn: Jacke, Hut, Schlüssel
Russland, um 1900
verschiedene Textilien, Gold, Leder;
Länge Jacke: 90,5 cm; Hut: 14,5 × 15 × 43,5 cm
Das Staatliche Historische Museum,
Moskau (ГИМ 76701, Б-374; ГИМ 76701, Е-145; ГИМ 53054/255, БР-1565)

Bilderrahmen und Futteral aus der Werkstatt von Peter Carl Fabergé (1846–1920), Miniatur mit dem Bild des Königs von Bulgarien, Ferdinand von Coburg
Johannes Zeingraf (1857–1908)
Werkstattleiter: Michail Je. Perchin (1860–1903)
St. Petersburg, 1898–1904

Gold, Silber, Perle, Emaille, Glas, Metall;
Futteral: Ahorn, Samt, Seide, Stahl,
Karton; 3,3 × 10,5 × 9,5 cm
Das Staatliche Historische Museum,
Moskau (ГИМ 58678/185, ОК 22562/1-2, ЗВ-998)
▶ Abb. S. 42 | © Das Staatliche Historische Museum, Moskau

Tischuhr aus der Werkstatt von Peter Carl Fabergé (1846–1920)
Werkstattleiter: Michail Je. Perchin (1860–1903)
St. Petersburg, 1898–1904
Gold, Silber, Perle, Emaille, Stahl;
11,9 × 13,7 cm
Das Staatliche Historische Museum,
Moskau (ГИМ 98360/1, ОК 15693, ЗВ-5162)

Kerzenleuchter aus der Werkstatt von Peter Carl Fabergé (1846–1920)
Werkstattleiter: Johan Victor Aarne (1863–1934)
St. Petersburg, 1899–1904
Silber, Emaille; 6,4 × 3,9 × 3,9 cm
Das Staatliche Historische Museum,
Moskau (ГИМ 89762, ОК 14577, СВ-9471)

Zigarettenbehälter
aus der Werkstatt Русская эмаль (Russische Emaille) von Ivan S. Bricyn (1870–1952)
St. Petersburg, 1913
Gold, Silber, Emaille; 1,3 × 10,2 × 6,7 cm
Das Staatliche Historische Museum,
Moskau (ГИМ 102440/106, ОК 17707, ЗВ 5402)

Teile eines Services mit dem Wappen der Familie Голицын (Golizyn): Teekanne, Milchkanne, Zuckerdose
Werkstatt von Andrej S. Bragin
St. Petersburg, 1896

Silber, Elfenbein; Höhe Tee- und Milch-
kanne: 17,5 cm; Zuckerdose: 16,8 cm
Das Staatliche Historische Museum,
Moskau (ГИМ 53030/588, OK 5183,
СВ 12507; ГИМ 53030/588, OK 5184,
СБ 7521; ГИМ 53030/588, OK 5186,
СВ 13201)

**Becher zur Krönungsfeier des Zaren
Nikolaus II. (Zar 1894 – 1917)**
Russland, 1896
emailliert; Höhe: 10,2 cm
Archiv der Forschungsstelle Osteuropa
an der Universität Bremen (FSO 01-033
Buschman)
▶ Abb. S. 43 | © Archiv der Forschungs-
stelle Osteuropa an der Universität
Bremen; Foto: Maria Klassen

**Ländliches Frühstück der Großfürstin
Maria Pawlowna**
Russland, 1913
Fotografie (Reproduktion)
Russische Nationalbibliothek,
St. Petersburg

**Uniform eines Generals der Leibgarde
des Preobraženskij-Regiments**
Russland, 1907 – 1917
verschiedene Textilien, Gold; Länge:
78,5 cm
Das Staatliche Historische Museum,
Moskau (ГИМ 68257, ТМ-102/1-5)

**St. Georgs-Orden I. Klasse
(mit Schärpenabschnitt)**
Russland, 1869
Gold, Emaille, Seide; 5 × 5 cm, Schärpe:
11,5 × 11,7 cm
Deutsches Historisches Museum,
Berlin (AB 2906.a)

**St. Vladimir-Orden I. Klasse
(mit Schärpenabschnitt)**
Russland, 1834
Gold, Emaille, Seide; 5,8 × 5,8 cm,
Schärpe: 11,5 × 10 cm
Deutsches Historisches Museum,
Berlin (AB 2907)

Ansicht des Nevskij-Prospektes
St. Petersburg, 1910
Fotografie (Reproduktion)
Deutsches Historisches Museum,
Berlin (PK 2005/184)

Frauenkleid
Russland, 1910er Jahre
Wolle, Taft, Satin, Leinen; Länge: 135 cm
Das Staatliche Historische Museum,
Moskau (ГИМ 105268/43, Б-3796)
▶ Abb. S. 44 | © Das Staatliche Histo-
rische Museum, Moskau

Halbstiefel der Firma Henry Weiss
St. Petersburg, 1905 – 1915
Leder, Baumwolle; 23,5 × 23 cm
Das Staatliche Historische Museum,
Moskau (ГИМ 103476/1-2, Ж-725/1-2)
▶ Abb. S. 44 | © Das Staatliche Histori-
sche Museum, Moskau

Hut
Russland, 1913
Satin; Höhe: 10,5 cm
Das Staatliche Historische Museum,
Moskau (ГИМ 96520/16, Е-927)
▶ Abb. S. 44 | © Das Staatliche Histori-
sche Museum, Moskau

**Reklametafel der *Товарищество
Московского металлического завода
у Рогожской заставы въ Москвљ.
Москосвская сталь* (Genossenschaft**

der Moskauer Metallfabrik am Rogo-
žinskaja zastava in Moskau) mit Mus-
tern von «Moskauer Stahl»
Moskau, um 1900
Blech, Chromolithografie; 54 × 39,5 cm
Das Staatliche Historische Museum,
Moskau (ГИМ 84829/23, МЖ 5558)

**Emblem der *Russian Bank for
Foreign Trade* aus dem Schalterraum
in St. Petersburg**
St. Petersburg/Petrograd, 1880 – 1917
Eisen (2 Teile); 50 × 62 × 5 cm;
30 × 130 × 8 cm
Das Staatliche Historische Museum,
Moskau (ГИМ 96221/439, МЖ 5436)
▶ Abb. S. 45 | © Das Staatliche Histori-
sche Museum, Moskau

Arbeiter der Putilov-Werke
St. Petersburg, 1913
Fotografie (Reproduktion)
Staatliches Museum für Politische
Geschichte Russlands, St. Petersburg
(КП-14312, Ф.III-484)

**Tagelöhner beim Abladen eines
Schlepplastkahns**
St. Petersburg, Anfang 1900er Jahre
Fotografie (Reproduktion)
Staatliches Archiv für Film- und Foto-
dokumente, St. Petersburg (Д 9086)

Auf der Straße schlafende Arbeiter
Moskau, um 1900
Fotografie (Reproduktion)
Staatliches Museum für Zeitgenössische Geschichte Russlands, Moskau
(ohne Inv.-Nr.)
▶ Abb. S. 46 | © Staatliches Museum
für Zeitgenössische Geschichte Russlands, Moskau

Objektverzeichnis
mit Bildnachweis

Schlafsaal für Arbeiter
Moskau, 1890
Fotografie (Reproduktion)
Staatliches Museum für Zeitgenös-
sische Geschichte Russlands, Moskau
(6095/217)

**Jacke und Weste eines Arbeiter-
hochzeitsanzugs von einem Werk-
meister der Lokomotiven-Montage-
abteilung in Čita**
Čita, 1900er Jahre
Wolle, Baumwolle, Seide, Satin; Länge:
112,5 cm und 56 cm
Das Staatliche Historische Museum,
Moskau (ГИМ 96960/165, Б-2368/1
und 3)

Foto des Hochzeitspaares
Čita, 1913
Fotografie (Reproduktion)
Das Staatliche Historische Museum,
Moskau (ГИМ 96960/164, Фото 954)

Arbeiter erholen sich im Park
Atelier von Karl Oswald Bulla (1853–
1929)
St. Petersburg, 1. Mai 1911
Fotografie (Reproduktion)
Staatliches Archiv für Film- und Foto-
dokumente, St. Petersburg (Г 810)

Sichel
Russland, Ende 19. Jh.
Kiefer, Schmiedeeisen; Höhe: 43,2 cm
Das Staatliche Historische Museum,
Moskau (ГИМ 80708/36, МЖ 2633)
▶ Abb. S. 47 | © Das Staatliche Histori-
sche Museum, Moskau

Vorschlag-Schmiedehammer
Südural, Ende 19. Jh.
Kiefer, Schmiedeeisen; 56,5 × 19,5 × 7 cm
Das Staatliche Historische Museum,
Moskau (ГИМ 67584/339, МЖ 4238)
▶ Abb. S. 47 | © Das Staatliche Histori-
sche Museum, Moskau

**Landkarte mit Darstellung der im
Russischen Reich lebenden Ethnien**
Nestor A. Terebenev
Svešnikov-Verlag
St. Petersburg, 1866
Papier, Stoff, Chromolithografie,
Vergoldung; 128 × 99 cm
Das Staatliche Historische Museum,
Moskau (ГИМ 98062/22, ГО-8197)
▶ Abb. S. 50 | © Das Staatliche Histori-
sche Museum, Moskau

**Gruppe von Frauen und Mädchen
in Festtagskostümen**
Südlitauen, 1909
**Gruppe von tatarischen Frauen
in Festtagskostümen in einer Jurte
(Татары-мещеряки)**
Wolga-Region, 1906
**Gruppe von Mädchen und verheirate-
ten Frauen in Festtagskostümen**
Ukraine, 1908
Fotografien (Reproduktionen)
Russisches Ethnografisches Museum,
St. Petersburg (РЭМ №2283-31;
РЭМ №1023-7; РЭМ №2021-50)

**Verschiedene Nationalitäten
im Russischen Reich**
Fotografien (Reproduktionen)
Russische Nationalbibliothek,
St. Petersburg

Bauern aus dem Mezenskij-Kreis
aus dem Album «Arten und Typen
des Russischen Nordens»
Jakob Johann Leizinger (1855–1914)
Archangelsk, um 1900
(Шифр Э АлТ63/3-С280. Инв. Эи9615)

Mordwinen
aus dem Album «Arten und Typen der
Region Orenburg»
Atelier von Michail Bukar
Orenburg, 1872
(Шифр Э ФЭтн63/4-М792.
Инв. Эф1123)

**Tiflis. Kaufladen für Papachi
(Schafspelzmützen) und Hutmacher**
aus dem Album «Georgien»
Atelier von Ivan D. Ermakov (1875–1942)
Tiflis, 1880er Jahre
(Шифр ЭАлЭтн63/3-Г901/1.
Инв. Эи10671)

**Armenierin mit Kind auf einem Pferd
in Šuša**
aus dem Album «Georgien»
Atelier von Ivan D. Ermakov (1875–1942)
Tiflis, 1880er Jahre
(Шифр ЭАлЭтн63/3-Г901/2.
Инв. Эи10672)

**Muslimischer Bettelorden *Kaljandar*
bei der Aufteilung der gesammelten
Almosen nach einer Tageswanderung
(*bakra-kerden*)**
aus dem «Turkestanischen Album»
Atelier von N. Nechorošev
Taschkent, 1871/72
(Шифр ЭАлТ63/3-Т300/3.
Инв. Эи10325)

Kirgisen
aus dem Album «Arten und Typen der
Region Orenburg»
Atelier von Michail Bukar
Orenburg, 1872
(Шифр Э ФЭтн63/4-К430. Инв. Эф1118)

**Kalmückische Familien vor ihren
Nomadenzelten (*Kibitki*)**
aus dem Album «Astrachan»
Atelier von Stepan M. Višnevskij
Astrachan, 1873
(Шифр ЭАлТ63/2-А913. Инв. Эи15916)

**Giljaken (Niwchen) von der Insel
Sachalin**
aus dem «Album des Amurs und der
Ussuri-Region»
Fotoatelier von Vladimir V. Lanin (1826–?)
Nikolajevsk am Amur, 1875/76
(Шифр ЭАлТ63/2-А629. Инв. Эи5978)

Ikone der Gottesmutter der Rührung
Manufaktur von Porfirij I. Olovjaniš-
nikov (1870–1909)
Moskau, 1908–1917
Silber, Emaille, Linde, Stoff, Tempera,
Stahl; 27 × 31,5 cm
Das Staatliche Historische Museum,
Moskau (ГИМ 103173/17, OK 18346,
CB-10540)
▶ Abb. S. 48 | © Das Staatliche Histori-
sche Museum, Moskau

Ikonenlampe
11. Genossenschaft der Moskauer
Juweliere
Moskau, 1899–1908
Silber; Höhe: 17 cm
Das Staatliche Historische Museum,
Moskau (ГИМ 100703/299, OK 16755,
СБ 14536)
▶ Abb. S. 48 | © Das Staatliche Histori-
sche Museum, Moskau

Mitra
Werkstatt von Porfirij I. Olovjanišnikov
(1870–1909)
Moskau, 1908–1917
Silber, Edelsteine, Perlen, Emaille,
Stoff, Perlmutt, Stickerei, Vergoldung;
Höhe: 19,5 cm
Das Staatliche Historische Museum,
Moskau (ГИМ 75691, OK 8787, ЗB-5242)
▶ Abb. S. 49 | © Das Staatliche Histori-
sche Museum, Moskau

**Weihrauchgefäß aus der Moskauer
Kirche in der Odynka-Straße**
Moskau, 1912
Silber, vergoldet; Höhe: 23,5 cm
Das Staatliche Historische Museum,
Moskau (ГИМ 77196, OK 10557)
▶ Abb. S. 49 | © Das Staatliche Histori-
sche Museum, Moskau

Filmausschnitte «Das alte Russland»
Russisches Staatliches Archiv für Film-
und Fotodokumente, Krasnogorsk

Karl Marx (1818–1883)
VEB Staatliche Porzellan-Manufaktur
Meißen, um 1970
Böttgersteinzeug; 22 × 17 × 17 cm
Deutsches Historisches Museum,
Berlin (SI 2007/178)

Manifest der Kommunistischen Partei
Karl Marx (1818–1883),
Friedrich Engels (1820–1895)
Faksimile der Erstausgabe aus dem
Jahr 1848; 21,4 × 13,4 cm
Leipzig, 1965
Deutsches Historisches Museum,
Berlin (R 65/1408f)
▶ Abb. S. 51 | © Deutsches Histori-
sches Museum

**Das Kapital. Kritik der politischen
Ökonomie. Erster Band, erstes Buch.
Der Produktionsprozess des Kapitals**
Karl Marx (1818–1883)
Hamburg, 1867
Buch; 22,5 × 14,5 cm
Deutsches Historisches Museum,
Berlin (R 51/34-1)

Der Sozialist
Robert Koehler (1850–1917)
München, 1885
Öl auf Holz; 45,2 × 36 cm
Deutsches Historisches Museum,
Berlin (1989/1144)

**Büste von Alexander II.
(Zar 1855–1881)**
Alexander Je. Timašev (1818–1893)
Russland, 1882
Bronze; 81 × 58 × 30 cm
Das Staatliche Historische Museum,
Moskau (ГИМ 50012, И IV 538)

Кто виноват (Wer hat Schuld [?])
Alexander I. Gercen (1812–1870)
St. Petersburg, 1866 (Erstausgabe 1847)
Buch; 18,5 × 13,2 cm
Das Staatliche Historische Museum,
Moskau (ГИМ 105191/192, МФ/З-192)

Что дѣлать (Was tun [?])
Nikolaj G. Černyševskij (1828–1889)
St. Petersburg, 1867 (Erstausgabe 1863)
Buch; 14 × 21 cm
Staatliches Museum für Politische
Geschichte Russlands, St. Petersburg
(13722)
▶ Abb. S. 52 | © Staatliches Museum
für Politische Geschichte Russlands,
St. Petersburg

**Социализм и политическая борьба
(Sozialismus und politischer Kampf)**
Georgij V. Plechanov (1856–1918)
Genf, 1883
Buch; 17,5 × 11,5 cm
Das Staatliche Historische Museum,
Moskau (ГИМ ОКФ 203920)

**Flugblatt des Moskauer Ausschusses
der Partei «Bund» über die Extrabesteuerung für den Wahlkampf
um die Moskauer Duma**
Moskau, Juni 1917
23 × 15,3 cm
Das Staatliche Historische Museum,
Moskau (ГИМ 86099, арх. 1658,
ОПИ. Ф. 454 Оп. 1. Ед. хр. 42. Л. 13)
▶ Abb. S. 53 | © Das Staatliche Histori-
sche Museum, Moskau

**Gruppe der Бундовцы (Bundovcy)
R. Levit, T. Zel'dova, S. Zel'dov**
Schweiz, 1907
Fotografie (Reproduktion)
Staatliches Museum für Zeitgenös-
sische Geschichte Russlands, Moskau
(1794/26)

Objektverzeichnis
mit Bildnachweis

**Treffen des Kampfbundes
zur Befreiung der Arbeiterklasse
(in der Mitte: Vladimir I. Lenin)**
St. Petersburg, 1897
Fotografie (Reproduktion)
Deutsches Historisches Museum,
Berlin (F 56/567)

**Modell des Gebäudes in Minsk,
in dem 1898 der Erste Parteitag der
Sozialdemokratischen Arbeiterpartei
Russlands (SDAPR) stattfand**
Deutsche Demokratische Republik, o. D.
Holz; 5,5 × 9,8 × 8,7 cm
Deutsches Historisches Museum,
Berlin (MK 72/85)
► Abb. S. 55 | © Deutsches Histori-
sches Museum

Что дѣлать? (Was tun?)
Vladimir I. Lenin (1870 – 1924)
Stuttgart, 1902
Buch; 23 × 16 × 1 cm
Staatsbibliothek zu Berlin – Preußi-
scher Kulturbesitz, Abteilung Histo-
rische Drucke (Fc 8479<a>)

Kiste mit doppeltem Boden
Anatolij O. Bonč-Osmolovskij
(1857 – 1930)
Russland, 1904
Furniersperrholz, Eisen;
16 × 47 × 28,5 cm
Das Staatliche Historische Museum,
Moskau (ГИМ 101414, Д-III-5113)

**Pass eines Umsiedlers
(David Ja. Šinder)**
Gouvernement Irkutsk, Kreis Bagansk,
5. April 1915
16 × 11 cm
Staatliches Museum für Politische
Geschichte Russlands, St. Petersburg
(2ф №48426)

Revolution und Reform

**Soziale Pyramide
(Russland 1905 – 1907)**
Verlag Izobrazitel'noe iskusstvo
(Bildkunst)
Moskau, 1974 (Nachdruck)
Postkarte; 15 × 11 cm
Deutsches Historisches Museum,
Berlin (PK 95/271.8)

Japanischer Bilderbogen
Heldenhafter Kampf im Morgennebel
Tokio, 1905
Holzschnitt, Plattenkolorierung;
36,7 × 73,8 cm
Deutsches Historisches Museum,
Berlin (Gr 62/332)
► Abb. S. 59 | © Deutsches Histori-
sches Museum

Расстрел (Die Erschießung)
Sergej V. Ivanov (1864 – 1910)
Russland, 1905
Öl auf Leinwand; 77 × 67 cm
Staatliches Museum für Zeitgenös-
sische Geschichte Russlands, Moskau
(ГИК-17992)
► Abb. S. 60 | © Staatliches Museum
für Zeitgenössische Geschichte Russ-
lands, Moskau

**Erschießung von Demonstranten
am Winterpalast**
St. Petersburg, 9. Januar 1905
Fotografie (Reproduktion)
Deutsches Historisches Museum,
Berlin (F 68/462)

**Fünf Pflastersteine vom Platz
*Krasnaja Presnja***
Moskau, 1905 – 1907
Granit; 9 × 19 × 10 cm; 7 × 13 × 14 cm;
10 × 17 × 12,5 cm; 8 × 14,5 × 14,5 cm;
8 × 14 × 16 cm
Das Staatliche Historische Museum,
Moskau (ГИМ HB 5166/1-5)

**Versammlung streikender Arbeiter
am Fluss Talka**
Ivano-Vosnesensk, Mai/Juni 1905
Fotografie (Reproduktion)
Das Staatliche Historische Museum,
Moskau (ГИМ 85 657/37, И.IX1280)

**Streik bei dem Erdölunternehmen
der Gesellschaft für die Förderung
russischen Erdöls und flüssigen
Brennstoffs *Oleum***
Baku, 1905
Fotografie (Reproduktion)
Staatliches Archiv für Film- und Foto-
dokumente, St. Petersburg (Г 2643)

**Bruchstück vom Fockmast
des Panzerkreuzers *Potjomkin***
Russland, 1898 – 1900
Metall; 150 × 145 cm
Das Staatliche Historische Museum,
Moskau (ГИМ 97445/206, 13485 op)

**Zerstörungen am Haus des Premier-
ministers Pjotr A. Stolypin (1862 – 1911)
nach einem missglückten Anschlag
der Sozialrevolutionäre**
St. Petersburg, August 1906
Fotografie (Reproduktion)
Staatliches Museum für Politische
Geschichte Russland, St. Petersburg
(Ш 42223)

**Polizisten bei einer Kutsche mit einem
Geldtransport nach einem Anschlag**
St. Petersburg, 1906
Fotografie (Reproduktion)
Staatliches Museum für Politische
Geschichte Russlands, St. Petersburg
(ФШ-9808)

Opfer eines Judenpogroms
Kišinjov, 1903
Fotografie (Reproduktion)
Staatliches Museum für Zeitgenös-
sische Geschichte Russlands, Moskau
(ГИК-919/Б1456)

**Aussegnung der Opfer eines
Judenpogroms**
Žitomir, 1904
Fotografie (Reproduktion)
Staatliches Museum für Zeitgenös-
sische Geschichte Russlands, Moskau
(ГИК-5048/1б)

Opfer eines Judenpogroms
Odessa, 22. Oktober 1905
Fotografie (Reproduktion)
Staatliches Museum für Zeitgenös-
sische Geschichte Russlands, Moskau
(ГИК-9333/18)

**Манифестация 17 октября 1905 года
(Manifestation am 17. Oktober 1905)**
Ilja Je. Repin (1844–1930)
Russland, 1906
Öl auf Leinwand; 54,7 × 76,5 cm
Staatliches Museum für Zeitgenös-
sische Geschichte Russlands, Moskau
(ГИК-3949)

Wahlurne zur Staatlichen *Duma*
Moskau, 1906
Birke; 96 × 42 × 27 cm
Das Staatliche Historische Museum,
Moskau (ГИМ-44276, Д II 1513)
▶ Abb. S. 61 | © Das Staatliche Histori-
sche Museum, Moskau

Sitzung der Vierten Staatlichen *Duma*
Karl Oswald Bulla (1853–1929)
St. Petersburg, 5. Dezember 1912
Fotografie (Reproduktion)
Russische Nationalbibliothek, St. Peters-
burg (Э 5766/927 или Э ФИр536/3-2)

**Политические партии и социаль-
ные типы (Politische Parteien und
soziale Typen)**
Evgenij G. Sokolov (1880–1949)
Handelshaus von E. Kudinova und
A. Lesina
Moskau, 1906/07

Postkarten; je 14 × 9 cm
Staatliches Museum für Zeitgenös-
sische Geschichte Russlands, Moskau
(ГИК-41781/189а; ГИК-41781/202;
ГИК-41781/183а; ГИК-41781/184б;
ГИК-41781/185б; ГИК-41781/187в;
ГИК-41781/182а; ГИК-41781/186б;
ГИК-41781/188в)
▶ Abb. S. 62/63 | © Staatliches Museum
für Zeitgenössische Geschichte Russ-
lands, Moskau

**Zeitungsverkäufer mit Druck-
erzeugnissen neben einem Kiosk auf
dem Warschauer Bahnhof**
St. Petersburg, 1910
Fotografie (Reproduktion)
Staatliches Archiv für Film- und Fotodokumente, St. Petersburg (E 10418)

Вехи (Wegzeichen)
Typolithografie der Genossenschaft
von Ivan N. Kušnerev & Co.
Moskau, 1909
Buch; 21,5 × 14,8 cm
Staatliches Museum für Zeitgenös-
sische Geschichte Russlands, Moskau
(9208)

Prawda (Wahrheit)
St. Petersburg, 22. April 1912
Zeitung (Reproduktion)
Schweizerisches Nationalmuseum,
Zürich (LM-169893)

**Gruppe von Frauen an den Gräbern
erschossener Arbeiter nach dem
«Lena-Massaker»**
nahe Bodaiho, Region Irkutsk, Sibirien,
1912
Fotografien (Reproduktionen)
Russisches Staatliches Archiv für Film-
und Fotodokumente, Krasnogorsk
(Д 11910; Д 11908)
▶ Abb. S. 64 | © Russisches Staatliches
Archiv für Film- und Fotodokumente,
Krasnogorsk

Stahlhelm Modell 1915 *Adrian*
Frankreich, 1916
Stahl, Blech, Leder; 15,5 × 21,5 cm
Deutsches Historisches Museum,
Berlin (U 53/710)
▶ Abb. S. 65 | © Deutsches Histori-
sches Museum

**Feldbluse für Mannschaften,
101. Infanterie-Regiment**
Russland, um 1914
Wolle; 41,5 × 68 cm
Deutsches Historisches Museum,
Berlin (U 53/608)

Gewehr *Mosin-Nagant*
Russland, 1898
Eisen, Holz; Länge: 133 cm
Deutsches Historisches Museum,
Berlin (W 57/42)

**На помощь жертвамъ войны
20-го – 21-го авг. Москва
(Für die Hilfe der Opfer des Krieges,
20./21. August, Moskau)**
Leonid O. Pasternak (1862–1945)
Moskau, 1914
Plakat; 60,5 × 43,6 cm
Das Staatliche Historische Museum,
Moskau (ГИМ 81181, И III хром 26158)
▶ Abb. S. 67 | © Das Staatliche Histori-
sche Museum, Moskau

**Schlangen vor einem Lebensmittel-
geschäft**
Moskau, 1915
Fotografie (Reproduktion)
Staatliches Museum für Zeitgenössische Geschichte Russlands, Moskau
(7517/A5)

Objektverzeichnis
mit Bildnachweis

Schlange vor einem Lebensmittel-geschäft
Tomsk, 1917
Fotografie (Reproduktion)
Staatliches Museum für Zeitgenössische Geschichte Russlands, Moskau
(ГИК 18035/40)
▶ Abb. S. 17 | © Staatliches Museum für Zeitgenössische Geschichte Russlands, Moskau

Filmausschnitte «Erster Weltkrieg»
Russisches Staatliches Archiv für Film- und Fotodokumente, Krasnogorsk

Karikatur mit der Darstellung des Zaren Nikolaus II. (Zar 1894–1917), der Zarin Alexandra Fёdorovna (1872–1918) und Grigorij Rasputins (1869–1916)
Moskau, 1914 (Nachdruck 1977)
Postkarte; 15 × 11 cm
Deutsches Historisches Museum, Berlin (PK 95/270.10)

***Соціалистическій манифесть о войнѣ. К разореннымъ и умерщев-леннымъ народамъ* (Sozialistisches Manifest über den Krieg. An die Völker, die man zugrunde richtet und tötet)**
Kiental, 1916
Broschüre; 17,2 × 10,4 cm
Staatliches Museum für Zeitgenössische Geschichte Russlands, Moskau
(ГТК-5212/7)

Hôtel et Pension Beau-Séjour, Zimmerwald
Lithografische Anstalt F. Lips
Bern, um 1900
Postkarte (Reproduktion)
Fotografisches Archiv Zimmerwald, André Roulier

Aufbruch in die Moderne

***Земство обедает* (Der Zemstvo tagt)**
Grigorij G. Mjasojedov (1834–1911)
Russland, 1872
Öl auf Leinwand; 104 × 154,5 × 9 cm
Die Staatliche Tretjakow Galerie, Moskau (639 Уч.оп.639; Rahmen Р ХУД-875 п.93596)
▶ Abb. S. 69 | © Die Staatliche Tretjakow Galerie, Moskau

Tänzer Nijinsky
Georg Kolbe (1877–1947)
Berlin, 1913/1919
Bronze; Höhe 65 cm
Georg Kolbe Museum, Berlin (P 188)
▶ Abb. S. 70 | © Georg Kolbe Museum, Berlin; Foto: Markus Hilbich

***Крестьяне, собирающие яблоки* (Bauern beim Sammeln von Äpfeln)**
Natalja S. Gončarova (1881–1962)
Russland, 1911
Öl auf Leinwand; 104,5 × 98 cm
Die Staatliche Tretjakow Galerie, Moskau (11955 КРТГ-2879)
▶ Abb. S. 72 | © Die Staatliche Tretjakow Galerie, Moskau

***Продавец рыб* (Der Fischhändler)**
Vladimir Je. Tatlin (1885–1953)
Russland, 1911
Leimfarben auf Leinwand; 76 × 95 cm
Die Staatliche Tretjakow Galerie, Moskau (11936 КРТГ-2859)

***Contrerelief*, c. 1917**
Vladimir Je. Tatlin (1885–1953)
Russland, 1917; Rekonstruktion: Martyn Chalk, 1995
Holz, Farbe, mit Öl und Kohlenstoff behandelter Stahl; 70 × 35 × 20 cm
Museum Wiesbaden (P 283-7)

***Автопортрет* (Selbstporträt)**
Natan I. Al'tmann (1889–1970)
St. Petersburg, 1912
Öl auf Leinwand und Pappe; 68 × 47,5 cm
Die Staatliche Tretjakow Galerie, Moskau (11884 КРТГ-2799)
▶ Abb. S. 34/35 und 73 | © Die Staatliche Tretjakow Galerie, Moskau

***Composition 8e* (Suprematistische Zeichnung S-609)**
***Magnetismus mit zirkulärer Bewegung* (Suprematistische Zeichnung S-321)**
***Das metallische Geräusch* (Suprematistische Zeichnung S-319)**
***Komposition mit Viereck, Schachbrett und Bogen* (Suprematistische Zeichnung S-338)**
Kasimir S. Malewitsch (Kazimir S. Malevič) (1878–1935)
o. O., 1917; 1916/17; 1916; 1915
Bleistift auf Papier; 15,7 × 11,6 cm; 16,6 × 10,6 cm; 16,8 × 10,6 cm; 16 × 11,1 cm
Kunstmuseum Bochum (2059; 2067; 2058; 2057)
▶ Abb. S. 74/75 | © Kunstmuseum Bochum

Die plastische Gestaltung der elektro-mechanischen Schau *Победа над солнцем* (Sieg über die Sonne)
El Lissitzky (eigentlich Lazar' M. Lisickij) (1890–1930)
Kestnergesellschaft, Hannover
Hannover, 1923
Mappenwerk (2 Bl.), Farblithografien; je 53,4 × 45,7 cm
Staatliche Museen zu Berlin, Kupferstichkabinett (14/30 G; 14/30 (6) G)

Экзотические птицы
(Exotische Vögel)
Акварель **(Aquarell)**
Wassily Kandinsky (Vassilij V. Kandinskij)
(1866–1944)
Russland, 1915; 1916
Aquarell, Tusche, Pinsel (und Feder)
auf Papier; 33,4 × 25,2 cm; 22,8 × 34 cm
Die Staatliche Tretjakow Galerie,
Moskau (9887 Уч.оп. 11199; 10302 Уч.
оп. 12066)

Композиция. Лица
(Komposition. Gesichter)
Pavel N. Filonov (1883–1941)
Russland, 1914/15
Öl auf Leinwand; 103,3 × 102,5 cm
Die Staatliche Tretjakow Galerie,
Moskau (9198 Уч.оп. 10108)

Utopie und Wirklichkeit: Die Russische Revolution

Die Februarrevolution: Sturz des Zaren

**Frauendemonstration vor dem
Taurischen Palais**
Jakob V. Steinberg (1880–1942)
Petrograd, 23. Februar 1917
Fotografie (Reproduktion)
Staatliches Museum für Politische
Geschichte Russlands, St. Petersburg
(КП-14250, Ф.III-351)
▶ Abb. S. 81 | © Staatliches Museum
für Politische Geschichte Russlands,
St. Petersburg

**Demonstration in Petrograd mit einer
Fahne *Земля и воля* (Land und Freiheit)**
Carl Oswald Bulla (1855–1929)
Petrograd, 23. März 1917
Fotografie (Reproduktion)

Russische Nationalbibliothek,
St. Petersburg
▶ Abb. S. 4/5 und 82 | © Russische
Nationalbibliothek, St. Petersburg
(Э 5915/927)

Fahne *Земля и воля* (Land und Freiheit)
Russland, März 1917; Reproduktion
Sowjetunion, 1970er Jahre
Atlasseide; 196 × 257 cm
Staatliches Museum für Politische
Geschichte Russlands, St. Petersburg
(ГМПИР КП – 23683 Ф.I – 566)
▶ Abb. S. 83 | © Staatliches Museum
für Politische Geschichte Russlands,
St. Petersburg

Filmausschnitte zur Februarrevolution
Russisches Staatliches Archiv für Kino-
und Fotodokumente, Krasnogorsk

Verbrennung zarischer Symbole
Petrograd, 5. März 1917
Fotografie (Reproduktion)
Staatliches Museum für Zeitgenössische Geschichte Russlands, Moskau
(3442/a-2)
▶ Abb. S. 21 | © Staatliches Museum
für Zeitgenössische Geschichte Russlands, Moskau

*Памятка Народной победы. Николай
Романовъ отдаетъ корону своимъ
робѣдителямъ* **(Merkblatt zur Erinne-
rung an den Sieg des Volkes. Nikolaj
Romanov überreicht die Krone den
Siegern)**
Petrograd, März 1917
Plakat; 54 × 36 cm
Staatliches Museum für Politische
Geschichte Russlands, St. Petersburg
(КП-52858, Ф.V-8892)
▶ Abb. S. 76/77 und 84 | © Staatliches
Museum für Politische Geschichte
Russlands, St. Petersburg

**Landsturmfahne
der 405. Infanterieeinheit**
Russland, 1916/17
Rips, Goldfarbe; 160 × 137 cm
Das Staatliche Historische Museum,
Moskau (ГИМ 68257/11037, ТФ-489)
▶ Abb. S. 85 | © Das Staatliche Histori-
sche Museum, Moskau

**Mitglieder der Provisorischen
Regierung**
Petrograd, nach Februar 1917
Fotografie (Reproduktion)
Staatliches Museum für Zeitgenössische Geschichte Russlands, Moskau
(31036/301)
▶ Abb. S. 86 | © Staatliches Museum
für Zeitgenössische Geschichte Russlands, Moskau

**Sitzung des Arbeiter-
und Soldatenrates**
Petrograd, 6. – 12. März 1917
Fotografie (Reproduktion)
ullstein bild, Berlin
▶ Abb. S. 87 | © ullstein bild – ullstein bild

**Kinderzeichnung *ЭС-ЭР, Буржуй, Кадет,
красногвардеец* (Sozialrevolutionär,
Bourgeois, Kadett und Rotgardist)**
Moskau, 1917
Bleistift, Aquarell auf Papier;
33,3 × 6,3 cm
Das Staatliche Historische Museum,
Moskau (ГИМ 52089, И II 5073/89)
▶ Abb. S. 88 | © Das Staatliche Histori-
sche Museum, Moskau

**Kinderzeichnung *Большевик*
(Bol'ševik) mit einer Fahne
«Долой войну и буржуевъ» (Weg
mit dem Krieg und den Bourgeois)**
Moskau, 1917
Bleistift, Aquarell auf Papier;
35 × 26,5 cm
Das Staatliche Historische Museum,
Moskau (ГИМ 52089, И II 5073/34)

Objektverzeichnis
mit Bildnachweis

**Kriegsanleiheplakat der Proviso-
rischen Regierung** *Заемъ свободы*
(Freiheits-Anleihe)
Boris M. Kustodiev (1878–1927)
Petrograd, 1917
Plakat; 101 × 67,9 cm
Deutsches Historisches Museum,
Berlin (1988/2104)
▶ Abb. S. 89 | © Deutsches Histori-
sches Museum

Titelblatt der Zeitschrift *Новый
Сатирикон* **(Neuer Satirikon) № 17 (5)**
St. Petersburg, 1917
Zeitschrift; 34,4 × 24,5 cm
Staatliches Museum für Politische
Geschichte Russlands, St. Petersburg
(ГМПИР КП-3977 Ф.II-11392)
▶ Abb. S. 91 | © Staatliches Museum
für Politische Geschichte Russlands,
St. Petersburg

Bauernversammlung
Dobronicy, Gouvernement Orel,
Juli 1917
Fotografie (Reproduktion)
Staatliches Museum für Politische
Geschichte Russlands, St. Petersburg
(КП-23064, Ф.III-9915)

**Telegramm des Vertreters des Aus-
wärtigen Amtes im Großen Haupt-
quartier, Legationsrat Freiherr von
Grünau, an das Auswärtige Amt**
Bad Kreuznach, 21. April 1917
Papier; 33 × 22,5 cm
Auswärtiges Amt – Politisches Archiv,
Berlin (038: Hahlweg, Nr. 68 R 20479)

**An den Staatssekretär des Reichs-
schatzamts**
Berlin, 9. November 1917
Papier; 33 × 22,5 cm
Auswärtiges Amt – Politisches Archiv,
Berlin (033: Trauptmann A.S. 4181)

**Persönliche Sachen Wladimir I. Lenins
aus seinem Exil in Zürich**
Schweiz, spätestens 1916
Das Staatliche Historische Museum,
Moskau

Teeglas
Höhe: 9 cm
(ГИМ 109135/108, ФМЛ ЛВ-108)

Teeglashalter
Gelbkupfer; Höhe: 9 cm
(ГИМ 109135/109, ФМЛ ЛВ-109)

Teesieb
Kupfer-Nickel-Legierung; Länge: 17 cm,
Ø: 5,5 cm
(ГИМ 109135/110, ФМЛ ЛВ-110)

Buttermesser
Rindsknochen; 17 × 1,8 cm
(ГИМ 109135/111, ФМЛ ЛВ-111)

Tintenfass in Form eines Bärenkopfes
Eiche, Eisen, Glas; 9 × 17 × 10,5 cm
(ГИМ 109135/145, ФМЛ ЛВ-145)

**Modell eines Panzerwagens, von dem
aus Lenin in Petrograd Reden hielt**
DDR, 1970
Nichteisenmetall, Kunststoff, Marmor,
Velourpapier; 6,9 × 14,2 × 6,2 cm
Deutsches Historisches Museum,
Berlin (SI 90/433.3)

Апрельские тезисы **(Aprilthesen)**
Kopie des Originals, angefertigt von
Nikolaj I. Podvojskij (1880–1948), dem
Vorsitzenden des Militärrevolutionären
Komitees des Petrograder Sowjets
Vladimir I. Lenin (1870–1924)
Petrograd, 1917
28 × 20 cm
Staatliches Museum für Politische
Geschichte Russlands, St. Petersburg
(КП ВС-49784/2, Ф.II ВС-3218)
▶ Abb. S. 92 | © Staatliches Museum
für Politische Geschichte Russlands,
St. Petersburg

**Der Imperialismus als jüngste Etappe
des Kapitalismus**
Vladimir I. Lenin (1870–1924)
Hamburg, 1921
Buch; 21,7 × 14 cm
Deutsches Historisches Museum,
Berlin (53/1257a)
▶ Abb. S. 93 | © Deutsches Histori-
sches Museum

Soldaten schießen auf Demonstranten
Viktor K. Bulla (1883–1938)
Petrograd, 4. Juli 1917
Fotografie (Reproduktion)
Deutsches Historisches Museum,
Berlin (F 51/2813)

**Ausweis auf den Namen K. P. Ivanov
für den Zugang zur Sestroredkij-Fabrik,
ausgestellt für Vladimir I. Lenin mit
einem Foto Lenins mit Perücke**
[Petrograd], Juli 1917
Reproduktion
Russisches Staatsarchiv für sozial-
politische Geschichte, Moskau
(Ф. 2 оп. 4 д. 17)

Die Oktoberrevolution: Machtübernahme der Bolschewiki

Modell des Kreuzers *Aurora*
Modellbauer: Walter Friedrich
Deutschland, 1957 (Modell; Original
1900)
Holz, Stahlblech; Höhe: 50 cm (ohne
Ständer), 60 cm (mit Metallsäulen des
Ständers), Breite: 21 cm, Länge: 126 cm,
Gewicht: 14 000 g
Deutsches Historisches Museum,
Berlin (W 68/61)

Der Kreuzer *Aurora* auf der Neva
Petrograd, November 1917
Fotografie (Reproduktion)
Staatliches Museum für Politische
Geschichte Russlands, St. Petersburg
(ФШ-11914)
▶ Abb. S. 97 | © Staatliches Museum
für Politische Geschichte Russlands,
St. Petersburg

**Mütze zur Uniform eines Matrosen
vom Kreuzer *Аврора* (Aurora)**
Sowjetunion, 1955 (Nachbildung;
Original 1917)
Leder, Wolle; Höhe: 10,5 cm, Breite:
24,5 cm, Länge: 25 cm (ohne Bänder),
32 cm (mit Bändern)
Deutsches Historisches Museum,
Berlin (U 59/125)

**Filmsausschnitte zur Machtüber-
nahme der Bolschewiki**
Russisches Staatliches Archiv für Film-
und Fotodokumente, Krasnogorsk

К гражданамъ России!
(An die Bürger Russlands!)
Flugblatt mit der Bekanntgabe
des Übergangs der Regierungsgewalt
an die Bolschewiki
Vladimir I. Lenin (1870–1924)
Petrograd, 25. Oktober 1917
Flugblatt; 41×29 cm
Staatliches Museum für Politische
Geschichte Russlands, St. Petersburg
(КП-52150/1 Ф.II-55988)
▶ Abb. S. 98 | © Staatliches Museum
für Politische Geschichte Russlands,
St. Petersburg

Декретъ о миръ
(Dekret über den Frieden)
Petrograd, 26. Oktober 1917
Flugblatt; 28,9×20,4 cm
Deutsches Historisches Museum,
Berlin (Do 57/237)
▶ Abb. S. 99 | © Deutsches Histori-
sches Museum

***Закон [Декрет] о земле, принятый
II Всероссийским съездом Советов
рабочих и солдатских депутатов***
**(Gesetz über Grund und Boden des
Sowjetkongresses der Arbeiter- und
Bauerndeputierten)**
Petrograd, 26. Oktober 1917
Flugblatt; 36×23 cm
Staatliches Museum für Politische
Geschichte Russlands, St. Petersburg
(КП-13021/2, Ф.II-1029/2)

Декларация прав народов России
**(Deklaration über die Rechte der
Völker Russlands)**
Petrograd, 2. November 1917
Flugschrift (Reproduktion)
Staatliches Museum für Zeitgenös-
sische Geschichte Russlands, Moskau
(ohne Inv.-Nr.)

**Sitzung des Rates der Volkskommis-
sare der Russischen Sozialistischen
Föderativen Sowjetrepublik (RSFSR)
unter dem Vorsitz von Vladimir I. Lenin
(1870–1924)**
Petrograd, November 1917
Fotografie (Reproduktion)
Staatliches Museum für Politische
Geschichte Russlands, St. Petersburg
(Ф.IX ВС-3133-1_П)
▶ Abb. S. 24 | © Staatliches Museum
für Politische Geschichte Russlands,
St. Petersburg

**Wahlplakat der Partei der Sozial-
revolutionäre mit der Losung
Земли и воли (Land und Freiheit)**
Michail N. Avilov (1882–1954)
Petrograd, 1917
Plakat; 47×35 cm
Staatliches Museum für Politische
Geschichte Russlands, St. Petersburg
(КП-6138/28, Ф.V-9501)
▶ Abb. S. 100 | © Staatliches Museum
für Politische Geschichte Russlands,
St. Petersburg

**Delegierte und Gäste
der Konstituierenden Versammlung
im Taurischen Palais**
Petrograd, 5. Januar 1918
Fotografie (Reproduktion)
Staatliches Museum für Politische
Geschichte Russlands, St. Petersburg
(КП-31457, Ф.III-10307)

***Конституция Российской Социали-
стической федеративной Советской
республики* (Verfassung der Russi-
schen Sozialistischen Föderativen
Sowjetrepublik)**
Sowjetrussland, Juli 1918
Broschüre; 22,8×14 cm
Deutsches Historisches Museum,
Berlin (Do 57/1814)

**Demonstration nach dem Attentats-
versuch auf Vladimir I. Lenin
(1870–1924) und der Ermordung
von Moisej S. Urickij (1873–1918) mit
dem Transparent *Смерть буржуазии
и ее прихвостням. Да здравствует
красный террор* (Tod der Bourgeoisie
und ihren Handlangern. Es lebe der
Rote Terror)**
Petrograd, 2. September 1918
Fotografie (Reproduktion)
Staatliches Museum für Politische
Geschichte Russlands, St. Petersburg
(Ш-11873)
▶ Abb. S. 101 | © Staatliches Museum
für Politische Geschichte Russlands,
St. Petersburg

**Filmausschnitte zur Tätigkeit der
Tscheka und zu den Wahlen zur Konstituierenden Versammlung**
Russisches Staatliches Archiv für Film-
und Fotodokumente, Krasnogorsk

Objektverzeichnis
mit Bildnachweis

**Der ehemalige Zar Nikolaus II. (Mitte)
nach seiner Abdankung mit seiner
Familie (Großfürstin Tatjana und Gräfin
Nastja Hendrikova) unter Hausarrest**
Carskoe Zelo, März 1917
Fotografie (Reproduktion)
akg-images, Berlin (AKG20506)

**Der ehemalige Zar Nikolaus II. mit
seinen Kindern in der Verbannung**
Ekaterinburg, 1918
Fotografie (Reproduktion)
bpk, Berlin (50134935)
▶ Abb. S. 102 | © bpk

**Der an der Ermordung der Zaren-
familie beteiligte Pjotr Z. Ermakov
(1884–1952)**
nahe Ekaterinburg, 1924
Fotografie (Reproduktion)
Swerdlowsk Regionalmuseum, Jekaterinburg (СМ-14450 Ф 4756/20)
▶ Abb. S. 103 | © Swerdlowsk Regional-
museum, Jekaterinburg

Der Bürgerkrieg: Kampf um Russland

**Karte zu den Beteiligten am Russi-
schen Bürgerkrieg 1917–1919**
Berlin, 2017
envision design, Chris Dormer, Berlin

**22 Geldscheine aus Besatzungs-
gebieten und vorübergehenden
Regierungen auf dem Gebiet des
ehemaligen Russischen Reiches**
Sowjetrussland, 1918–1921
Papier (Reproduktionen)
Deutsches Historisches Museum,
Berlin (N 90/4176; N 2014/222;
N 87/118; N 90/5556; N 90/5557;

N 90/5559; N 90/5560; N 90/5561;
N 90/5563; N 90/5565; N 90/5566;
N 90/5567; N 90/5569; N 90/5570;
N 90/5573; N 90/5574; N 90/5576;
N 90/5578; N 90/5579; N 90/5582;
N 90/5580; N 90/4173)

**Losung *В России сейчас две партии:
коммунисты и их враги*
(In Russland gibt es jetzt zwei Partei-
en: die Kommunisten und ihre Gegner)**
Sowjetrussland, 1919
Flugblatt (Reproduktion)
Staatliches Museum für Politische
Geschichte Russlands, St. Petersburg
(ФП-52905)

**Uniformjacke von G. I. Mordvinov
(1896–1966), Kommandeur eines
Bataillons oder einer Kompanie der
Infanterie der Roten Armee**
Sowjetrussland/Sowjetunion,
1922–1924
verschiedene Textilien; Länge: 74 cm
Das Staatliche Historische Museum,
Moskau (ГИМ 109193/342, Н-1511)

Gürtel
Sowjetunion, 1940
Leder; 127 × 4,3 cm
Das Staatliche Historische Museum,
Moskau (ГИМ 107136/400, Н-1368)

**Kopfbedeckung der Roten Armee
*Budjonovka***
Sowjetrussland/Sowjetunion,
1922–1924
Leinen, Baumwolle; Höhe: 27,5 cm
Das Staatliche Historische Museum,
Moskau (ГИМ 106598/2, Н-1365)
▶ Abb. S. 107 | © Das Staatliche Histo-
rische Museum, Moskau

**Filmausschnitte zum russischen
Bürgerkrieg**
Russisches Staatliches Archiv für Film-
und Fotodokumente, Krasnogorsk

**Wiederankunft der russischen
Delegation zu den Friedensverhand-
lungen in Brest-Litovsk**
Fotoatelier Bild- und Filmamt (Bufa)
Deutschland, Februar 1918
Postkarte (Reproduktion)
Deutsches Historisches Museum,
Berlin (DG 90/8585)

**Friedensvertrag von Brest-Litovsk
(11 Bl.)**
Brest-Litovsk, 3. März 1918
Papier; 48 × 65 × 5 cm
Auswärtiges Amt – Politisches Archiv,
Berlin (MULT R 312, 3.3.19)

Будь на страже! (Sei auf der Hut!)
Dmitrij S. Moor (1883–1946)
Sowjetrussland, 1921
Plakat; 105 × 70,5 cm
Russische Staatsbibliothek, Moskau
(12754-66)
▶ Abb. S. 108 | © Russische Staats-
bibliothek, Moskau

**Очередь за Врангелем!
(Jetzt ist Wrangel an der Reihe!)**
Nikolaj M. Kočergin (1897–1974)
Moskau, 1920
Plakat; 36,5 × 53,7 cm
Deutsches Historisches Museum,
Berlin (P 57/323)
▶ Abb. S. 109 | © Deutsches Histo-
risches Museum

**Миръ и свобода в совдепіи (Friede
und Freiheit in den Abgeordnetenräten)**
Odessa, 1919
Plakat; 40 × 29 cm
Deutsches Historisches Museum,
Berlin (P 93/6)
▶ Abb. S. 110 | © Deutsches Histori-
sches Museum

Schild mit der Flagge Großbritanniens vom Stab der Entente-Truppen in Vladivostok
Russland, 1918/19
Holz, Kupfer; 76 × 52 cm
Staatliches Museum für Zeitgenössische Geschichte Russlands, Moskau
(Вс. 5440/15)
▶ Abb. S. 111 | © Staatliches Museum für Zeitgenössische Geschichte Russlands, Moskau

Panzerzug der Roten Armee
o. O., 1918
Fotografie (Reproduktion)
Deutsches Historisches Museum, Berlin (F 7/1156)
▶ Abb. S. 28 | © Deutsches Historisches Museum

Pistole Mauser C 96
Waffenfabrik Mauser AG, Oberndorf/ Neckar
Deutschland, ab 1912
Holz, Stahl; 16 × 3 × 29,9 cm, Gewicht: 1 120 g
Deutsches Historisches Museum, Berlin (W 57/90.a-b)

Revolver M 1895 System Nagant
Entwickler: Henri-Léon Nagant
Russland, 1901
Holz, Stahl; 23 cm, Kaliber: 7,62 mm, Lauf: 11,5 cm
Deutsches Historisches Museum, Berlin (W 57/8)

Armeerevolver System Smith & Wesson No. 3 1874 («Russian Model»)
Produzent: Ludwig Loewe und Co. / Smith und Wesson
Berlin, 1877/1884
Nussbaumholz, Stahl; 30 cm, Kaliber: 11 mm (etwa), Lauf: 16,6 cm, Gewicht: 1 160 g

Deutsches Historisches Museum, Berlin (W 2013/3)
▶ Abb. S. 112 | © Deutsches Historisches Museum

Что несет народу большевизм
(Was der Bolschewismus dem Volk bringt)
A. N. Kučerova
Novočerkassk, 1919
Plakat; 53 × 69,7 cm
Staatliches Museum für Zeitgenössische Geschichte Russlands, Moskau
(ГИК-23161/78)

Зверство красновско-белогвардейских казачьих банд при занятии гор. Борисоглебска **(Greueltat der weißgardistischen Kosakenbanden der Krasnov-Armee bei der Besetzung von Borisoglebsk)**
Borisoglebsk, 1919
Plakat; 80,3 × 57,5 cm
Staatliches Museum für Zeitgenössische Geschichte Russlands, Moskau
(ГИК-2275/3 б)

Matrosen während des Aufstandes
Kronstadt, März 1921
Fotografie (Reproduktion)
Staatliches Museum für Politische Geschichte Russlands, St. Petersburg
(Ш-1393)

В последний час!
(Die letzte Stunde hat geschlagen!)
Petrograd, 1921
Flugblatt; 23 × 15 cm
Staatliches Museum für Politische Geschichte Russlands, St. Petersburg
(КП-19163, Ф.II-3230)
▶ Abb. S. 113 | © Staatliches Museum für Politische Geschichte Russlands, St. Petersburg

Заседание Комитета бедноты
(Sitzung des Komitees der Dorfarmut)
Aleksandr V. Moravov (1878 – 1951)
Sowjetrussland, 1920
Öl auf Leinwand; 120 × 160 cm, 133 × 174 cm (mit Rahmen)
Staatliches Museum für Zeitgenössische Geschichte Russlands, Moskau
(ГИК-22501)

Sogenannte Sackmenschen beim illegalen Transport von Lebensmitteln vom Land in die Stadt
V. Leonov
Petrograd, 1. Februar 1919
Fotografie (Reproduktion)
akg-images / Sputnik, Berlin
(AKG735898)

Kinderzeichnung eines Waggons der dritten Klasse des Reisezuges *Moskau – Nižnyj Novgorod*
Moskau, 1917/18
Tintenstift, Aquarell auf Papier; 25 × 35 cm
Das Staatliche Historische Museum, Moskau (ГИМ 52089, И II 5073/309)

Abgemagerte und hungernde Kinder
Wolga-Region, 1921
Fotografie (Reproduktion)
Staatliches Museum für Zeitgenössische Geschichte Russlands, Moskau
(5542/23)
▶ Abb. S. 115 | © Staatliches Museum für Zeitgenössische Geschichte Russlands, Moskau

Kundgebung für eine unabhängige Ukraine
Vinnica, Sommer 1917
Fotografie (Reproduktion)
Zentrales Staatliches Film- und Fotoarchiv der Ukraine G. S. Pšeničnyj, Kiew
(2-44034)
▶ Abb. S. 25 | © Zentrales Staatliches Film- und Fotoarchiv der Ukraine G. S. Pšeničnyj, Kiew

Objektverzeichnis
mit Bildnachweis

Четвертий Універсал Української Центральної Ради (Viertes Universal der Ukrainischen Zentralen Rada)
Kiew, 12. Januar 1918
(rückdatiert auf den 9. Januar 1918)
Flugblatt (Reproduktion)
Nationales Museum der Geschichte der Ukraine, Kiew (ohne Inv.-Nr.)
▶ Abb. S. 116 | © Nationales Museum der Geschichte der Ukraine, Kiew

Filmausschnitte zum Bürgerkrieg in den ukrainischen Gebieten
Zentrales Staatliches Film- und Fotoarchiv der Ukraine G. S. Pšeničnyj, Kiew

Vereinigung der Westukrainischen Volksrepublik und der Ukrainischen Volksrepublik auf dem Sophienplatz
Kiew, 22. Januar 1919
Fotografie (Reproduktion)
Zentrales Staatliches Film- und Fotoarchiv der Ukraine G. S. Pšeničnyj, Kiew
(од. об. O 245928)

Украинская Социалистическая Сов. Республика (Ukrainische Sozialistische Sowjetrepublik)
Odessa, 1921
Plakat (Reproduktion)
Nationales Museum der Geschichte der Ukraine, Kiew (ПЛ-142)

Erste Regierung der Belarussischen Volksrepublik (BNR) (Volkssekretariat, 20. Februar – 23. Juli 1918)
sitzend: A. Burbis, I. Sereda, Ja. Varonko, V. Zacharka; stehend: A. Smolič, P. Kračëŭski, K. Ezavitaŭ, A. Aŭsjanik, L. Zajac
Verlag: F. Skarina-Gesellschaft
Berlin, 1919
Postkarte (Reproduktion)
Staatliches Historisches Museum der Republik Belarus, Minsk (HB 19932/53)

Karte der Belarussischen Volksrepublik (BNR)
Maßstab: 1 : 4 000 000
Berlin, 1920–1925
Reproduktion
Staatliches Historisches Museum der Republik Belarus, Minsk (КП 46377)

Politiker und nationale Aktivisten mit der Fahne des Ersten Sluzker Schützenregiments der Streitkräfte der Belarussischen Volksrepublik (BNR)
v. l. n. r.: L. Vitan-Dubekovkij, unbekannt, A. Boryk
Vilnja/Wilna (heute: Vilnius), 1921
Fotografie (Reproduktion)
Staatliches Historisches Museum der Republik Belarus, Minsk (HB 20461)
▶ Abb. S. 117 | © Staatliches Historisches Museum der Republik Belarus, Minsk

Briefmarken des Armeekorps der Belarussischen Volksrepublik (BNR) unter General Stanislaŭ Bulak-Balachowič (1883–1940)
Künstler: Rihards G. Zariņš (1869–1939)
Lettland/Estland, 1920
geschlossene Reihe von fünf Marken;
Größe je Marke: 3,8 × 2,8 cm
Privatsammlung Janeke, Berlin

Wirkung und Widerstand: Die Folgen der Revolution

Ein neuer Staat: Die frühe Sowjetunion

Karte zur Entstehung der UdSSR 1922–1929
Berlin, 2017
envision design, Chris Dormer, Berlin

Wappen der Union der Sozialistischen Sowjetrepubliken (UdSSR)
Sowjetunion, 1927
Metall, Holz, Wolle, Samt; 116 × 89 cm
Staatliches Museum für Zeitgenössische Geschichte Russlands, Moskau
(ГИК-17006/57)
▶ Abb. S. 125 | © Staatliches Museum für Zeitgenössische Geschichte Russlands, Moskau

Rotbannerorden der Russischen Sozialistischen Föderativen Sowjetrepublik (RSFSR)
Sowjetrussland, 1919
Silber, Emaille; 4,4 × 3,9 cm
Deutsches Historisches Museum, Berlin (O 2016/9)
▶ Abb. S. 126 | © Deutsches Historisches Museum

Orden verschiedener Republiken
Das Staatliche Historische Museum, Moskau

Orden des Roten Banners der Armenischen SSR Nr. 54
Tiflis, 1921–1927
Silber, Emaille; 4,7 × 4 cm
(ГИМ 100090 КР ОН 1517920, НЗС44, ВА 747)

Orden des Roten Banners der Arbeit der Ukrainischen SSR Nr. 36
Ukrainische SSR, 1921–1925
Kupfer, Emaille; 6 × 5,7 cm
(ГИМ 103902, КР ОН 1599002, НЗС27)
▶ Abb. S. 127 | © Das Staatliche Historische Museum, Moskau

Orden der Arbeit der Aserbaidschanischen SSR Nr. 37
Leningrad, 1922–1929
Silber, Emaille; 4,3 × 3,8 cm
(ГИМ 104356, КР ОН 1621664, НЗС2882, ВА 746)

Orden des Roten Banners der Arbeit der Usbekischen SSR Nr. 94
Juri V. Bordzilovskij (1900–1983)
Leningrad, 1925–1927
Silber, Emaille; 4,45 × 4,3 cm
(ГИМ 107809, КР ОН 1720878-4198,
ВА 748)

Orden des Roten Banners der Arbeit der Armenischen SSR Nr. 95
Tiflis, 1920er Jahre
Silber, Emaille; 4,75 × 4,15 cm
(ГИМ 104730, КР ОН 1721628,
НЗС3494, ВА 734)
▶ Abb. S. 127 | © Das Staatliche Historische Museum, Moskau

Orden des Roten Banners der Arbeit der Tadschikischen SSR Nr. 54
Michail S. Topil'skij (1901–1979)
Leningrad, 1926–1932
Silber, Emaille, 5,2 × 4,3 cm
(ГИМ 105028, КР ОН 1725716,
НЗС1258, ВА 735)
▶ Abb. S. 127 | © Das Staatliche Historische Museum, Moskau

Orden des Roten Banners der Arbeit der Turkmenischen SSR Nr. 99
Nikolaij M. Amelin (1893–1959)
Leningrad, 1926–1928
Silber, Emaille; 5,9 × 4,8 cm
(ГИМ 105028, КР ОН 1725719,
НЗС1250, ВА 750)
▶ Abb. S. 127 | © Das Staatliche Historische Museum, Moskau

Orden des Roten Banners der Arbeit der Belarussischen SSR Nr. 124
Moskau, 1932
Silber, Emaille; 5,25 × 4,5 cm
(ГИМ 105207, КР ОН 1725938,
НЗС1402, ВА 737)
▶ Abb. S. 127 | © Das Staatliche Historische Museum, Moskau

Orden des Roten Banners der Arbeit der Choresmischen SSR
Choresmische SSR, 1922–1926
Silber, Emaille; 5,9 × 4,3 cm
(ГИМ 105575, КР ОН 1726559,
НЗС1588, ВА 738)

Orden des Roten Banners der Aserbaidschanischen SSR
Aserbaidschanische SSR, 1920–1927
Silber, Emaille; 5,3 × 4,4 cm
(ГИМ 106200, КР ОН 1734765,
НЗС2925, ВА 749)

Orden des Roten Banners der Arbeit der RSFSR
Leningrad, 1920er Jahre
Kupfer, Emaille; 4,4 × 3,8 cm
(ГИМ 104078, КР ОН 1779917, НЗС1421)
▶ Abb. S. 127 | © Das Staatliche Historische Museum, Moskau

Российская Коммунистическая партия – единственная верная защитница пролетариев всех стран и наций. Спешите в ее ряды!
(Die Russische Kommunistische Partei ist der einzig echte Schutz des Proletariats aller Länder und Nationen. Beeilt Euch einzutreten!)
Apsit [auch Apsitas oder Skif]
(Alexander P. Petrov) (1880–1944)
Ukrainische SSR, 1920
Plakat (Reproduktion)
Russische Staatsbibliothek, Moskau
(653-38ИЗО)
▶ Abb. S. 129 | © Russische Staatsbibliothek, Moskau

Das Programm der Kommunistischen Partei Russlands
Karl Radek (1885–1939)
Zürich, 1920
Broschüre; 22,9 × 15,6 cm
Deutsches Historisches Museum,
Berlin (OG 2132)

Fahrzeugmodell Rolls Royce 1907
Deutschland, 1970
Kunststoff, Marmor, Papier;
5,5 × 13,4 cm
Deutsches Historisches Museum,
Berlin (SI 90/433.4)

Vladimir I. Lenin (1870–1924) und Nadežda K. Krupskaja (1869–1939) bei einer Spazierfahrt in der Umgebung von Gorki während der Erholung Lenins nach seiner Krankheit
Sowjetrussland, 14. September 1922
Fotografie (Reproduktion)
SPUTNIK / Alamy Stock Foto, Abingdon

Vladimir I. Lenin (1870–1924) und Iosif V. Stalin (1878–1953)
Maria I. Ul'janova (1878–1937)
Gorki, 1. September 1922
Fotografie (Reproduktion)
Deutsches Historisches Museum,
Berlin (F 54/82)

Iosif V. Stalin (1878–1953) trägt den Sarg von Vladimir I. Lenin (1870–1924)
Moskau, 1924
Fotografie (Reproduktion)
ullstein bild – Archiv Gerstenberg,
Berlin (00720483)

Die Bevölkerung nimmt Abschied von Vladimir I. Lenin (1870–1924)
Moskau, Ende Januar 1924
Fotografie (Reproduktion)
Deutsches Historisches Museum,
Berlin (F 54/377)

Objektverzeichnis

mit Bildnachweis

Totenmaske Vladimir I. Lenins
(1870 – 1924)
Sergej D. Merkurov (1881–1952)
Gorki, 1924
Gips; 24 × 33 × 40 cm
Deutsches Historisches Museum,
Berlin (Kg 63/39)

Büsten Vladimir I. Lenins (1870 – 1924)
Deutsches Historisches Museum, Berlin

Vladimir I. Lenin
Sowjetrussland, 1922
Gips; 52 × 30 × 29,5 cm
(Kg 72/4)

Vladimir I. Lenin
Sowjetunion, um 1923
Kunststoff; 23,5 × 11,4 × 11 cm
(Kg 78/9)

Vladimir I. Lenin, schreibend
Nikolaj A. Andreev (1873 – 1932)
Sowjetunion, 1946/47
Gips, gegossen, bronziert;
30 × 36 × 40 cm
(SI 73/5)

Vladimir I. Lenin und Iosif V. Stalin
Constantin Baraschi (1902 – 1966)
Sowjetunion, o. D.
Bronze; 39,5 × 39,5 × 31 cm,
Höhe mit Sockel: 54,5 cm
(Kg 63/28)

Feierliche Eröffnung des II. Kongresses
der Komintern 1920
Isaak I. Brodskij (1884 – 1939)
Leningrad, 1924
Öl auf Leinwand, 320 × 532 cm
Das Staatliche Historische Museum,
Moskau (ГИМ 110937/357, ФМЛ К-378)
▶ Abb. S. 130 | © Das Staatliche Histori-
sche Museum, Moskau

Filmausschnitte zur Komintern
Russisches Staatliches Archiv für Film-
und Fotodokumente, Krasnogorsk

Medienstation zu weltweiten Reaktio-
nen auf die Russische Revolution
Berlin, 2017
Deutsches Historisches Museum, Berlin

Великий Октябрь (Ленин перед
Смольным) **(Großer Oktober**
[Lenin vor dem Smolnyj])
Isaak I. Brodskij (1884 – 1939)
Sowjetunion, 1920er Jahre
Öl auf Leinwand; 121 × 64 cm
Staatliches Museum für Politische
Geschichte Russlands, St. Petersburg
(КП-51490/405, Ф.IV-1315)
▶ Abb. S. 131 | © Staatliches Museum
für Politische Geschichte Russlands,
St. Petersburg

Lenin spricht auf dem Sverdlov-Platz
in Moskau zu Truppen der Armee
vermutlich Grigori P. Goldstein
(1870 – 1941)
Moskau, 5. Mai 1920
Fotografie (Reproduktion)
ullstein bild – United Archives / World
History Archive, Berlin (1313478941)
▶ Abb. S. 132 | © ullstein bild – United
Archives / World History Archive

Lenin spricht auf dem Sverdlov-Platz
in Moskau zu Truppen der Roten Armee
Retuschierte Fotografie, Original
vermutlich Grigori P. Goldstein
(1870 – 1941)
Moskau, 5. Mai 1920
retuschiert Sowjetunion, 1970er Jahre
Fotografie (Reproduktion)
ullstein bild – Granger, NYC, Berlin
(30063991)
▶ Abb. S. 133 | © ullstein bild –
Granger, NYC

Интеллигентка, продающая
папиросы **(Bürgerliche verkauft**
Zigaretten)
Solomon N. Straž (1870 – 1931)
Russland, 1919
Bronze; 42 × 13 × 16 cm
Staatliches Museum für Zeitgenös-
sische Geschichte Russlands, Moskau
(ГИК-5005/2)

Каторжанин, прикованный к тачке
(An einen Karren geketteter Häftling)
Marija M. Strachovskaja (1879 – 1962)
Sowjetunion, 1920er Jahre
Gips; 50 × 35 × 22 cm
Staatliches Museum für Zeitgenös-
sische Geschichte Russlands, Moskau
(ГИК-13773)
▶ Abb. S. 134 | © Staatliches Museum
für Zeitgenössische Geschichte Russ-
lands, Moskau

Prozess gegen die Partei der Sozial-
revolutionäre
Nikolaj A. Andreev (1873 – 1932)
Moskau, 1922
Kreide auf Papier; 31 × 44,3 cm
Staatliches Museum für Zeitgenös-
sische Geschichte Russlands, Moskau
(ГИК-37029/11)

Gerichtsverhandlung im *Schachty-*
Prozess **(Шахтинское дело)**
Moskau, 1928
Fotografie (Reproduktion)
ullstein bild – Süddeutsche Zeitung
Photo / Scherl, Berlin (6901512486)

Dokumente von Alexander A. Ėrn
(1969 – 1931)
Staatliches Museum für Zeitgenössische Geschichte Russlands, Moskau

Brief des Häftlings Alexander A. Ėrn
an seine Schwester Tatjana
(mit Umschlag), 2 Bl.
Soloveckij-Lager zur besonderen
Verwendung (SLON)
Popov-Insel, Karelische ASSR,
5. Dezember 1930
Brief: 21 × 15 cm, Umschlag: 11,2 × 16 cm
(ГИК-45376/9)
▶ Abb. S. 135 | © Staatliches Museum
für Zeitgenössische Geschichte Russlands, Moskau

Alexander A. Ėrn mit seinem Sohn
[Vladimir]
Sowjetunion, Oktober 1927
Fotografie; 10 × 6,5 cm, 18,3 × 11,5 cm
(Passepartout)
(ГИК-45376/3)
▶ Abb. S. 135 | © Staatliches Museum
für Zeitgenössische Geschichte Russ-
lands, Moskau

Ansicht des Klostergebäudes
auf den Soloveckij-Inseln, wo sich
das Lager befand
Sowjetunion, o. D.
Fotografie (Reproduktion)
Nationales Museum der Geschichte der
Ukraine, Kiew (ohne Inv.-Nr.)

Karte zur Lage der Soloveckij-Inseln
Berlin, 2017
envision design, Chris Dormer, Berlin

Filmausschnitte *Соловецкие лагеря*
особого назначения **(Soloveckij-Lager**
zur besonderen Verwendung)
Regisseur: A. A. Čerkasov, Kamera:
S. G. Savenko, Animation: R. F. Bancan
Sovkino, Sowjetunion, 1927/28
Russisches Staatliches Archiv für Film-
und Fotodokumente, Krasnogorsk

Filmausschnitte zum Alltag in
der Sowjetunion und zur Beerdigung
Vladimir I. Lenins (1870 – 1924)
Russisches Staatliches Archiv für Film-
und Fotodokumente, Krasnogorsk

Tondokument: *Что такое Советская*
власть? **(Was ist die sowjetische**
Macht?)
Vladimir I. Lenin (1870 – 1924)
Rede vom 23. März 1919
2:38 min.
gemeinfrei

Tondokument: *Братский союз*
советских республик **(Brüderlicher**
Verbund sowjetischer Republiken)
Leo Trotzki (1879 – 1940)
Rede von April 1919
3:30 min.
gemeinfrei

План электрификации РСФСР
(Plan zur Elektrifizierung der RSFSR)
Sowjetrussland, 1920
Deutsches Historisches Museum,
Berlin (RA 10/578)
▶ Abb. S. 136 | © Deutsches Histori-
sches Museum

Лампочка Ильича **(Iljitsch-Birne)**
Arkadij S. Šajchet (1898 – 1959)
Botino, Region Moskau, 1925
Fotografie (Reproduktion)
Multimedia Art Museum, Moskau

Нэпман у фининспектора
(«NEP-Mann» beim Finanzinspektor)
Arkadij S. Šajchet (1898 – 1959)
Moskau, 1928
Fotografie (Reproduktion)
Staatliches Museum für Zeitgenös-
sische Geschichte Russlands, Moskau
(36123/11)
▶ Abb. S. 137 | © Staatliches Museum
für Zeitgenössische Geschichte Russ-
lands, Moskau

Pralinendose *Montpensier*
Fabrik Babaev
Moskau, Ende der 1920er Jahre
Blech; 12 × 8,5 cm
Archiv der Forschungsstelle Osteuropa
an der Universität Bremen (FSO 01-057)

Parfümeriedose *Mon Rêve*
Parfümerie Tégé
Moskau, um 1925
Pappe; 9 × 6 cm
Archiv der Forschungsstelle Osteuropa
an der Universität Bremen (FSO 01-057)

Absolventen der ersten Kurse von
Traktoristen und Soldaten aus der
benachbarten Kaserne neben den
Traktoren Fordson und International
Elizaveta Becker
Sowjetunion, Baschkirische Autonome
SSR, 1. April 1929
Fotografie (Reproduktion)
akg-images / Elizaveta Becker, Berlin
(AKG2615414)

Katalog des Sowjet-Pavillons
auf der Internationalen Presseaus-
stellung *Pressa*
El Lissitzky (Lazar' M. Lisickij) (1890 – 1941)
Köln, 1928
Papier, Pappe; 21,2 × 15,3 cm,
Leporello: 20,5 × 225 cm
Deutsches Historisches Museum,
Berlin (R 13/74)
▶ Abb. S. 138 | © Deutsches Histo-
risches Museum

Mittagessen in der Kommune
Roter Oktober
Gouvernement Moskau, Mai 1928
Fotografie (Reproduktion)
Staatliches Museum für Zeitgenös-
sische Geschichte Russlands, Moskau
(4722/3)

Objektverzeichnis
mit Bildnachweis

Женщины. Идите в кооперацию
(**Frauen, tretet in die Kooperativen ein**)
Berlin, 1925
Broschüre; 23 × 15,8 cm
Deutsches Historisches Museum,
Berlin (R 64/950)
▶ Abb. S. 139 | © Deutsches Historisches Museum

Сплошная коллективизация
завершена в основных зерновых
районах СССР (**Die lückenlose Kollektivierung in den wichtigen Getreideregionen der UdSSR ist beendet**)
Moskau, 1931
Plakat; 48,5 × 35,2 cm
Staatliches Museum für Zeitgenössische Geschichte Russlands, Moskau
(ГИК-7414/15 б)
▶ Abb. S. 140 | © Staatliches Museum
für Zeitgenössische Geschichte Russlands, Moskau

Kolchosbauern bergen verstecktes
Getreide
Sowjetunion, 1931
Fotografie (Reproduktion)
Staatliches Museum für Zeitgenössische Geschichte Russlands, Moskau
(7387/10)

Головокружение от успехов.
К вопросам колхозного движения
(**Schwindelig von Erfolgen.**
Zu Fragen der kollektivwirtschaftlichen Bewegung)
Iosif V. Stalin (1878–1953)
Moskau, 2. März 1930
Buch; 16 × 10,3 cm
Staatliches Museum für Zeitgenössische Geschichte Russlands, Moskau
(ГИК-24469/16)

Modell für ein Denkmal
der III. Internationale
Vladimir E. Tatlin (1885–1953)
Moskau, 1919 (Entwurf),
2012 (Rekonstruktion)
Holz; Höhe: 185 cm
Gedenkstätte Buchenwald, Weimar

Клином красным бей белых
(**Schlagt die Weißen mit dem roten Keil**)
El Lissitzky (Lazar' M. Lisickij)
(1890–1941)
Vitebsk, 1920
Plakat (Reproduktion)
Russische Staatsbibliothek, Moskau
(370-55)

Modell eines Waggons aus dem
Agitationszug *Октябрьская*
революция (**Oktoberrevolution**)
P. N. Smoljak
Sowjetunion, 1950er Jahre
Holz, bemalt; 16 × 60 × 9,5 cm
Staatliches Museum für Zeitgenössische Geschichte Russlands, Moskau
(Bc 8598/7a)
▶ Abb. S. 141 | © Staatliches Museum
für Zeitgenössische Geschichte Russlands, Moskau

Agitationskutsche für Einwohner
muslimischer Dörfer
Turkmenistan, 1922
Fotografie (Reproduktion)
Staatliches Museum für Politische Geschichte Russlands, St. Petersburg
(KP-14803, FIII-6309)

Скоро весь мир будет наш
(**Bald wird die Welt uns gehören**)
UralROSTA
Ekaterinburg, 1919
Plakat (Reproduktion)
Russische Staatsbibliothek, Moskau
(40-64060)

С багажом не пройти!
(**Mit Gepäck kein Durchgang!**)
Vladimir V. Lebedev (1891–1967)
Petrograd, 1921
Plakat; 61 × 70 cm
Staatliches Museum für Politische
Geschichte Russlands, St. Petersburg
(У-7409/1)
▶ Abb. S. 142 | © Staatliches Museum
für Politische Geschichte Russlands,
St. Petersburg

Plakatentwürfe der sowjetrussischen
Telegrafen-Agentur *ROSTA*
Vladimir V. Lebedev (1891–1967)
Petrograd, 1923
Buch; 21,5 × 19,3 × 0,5 cm
Staatsbibliothek zu Berlin – Preußischer Kulturbesitz, Abteilung Historische Drucke (50 MA 25612)

Abriss des Denkmals für
Zar Alexander III.
Moskau, 1918
Fotografie (Reproduktion)
Staatliches Museum für Zeitgenössische Geschichte Russlands, Moskau
(16940/5)
▶ Abb. S. 31 | © Staatliches Museum
für Zeitgenössische Geschichte Russlands, Moskau

Modell des Bühnenbildes des
Theaterstückes *Октябрь* (**Oktober**)
von Aleksandr N. Afinogenov (1904–
1941) aus dem Jahr 1927
Sowjetunion, 1920er Jahre
Holz, Karton, Textil, Fotos, Glas, elektrische Installation; 88,3 × 71,5 cm
Theaterwissenschaftliche Sammlung,
Universität zu Köln (TWS BM 201)
▶ Abb. S. 143 | © Theaterwissenschaftliche Sammlung, Universität zu Köln;
Foto: Sasa Fuis

Красный флот на Неве
(Rote Flotte auf der Neva)
Konstantin I. Gorbatov (1876–1945)
Petrograd, 1919
Öl auf Leinwand; 61 × 76 cm
Staatliches Museum für Politische
Geschichte Russlands, St. Petersburg
(1У-117)

Организуйте избы-читальни
(Organisiert Dorflesesäle)
Apsit [auch Apsitas oder Skif]
(Aleksandr P. Petrov) (1880–1944)
Moskau, 1919
Plakat; 79 × 52 cm
Staatliches Museum für Zeitgenös-
sische Geschichte Russlands, Moskau
(ГИК-29713/316 б)
▶ Abb. S. 144 | © Staatliches Museum
für Zeitgenössische Geschichte Russ-
lands, Moskau

*Долой неграмотность! Грамотность
– мост к процветанию твоего народа*
**(Weg mit dem Analphabetentum!
Alphabetismus ist die Brücke zur Blüte
Deines Volkes)**
Akim K. Avanesov (1883–1966)
Rostov am Don, 1925
Plakat (Reproduktion)
Russische Staatsbibliothek, Moskau
(3852-38)
▶ Abb. S. 145 | © Russische Staats-
bibliothek, Moskau

*Что дала Октябрьская революция
работнице и крестьянке*
**(Was gab die Oktoberrevolution der
Arbeiterin und Bäuerin [?])**
Moskau, 1920
Plakat; 104,4 × 71,4 cm
Deutsches Historisches Museum,
Berlin (P 90/8501)
▶ Abb. S. 146 | © Deutsches Histo-
risches Museum

Десять лет женотделов
(Zehn Jahre Frauenabteilungen)
Moskau, 1928
Plakat; 72,5 × 108,5 cm
Staatliches Museum für Zeitgenös-
sische Geschichte Russlands, Moskau
(ГИК-30124/272)
▶ Abb. S. 147 | © Staatliches Museum
für Zeitgenössische Geschichte Russ-
lands, Moskau

**Hemd des sowjetischen Jugend-
verbandes *Komsomol***
Sowjetrussland, 1920
Baumwolle, Metall; Länge: 84 cm
Deutsches Historisches Museum,
Berlin (U 62/44)

**Teilnehmerinnen der Sportgesell-
schaft *Narpit* (Volksernährung)
auf dem Roten Platz während einer
Sportveranstaltung**
N. M. Petrov
Moskau, 1928
Fotografie (Reproduktion)
Russisches Staatliches Archiv für Film-
und Fotodokumente, Krasnogorsk
(2-113946 ч/б)

Вчера и сегодня **(Gestern und heute)**
Samuil Ja. Maršak (1887–1964)
Illustrationen: Vladimir V. Lebedev
(1891–1967)
Moskau, 1925
Kinderbuch
Staatsbibliothek zu Berlin – Preußi-
scher Kulturbesitz, Kinder- und
Jugendbuchabteilung (B III b, 2736 R)

**Entwurf für das zweite Lenin-
Mausoleum aus Holz**
Aleksej V. Ščusev (1873–1949)
Moskau, Januar 1924
Reißbleistift und Wasserfarbe auf
Transparentpapier; 24 × 46 cm
Tchoban Foundation, Museum für
Architekturzeichnung, Berlin (TF0012)

**Fotografische Ansicht des zweiten
Lenin-Mausoleums aus Holz
am Roten Platz in Moskau sowie
Ansicht des Senatsturms mit dem
Relief von Sergej T. Konenkov**
Moskau, 1924
Lichtdruck; 45 × 62 m
Tchoban Foundation, Museum für
Architekturzeichnung, Berlin (TF0785)

**Entwurf für das dritte Lenin-
Mausoleum aus Granit**
Aleksej V. Ščusev (1873–1949)
Moskau, 1930
Bleistift auf Papier; 59,3 × 151 cm
Tchoban Foundation, Museum für
Architekturzeichnung, Berlin (TF0152)

**Entwurf für das dritte Lenin-
Mausoleum am Roten Platz in Moskau.
Skizze für eine Panoramadarstellung
zum Entwurf des Granitmausoleums**
Aleksej V. Ščusev (1873–1949)
Moskau, 1924–1930
schwarze Kreide auf gelbem Papier;
43 × 150 cm
Tchoban Foundation, Museum für
Architekturzeichnung, Berlin (TF0809)

Kommunehaus
Kirill N. Afanas'ev (1909–2002)
Moskau, 1928–1931
Feder, Reißfeder, Pinsel und Tusche,
Wasserfarbe; 43,1 × 62,5 cm
Tchoban Foundation, Museum für
Architekturzeichnung, Berlin (TF0282)

Objektverzeichnis

mit Bildnachweis

Wettbewerbsentwurf für ein Wohnquartier in Zamoskvoreč'e
Grundriss eines der Gebäude für Alleinstehende, Seitenfassade des mehrstöckigen Gebäudeteils
Ilja A. Golosov (1883–1945)
Moskau, 1922
Feder, Tusche, Pinsel, Bleistift auf Transparentpapier; 14,2 × 20,9 cm
Tchoban Foundation, Museum für Architekturzeichnung, Berlin (TF0543c)

Gebäude im Stil des Konstruktivismus
Russland/Sowjetunion, 1912–1937
Fotografien (Reproduktionen)
Das staatliche A. W. Schtschussew Museum der Architektur, Moskau

Wohnhaus der Familie Mel'nikov, Moskau, 1927–1929
Architekt: Konstantin S. Mel'nikov (1890–1974)
Foto: Michail A. Il'in (1903–1981)
Moskau, 1931
(V 18035)

Haus der *Mossel'prom* (Moskauer Vereinigung von Einrichtungen zur Verarbeitung von Erzeugnissen der landwirtschaftlichen Industrie), Moskau, 1912–1925
Architekten: Nikolaj D. Strukov (1859 – nach 1926, Architekt 1912–1913), David M. Kogan (1884–1954, Architekt 1923–1925), Artur F. Lolejt (1868–1933, sechseckiger Turm 1925); Wandbild von Aleksandr M. Rodčenko (1891–1956) und Varvara F. Stepanova (1894–1958)
Foto: Andrej N. Telešev (1899–1966)
Moskau, 1930er Jahre
(V 19951)

Kulturpalast des Proletarskij-Bezirks (heute Kulturpalast des *ZIL* [Lichačëv-Fabrik]), Moskau, 1931–1937
Architekten: Aleksandr A. Vesnin (1883–1959), Viktor A. Vesnin (1882–1950), Leonid A. Vesnin (1880–1933)
Moskau, o. D.
(XI 35710)

Kulturhaus Zuev, Moskau, 1927–1929
Architekt: Il'ja A. Golosov (1883–1945)
Foto: Michail A. Il'in (1903–1981)
Moskau, 1931
(XI 1870)

Wohnhaus des Volkskommissariats für Finanzen, Moskau, 1928–1930
Architekten: Moisej Ja. Ginzburg (1892–1946), Ignatij F. Milinis (1899–1974)
Foto: Michail A. Il'in (1903–1981)
Moskau, 1931
(V 18090)

Textilfabrik *Красное знамя* (Rotes Banner), Leningrad, Umbau des Gebäudes von 1895 in den Jahren 1925 bis 1937
Architekten: Erich Mendelsohn (1887–1953, Energiestation 1925–1927), Hyppolit Pretreaus (1871–1937, weitere Bauten 1928–1929 und 1934–1937) unter Mitarbeit von Sergej O. Ovsjannikov (1880–1937)
Foto: «Intourist»
Leningrad, o. D.
(VIII 4891, XI 32205, Original: КПнвф 915/17)

Verwaltungsgebäude des Moskauer Bezirksrates, Leningrad, 1930–1935
Architekten: Ivan I. Fomin (1904–1989), Valentin G. Daugul' (1900–1941), Boris M. Serebrovskij (1902–1978)
Foto: Sergej G. Šimanskij (1898–1972)
Leningrad, 1947
(XI 1412)

Gor'kij-Theater, Rostov am Don, 1930–1936
Architekten: Vladimir A. Ščuko (1878–1939), Vladimir G. Gel'frejch (1885–1967)
Sowjetunion, 1937
(V 15480)

Hotel Iset' in der Wohnsiedlung *Городок чекистов* (Städtchen der Tschekisten), Sverdlovsk (heute Ekaterinburg), 1929–1936
Architekten: Ivan P. Antonov (1887–1967), Veniamin D. Sokolov (1889–1955), Arsenij Tumbasov (1901–1974)
o. O., o. D.
(Negativ XI 6079, Foto 30612)

Wasserturm *Белая башня* (Weißer Turm), Sverdlovsk (heute Ekaterinburg), 1930
Architekt: Moisej V. Rejmer (1878–1939)
Foto: Igor' A. Kazus' (geb. 1941)
Sowjetunion, 1973
(XI 35841)

Frauen in der Gemeinschaftsküche einer *Komunalka* (Gemeinschaftswohnung)
Russland, 1921–1929
Fotografie (Reproduktion)
Russisches Staatliches Archiv für Film- und Fotodokumente, Krasnogorsk
(2-7445 ч/б)

***Дружба народов* (Völkerfreundschaft)**
Stepan M. Karpov (1890–1929)
Sowjetunion, 1923/24
Öl auf Leinwand; 218,5 × 262,5 cm
Staatliches Museum für Zeitgenössische Geschichte Russlands, Moskau
(ГИК-6158/28)
▶ Abb. S. 118/119 und 149 | © Staatliches Museum für Zeitgenössische Geschichte Russlands, Moskau

Кто антисемит? (Wer ist Antisemit?)
Moskau, 1925
Plakat; 101,5 × 68,5 cm
Staatliches Museum für Zeitgenös-
sische Geschichte Russlands, Moskau
(ГИК-29297/14)

**Anzeige des Schauspielstudios Habima
bezüglich der Uhrzeiten der Aufnahme-
prüfungen für das erste Studienjahr**
Moskau, 20. Januar 1918
Papier; 28,5 × 38 cm
Das Staatliche Historische Museum,
Moskau (86099, арх. 2620,
ОПИ. Ф. 454, Оп. 1, Ед. хр. 230, Л. 46)

**Ensemble-Mitglieder des Habima-
Theaters im Stück Der Dybuk, Drama
von Salomon An-Ski (1863–1920)**
Moskau, 1922
Fotografien (Reproduktionen)
Theaterwissenschaftliche Sammlung,
Universität zu Köln (TWS FIN 4601-
4607, TWS FIN 4625)
▶ Abb. S. 150 | © Theaterwissenschaft-
liche Sammlung, Universität zu Köln

Abwiegen konfiszierter Kirchengüter
Sowjetunion, 1921
Fotografie (Reproduktion)
Staatliches Museum für Zeitgenös-
sische Geschichte Russlands, Moskau
(ohne Inv.-Nr.)

**Eine Arbeiterfamilie richtet ihre
neue Wohnung ein**
Moskau, 1927
Fotografie (Reproduktion)
Russisches Staatliches Archiv für Film-
und Fotodokumente, Krasnogorsk
(2-40616 ч/б)
▶ Abb. S. 151 | © Russisches Staatliches
Archiv für Film- und Fotodokumente,
Krasnogorsk

Безбожник (Gottloser)
Moskau, 1929 (Nr. 15)
Broschüre (Reproduktion)
gemeinfrei

**Когда били колокола
(Als die Glocken zerstört wurden)**
Michail M. Prišvin (1873–1954)
Sergiev Posad, Troice-Sergieva Lavra,
Januar–Februar 1930
Fotografie (Reproduktion)
Staatliches Literaturmuseum, Moskau

Laboratorium
der Zwanziger Jahre

**Raumkonstruktion Nr. 11
(Quadrat im Quadrat), 1920/21**
Alexander Rodtschenko (Aleksandr
M. Rodčenko) (1891–1956)
Rekonstruktion nach einer historischen
Fotografie von Aleksandr N. Lavrent'ev
Ausführung: Galerie Gmurzynska,
Köln 1995
Aluminium; 128 × 120 cm
Berlinische Galerie, Landesmuseum
für Moderne Kunst, Fotografie und
Architektur, Berlin (BG-S 8130/96)
▶ Abb. S. 153 | © Berlinische Galerie,
Landesmuseum für Moderne Kunst,
Fotografie und Architektur

**Proun (Blatt 1, 2 aus der
1. Kestnermappe)**
El Lissitzky (eigentlich Lazar' M. Lisickij)
(1890–1930)
o. O., 1919–1923
Mappenwerk, Lithografie und Collage;
je 60 × 44 cm
Staatliche Museen zu Berlin, Kupferstichkabinett (64,4-62; 64,5-62)

Karikatur Osip M. Brik
Unpubliziertes Titelblatt für die
Zeitschrift LEF
Alexander Rodtschenko (Aleksandr
M. Rodčenko) (1891–1956)
Sowjetunion, 1924
Fotografie (Reproduktion)
Multimedia Art Museum, Moskau
(МДФ КП-1773 ФII-8442)
▶ Abb. S. 154 | © Multimedia Art
Museum / Museum «Moskauer Haus
der Fotografie», Moskau

**Утренняя зарядка
(Morgengymnastik)**
Arkadij S. Šajchet (1898–1959)
Moskau, 1927
Fotografie (Reproduktion)
Multimedia Art Museum, Moskau
(МДФ КП-700/3 ФII-10013)
Sammlung des Moskauer Museums
«Haus der Fotografie»
▶ Abb. S. 155 | © Familie Schaichet

**Пламя революции
(Die Flamme der Revolution)**
Vera I. Muchina (1889–1953)
Sowjetrussland, 1922
Bronze; 90 × 43 × 5 cm
Die Staatliche Tretjakow Galerie,
Moskau (СКС-194 п. 30249)
▶ Abb. S. 156 | © Die Staatliche
Tretjakow Galerie, Moskau

**Первая демонстрация
(Семья рабочего в первую годов-
щину Октября 1918 год)
(Die erste Demonstration.
Eine Arbeiterfamilie auf dem Weg
zum 1. Jahrestag, Oktober 1918)**
Kuzma S. Petrov-Vodkin (1878–1939)
Sowjetunion, 1927
Öl auf Leinwand; 129,7 × 158,2 cm

Objektverzeichnis

mit Bildnachweis

Staatliches Museum für Zeitgenössische Geschichte Russlands, Moskau
(ГИК-4418/14)
► Abb. S. 157 | © Staatliches Museum
für Zeitgenössische Geschichte Russlands, Moskau

Комсомолки (Komsomolzinnen)
Konstantin F. Juon (1875–1958)
Sowjetunion, 1926
Öl auf Leinwand; 51,3 × 65,4 cm
Staatliches Museum für Zeitgenös-
sische Geschichte Russlands, Moskau
(ГИК-7826/1)
► Abb. S. 158 | © Staatliches Museum
für Zeitgenössische Geschichte Russ-
lands, Moskau

Делегатка (Die Delegierte)
Georgij G. Rjažskij (1895–1952)
Sowjetunion, 1927
Öl auf Leinwand; 100,3 × 61,5 cm
Die Staatliche Tretjakow Galerie,
Moskau (17342 КРТГ-7587/120)

**Мы строим социализм
(Wir bauen den Sozialismus)**
Jurij I. Pimenov (1903–1977)
Moskau/Leningrad, 1928
Plakat (Reproduktion)
Russische Staatsbibliothek, Moskau
(9619-55)
► Abb. S. 159 | © Russische Staats-
bibliothek, Moskau

**Ленгиз: книги по всем отраслям
знания (Lengiz [Leningrader
Abteilung des staatlichen Verlages]:
Bücher für alle Wissensgebiete)**
Alexander Rodtschenko (Aleksandr
M. Rodčenko) (1891–1956)
Moskau, 1925
Plakat (Reproduktion)
Russische Staatsbibliothek, Moskau
(72701-O)

**Postkarten zur Spartakiade
Moskau 1928**
Gustav G. Klucis (1895–1938)
Sowjetunion, 1928 (Reproduktion,
um 1980)
Postkarten; 14,8 × 10 cm
Deutsches Historisches Museum,
Berlin (PK 95/275.1; PK 95/274.8;
PK 95/276.7; PK 95/277.8; PK 95/278.8;
PK 95/279.8; PK 95/280.7; PK 95/282.6)
► Abb. S. 160 | © Deutsches Histori-
sches Museum

Entwürfe für Kleider
Ljubov S. Popova (1889–1924)
Sowjetunion, 1923/24
Tinte auf Papier; 38,5 × 119 cm
Martin Kamer, Schweiz
► Abb. S. 161 | © Martin Kamer,
Schweiz; Foto: Danilo Rüttimann,
Schweizerisches Nationalmuseum

**Frauenkleid im Stil des Konstruk-
tivismus nach Entwürfen von
Alexandra A. Exter (1882–1949)**
Sowjetunion, 1924; nachgenäht
Deutschland, 1979 (Erika Hoffmann)
Textil; 165 × 45 cm
Sammlung Hoffmann, Berlin

**Teller Земля трудящимся
(Die Erde gehört den Arbeitern)**
Natan I. Al'tmann (1889–1970)
Sowjetunion, 1919
Aufglasurmalerei; Ø 24,5 cm
Freunde des Badischen Landesmuseums
e.V., Karlsruhe (BLM 90/342)

Teller Петроград (Petrograd)
Zinaida V. Kobyleckaja (1881–1957)
Ausführung: Ekaterina A. Jakomovskaja
(1895 – ?)
Sowjetunion, 1921
Aufglasurmalerei; Ø 36,8 cm
Badisches Landesmuseum, Karlsruhe
(74/50)

Teller Материнство (Mutterschaft)
Aleksandra V. Sčekotichina-Potockaja
(1892–1967)
Ausführung: Marija P. Kirillova (1896 – ?)
Sowjetunion, 1920
Aufglasurmalerei; Ø 26,2 cm
Badisches Landesmuseum, Karlsruhe
(83/03)

**Teller Всенарпит СССР
(Volksernährung UdSSR)**
[Vsenarpit, Russisch für: Unionsgesell-
schaft Volksernährung]
Aufschrift: Через Производственные
совещания добьемся улучшения
работы Столовой (Durch Treffen der
Produktion verbessern wir die Arbeit
der Kantine)
Staatliche Porzellanmanufaktur
Petrograd
Aleksandr A. Wesnin (1883–1959)
Petrograd, um 1925
Aufglasurmalerei; Ø 21 cm
Deutsches Historisches Museum,
Berlin (KG 2000/35)

**Teller Всенарпит СССР
(Volksernährung UdSSR)**
[Vsenarpit, Russisch für: Unionsgesell-
schaft Volksernährung]
Aufschrift: Помогай улучшению
качества продукции (Hilf, die Qualität
der Produktion zu verbessern)
Staatliche Porzellanmanufaktur
Petrograd
Sergej V. Čechonin (1878–1936)
Petrograd, um 1919
Aufglasurmalerei; Ø 21,5 cm
Deutsches Historisches Museum,
Berlin (KG 2000/34)

**Tasse und Untertasse mit supre-
matistischem Dekor**
Il'ja G. Čašnik (1902–1929)
Novgorod, 1925
Aufglasurmalerei; Tasse Höhe 6,7 cm;
Untertasse Ø 16,6 cm
Badisches Landesmuseum, Karlsruhe
(76/91a-b)

Tasse und Untertasse *Городок*
(Städtchen)
Staatliche Porzellanmanufaktur
Petrograd
Wassily Kandinsky (Vassilij V. Kandinskij)
(1866–1944)
Petrograd, 1923
Aufglasurmalerei; Tasse Höhe 5,3 cm,
Ø 4,9–9,1 cm; Untertasse: Höhe 2,5 cm,
Ø 13,8 cm
Das Staatliche Historische Museum,
Moskau (ГИМ 105772/1 11925/1 фф;
ГИМ 105772/2 11925/2 фф)
▶ Abb. S. 162 | © Das Staatliche Histo-
rische Museum, Moskau

**Kaffeeservice: Tablett, Kanne, Zucker-
dose, zwei Tassen mit Untertassen**
Staatliche Porzellanmanufaktur
Petrograd
Nikolaj M. Suetin (1897–1954)
Form (1920): Sergej V. Čechonin
(1878–1936)
Petrograd, 1930
Aufglasurmalerei; Ø 34,5 cm; Ø 10,3 cm;
Ø 10,3 cm; Ø 14,7 cm; Ø 9,4 cm
Badisches Landesmuseum, Karlsruhe
(79/403a-e)

Kaffeekanne
Staatliche Porzellanmanufaktur
Petrograd
Nikolaj M. Suetin (1897–1954)
Form (1920): Sergej V. Čechonin
(1878–1936)
Petrograd, 1926
Aufglasurmalerei; Höhe: 18 cm
Badisches Landesmuseum, Karlsruhe
(76/90)

Schreibzeug
Staatliche Porzellanmanufaktur
Petrograd
Nikolaj M. Suetin (1897–1954)
Ausführung: Anatolij M. Lukin (1864 – ?)
Petrograd, 1923
Porzellan, unbemalt; 5,8 × 16 cm
Badisches Landesmuseum, Karlsruhe
(79/735)

**Schachspiel
«Die Roten und die Weißen»**
Staatliche Porzellanmanufaktur
Petrograd
Natalja Ja. Danko (1892–1942)
Petrograd, 1922 (Entwurf), 1925–1936
(Produktion)
Aufglasurmalerei; Höhe der Figuren:
11 cm
Badisches Landesmuseum, Karlsruhe
(94/697)

**Porzellanfiguren «Arbeiterin, die eine
Rede hält» und «Matrose»**
Staatliche Porzellanmanufaktur
Petrograd
Natalja Ja. Danko (1892–1942)
Petrograd, 1923
Aufglasurmalerei; Höhe: 17,8 cm;
18,7 cm
Das Staatliche Historische Museum,
Moskau (ГИМ 102680/2 10542 фф;
ГИМ 103867/2 10903 фф)

Die Zwölf
Aleksandr A. Blok (1880–1921)
Illustrationen: Vassilij N. Masjutin
(1884–1955)
Berlin, 1921
Buch; 25,9 × 19,8 cm
Deutsches Historisches Museum, Berlin
▶ Abb. S. 163 | © Deutsches Histori-
sches Museum

***Unzeitgemäße Gedanken: Anmerkun-
gen zu Revolution und Kultur***
Maksim Gor'kij (eigentlich: Alexej
M. Peškov) (1868–1936)
Frankfurt am Main, 1974 (Original:
Petrograd, 1917/18, veröffentlicht in
der Tageszeitung *Novaja Žizn'*)
Buch; 17,7 × 10,9 cm
Deutsches Historisches Museum, Berlin

Mysterium buffo
Vladimir V. Majakovskij (1893–1930)
Frankfurt am Main, 1964 (Original:
Petrograd, 1918)
Buch; 18,4 × 12 cm
Deutsches Historisches Museum, Berlin

Die gefährdete Demokratie:
Deutschland

Kindertod
Heinrich Ehmsen (1886–1964)
Deutschland, 1917/18
Öl auf Leinwand; 65 × 52 cm
Deutsches Historisches Museum,
Berlin (Gm 94/22)

**Gruppenfoto mit Ernst Reuter
(markiert) im Kreis seiner Kameraden**
Warmbrunn, 2. April 1915
Fotografie; 8,9 × 14 cm
Landesarchiv Berlin (E Rep. 200-21
(Fotos), Nr. 90)
▶ Abb. S. 169 | © Landesarchiv Berlin

**Kleinformatige Bleistiftzeichnung
einer Anlage mit Kohlenschacht von
V. V. Nikonovo / Gouv. Tula, Russland
(Vorderseite). Postkartenvordruck in
russischer Sprache (Rückseite)**
Tula (Russland), um 1915
Bleistift auf Papier; 9,2 × 13,9 cm
Landesarchiv Berlin (E Rep. 200-21-01,
Nr. 355, F 73)

Objektverzeichnis

mit Bildnachweis

Handgeschriebene Postkarte Ernst Reuters aus russischer Kriegsgefangenschaft in Nischni Nowgorod an seine Eltern in Aurich auf original Postkartenvordruck «russische Postkarte für Kriegsgefangene»
Ernst Reuter (1889–1953)
Nischni Nowgorod, 15. Oktober 1916
Papier; 9,5 × 13,5 cm
Landesarchiv Berlin (E Rep. 200-21, Nr. 151, Blatt 204)
▶ Abb. S. 169 | © Landesarchiv Berlin

Porträt Ernst Reuters (Passbild)
um 1919
Fotografie (Reproduktion)
Landesarchiv Berlin (E Rep. 200-21, Nr. 95)

Im Kommunistischen Russland. Briefe aus Moskau
Alfons Paquet (1881–1944)
Leipzig, 1919
Buch; 21,5 × 14,5 cm
Staatsbibliothek zu Berlin – Preußischer Kulturbesitz (Ue 6830/46<a>)

Das Angebot eines Schutz- und Trutzbündnisses an die deutschen Arbeiter und Soldaten
Flugschrift des Allrussischen Zentralkomitees der Räte
o. O., Oktober 1918
Papier; 22,3 × 15,3 cm
Berlinische Galerie, Landesmuseum für Moderne Kunst, Fotografie und Architektur, Berlin (BG-HHC D 471/79)

Wimpel zur Begrüßung der revolutionären Matrosen in Wilhelmshaven
Deutschland, November 1918
Baumwolle; 15 × 28 cm
Deutsches Historisches Museum, Berlin (Fa 80/9)

Im U-Boot-Hafen wird auf einem Boot die rote Fahne gehisst
Kiel, 4. November 1918
Fotografie (Reproduktion)
Deutsches Historisches Museum, Berlin (BA 90/5439)
▶ Abb. S. 170 | © Deutsches Historisches Museum

Armbinde des Arbeiter- und Soldatenrates des Kreises Teltow
Teltow (Brandenburg), 1918/19
Leinen; 4,5 × 21 cm
Deutsches Historisches Museum, Berlin (KTe 79/40)
▶ Abb. S. 171 | © Deutsches Historisches Museum

Armbinde für Mitglieder des Sicherheitsdienstes des Arbeiter- und Soldatenrates Leipzig
Deutschland, 1918/19
Leinen, bedruckt; 13 × 21 cm
Deutsches Historisches Museum, Berlin (U 67/97)

Karte zur Entstehung von Arbeiter- und Soldatenräten im Deutschen Reich 1918
envision design, Chris Dormer, Berlin

Filmausschnitte zu Massendemonstrationen in Berlin und München
1918/19
Bundesarchiv-Filmarchiv / Transit Film GmbH, Berlin

Kundgebung der Soldaten und Arbeiter (MSPD und USPD)
Heinrich Hoffmann (1885–1957)
München, 7. November 1918
Fotografie (Reproduktion)
Bayerische Staatsbibliothek, Bildarchiv, München (hoff-5124)

Die Diktatur des Proletariats
Karl Kautsky (1854–1938)
Wien, 1918
Buch; 22,4 × 15,3 cm
Deutsches Historisches Museum, Berlin (R 96/1511)

Der erste Reichskongress der Arbeiter- und Soldatenräte tagt im Preußischen Abgeordnetenhaus
Neuheiten-Vertrieb «Elektra», Paul Hoffmann & Co. GmbH
Berlin, 16. – 21. Dezember 1918
Fotografie (Reproduktion)
Deutsches Historisches Museum, Berlin (Do 77/428 I (2249))

Bolschewismus bringt Krieg Arbeitslosigkeit und Hungersnot
Plakat der Vereinigung zur Bekämpfung des Bolschewismus
Julius Ussy Engelhard (1883–1964)
Berlin, 1918
Plakat; 125,3 × 95,5 cm
Deutsches Historisches Museum, Berlin (P 90/8148)
▶ Abb. S. 172 | © Deutsches Historisches Museum

Bürger, Arbeiter, Soldaten! Heraus zum Kampf …
Solidaritätsaufruf der Antibolschewistischen Liga zur Gegengewalt gegen den Bolschewismus und für Brot, Frieden und Freiheit
Antibolschewistische Liga
Deutschland, 1918/19
Papier; 32,1 × 24 cm
Deutsches Historisches Museum, Berlin (Do 68/565I)

Plakate gegen den Bolschewismus an der Berliner Russischen Botschaft
Berlin, Januar 1919
Fotografie (Reproduktion)
Bundesarchiv, Bild 146-1971-085-57, Berlin

**Bolschewismus ist Hunger und Tod /
niemals aber Frieden**
Antibolschewistisches
Propagandaplakat
Hanns Anker (1873–1950)
Deutschland, um 1920
Plakat; 61,5 × 46,5 cm
Deutsches Historisches Museum,
Berlin (P 61/1508)

Hoch Spartakus
Karl Holtz (1899–1978)
Deutschland, 1919/20
Feder auf Papier; 28 × 17 cm
Deutsches Historisches Museum,
Berlin (Gr 76/126)
▶ Abb. S. 173 | © Deutsches Histori-
sches Museum

**Bewaffnete hinter Papierbarrikaden
vor dem Mossehaus**
Berlin, Januar 1919
Fotografie (Reproduktion)
Deutsches Historisches Museum,
Berlin (BA 90/5900)

**Zwei Männer tragen einen
Verwundeten**
Willy Römer (1887–1979)
Berlin, Januar 1919
Fotografie (Reproduktion)
Deutsches Historisches Museum,
Berlin (Do 77/1I.6)

**Schweres Maschinengewehr 08,
mit Lafette**
Spandau (heute: Berlin-Spandau), 1914
Stahl, Eisen, Holz, Leder;
106 × 58 × 137 cm
Deutsches Historisches Museum,
Berlin (W 77/67)

Liebknecht / Der Agent Rußlands!
Eduard Stadtler (1886–1945)
Berlin, Januar 1919
Flugblatt; 31,7 × 23,8 cm
Deutsches Historisches Museum,
Berlin (Do 56/250)
▶ Abb. S. 174 | © Deutsches Histo-
risches Museum

Noske schlägt die Revolution nieder
Conrad Felixmüller (1897–1977)
Deutschland, 1919
Tusche auf Papier; 23,8 × 21 cm
Deutsches Historisches Museum,
Berlin (Kh 64/9)
▶ Abb. S. 175 | © Deutsches Histo-
risches Museum

**Abguss der Totenmaske
von Karl Liebknecht**
Berlin, Januar 1919 (Original)
Gips; 24 × 15 × 10 cm
Deutsches Historisches Museum,
Berlin (Kg 89/4)
▶ Abb. S. 176 | © Deutsches Histo-
risches Museum

**Der Leichenzug mit den Särgen von
Karl Liebknecht und Rosa Luxemburg**
Neuheiten-Vertrieb «Elektra»,
Paul Hoffmann & Co. GmbH
Berlin, 25. Januar 1919
Fotografie (Reproduktion)
Deutsches Historisches Museum,
Berlin (Do 75/290 I (2275))

**Eintrittskarte für die Beerdigung
von Rosa Luxemburg**
Die Zentrale der Kommunistischen
Partei Deutschlands
Berlin, 13. Juni 1919
Papier; 7,1 × 12,7 cm
Deutsches Historisches Museum,
Berlin (Do 72/976I)

**Wandschmuck mit dem Porträt
von Rosa Luxemburg**
Deutschland, 1920er Jahre
Messing; 23 × 16 × 2,2 cm
Deutsches Historisches Museum,
Berlin (MK 89/162)
▶ Abb. S. 177 | © Deutsches Histo-
risches Museum

Beerdigung der Revolutionsopfer II
Max Pechstein (1881–1955)
Deutschland, 1919
Öl auf Karton; 30,5 × 36,5 cm
Deutsches Historisches Museum,
Berlin (Gm 2005/10)
▶ Abb. S. 178 | © Deutsches Histo-
risches Museum

**Bayern, der Bolschewik geht um!
Hinaus mit ihm am Wahltag! Bayeri-
sche Volkspartei**
Wahlplakat der Bayerischen Volkspartei
zu den Landtagswahlen 1919 in Bayern
Hermann Keimel (1899–1948)
München, 1918/19
Plakat; 99,4 × 72 cm
Deutsches Historisches Museum,
Berlin (P 61/1584)
▶ Abb. S. 181 | © Deutsches Histo-
risches Museum

Was bringt die Räterepublik?
Plakat des Bundes für Ordnung
gegen die Räterepublik
Leipzig, 1919
Plakat; 89,7 × 60,1 cm
Deutsches Historisches Museum,
Berlin (P 73/1045)

**Eine Gruppe von russischen Kriegs-
gefangenen im Trauerzug für
den ermordeten Ministerpräsidenten
Kurt Eisner**
München, 26. Februar 1919
Fotografie (Reproduktion)
ullstein bild, Berlin

Objektverzeichnis

mit Bildnachweis

Im Morgengrauen
Emanuel Bachrach-Barée (1863–1943)
München, 1919
Öl auf Leinwand; 42,8 × 52,8 cm
Deutsches Historisches Museum,
Berlin (1987/204)

Wählt Spartakus
Wahlaufruf der Kommunistischen
Partei Deutschlands (KPD)
Karl Jakob Hirsch (1892–1952)
Berlin, 1919
Plakat; 74,8 × 99,2 cm
Deutsches Historisches Museum,
Berlin (P 63/226.2)
▶ Abb. S. 179 | © Deutsches Historisches Museum

**Banner der Kommunistischen Partei
Deutschlands (KPD)**
Deutschland, um 1920
Wolle, Metall; 120 × 100 cm
Deutsches Historisches Museum,
Berlin (Fa 66/2.1)
▶ Abb. S. 183 | © Deutsches Historisches Museum

**Die russische und deutsche Revolution
und die Weltlage**
Rede von Karl Radek auf dem
Gründungsparteitag der KPD
Karl Radek (1885–1939)
Berlin, 1919
Buch; 21,6 × 15,2 cm
Deutsches Historisches Museum,
Berlin (Do2 2014/2561)

**Der bekannte russische Agitator
Radek nach seiner Entlassung aus
deutscher Schutzhaft**
Berlin, 1919/20
Fotografie (Reproduktion)
Deutsches Historisches Museum,
Berlin (Ph 2005/123)

Arbeiter beim Lesen der *Roten Fahne*
Karl Holtz (1899–1978)
Deutschland, um 1920
Öl auf Pappe; 29,6 × 21,2 cm
Deutsches Historisches Museum,
Berlin (Kg 67/4)

**Stahlhelm eines Freikorpsange-
hörigen, Modell 1916**
Eisenhütte Silesia AG
Paruszowiec, 1916/1918
Stahl, Blech; 17 × 25 × 32 cm
Deutsches Historisches Museum,
Berlin (U 90/55)
▶ Abb. S. 184 | © Deutsches Historisches Museum

**Putschisten verteilen Flugzettel
vor der Reichskanzlei**
Willy Römer (1887–1979)
Berlin, 13. März 1920
Fotografie (Reproduktion)
Deutsches Historisches Museum,
Berlin (F 61/1643)
▶ Abb. S. 185 | © Deutsches Historisches Museum

**Arbeiter! Arbeiterfrauen!
Welchen Weg wollt ihr gehen? /
zur Sozialdemokratie oder zur
Kommunistischen Partei?**
Plakat mit Aufruf zum Eintritt
in die KPD
Karl Holtz (1899–1978)
Deutschland, 1921
Plakat; 70,8 × 91,3 cm
Deutsches Historisches Museum,
Berlin (P 63/537)
▶ Abb. S. 186 | © Deutsches Historisches Museum

**Widmungsblatt an die neueintre-
tenden Mitglieder**
Kommunistische Partei Deutschlands
(KPD)
Deutschland, um 1925
Papier; 23 × 15,2 cm
Deutsches Historisches Museum,
Berlin (Do 65/2033)

**Telegramm von Maksim Gor'kij
an den deutschen Schriftsteller
Gerhart Hauptmann (1862–1946)**
Maksim Gor'kij (eigentlich: Alexej
M. Peškov) (1868–1936)
Moskau, 14. Juli 1921
Papier (Reproduktion)
Staatsbibliothek zu Berlin – Preußi-
scher Kulturbesitz, Handschriften-
abteilung (Nachlass Gerhart Haupt-
mann, GH Br NL A: Gorki, Maxim, 1, 1-5)
▶ Abb. S. 182 | © Staatsbibliothek
zu Berlin – Preußischer Kulturbesitz,
Handschriftenabteilung

Helft Russland
Plakat des Komitees der Arbeiterhilfe
(IAH)
Käthe Kollwitz (1867–1945)
Deutschland, 1921
Plakat; 64,7 × 45,7 cm
Deutsches Historisches Museum,
Berlin (P 55/172.2)

Vertrag von Rapallo
Genua, April 1922
Fotografie (Reproduktion)
Bundesarchiv, Bild 183-R14433, Berlin

**Pest in Rußland. Der Bolschewismus,
seine Häupter, Handlanger und
Opfer mit 75 Lichtbildern aus
Sowjet-Rußland**
Alfred Rosenberg (1892–1946)
München, 1922
Buch; 22,5 × 15,5 × 1 cm

Deutsches Historisches Museum,
Berlin (R 17/431)
▶ Abb. S. 187 | © Deutsches Historisches Museum

**Monokulares Auszugsfernrohr
von Max Hoelz**
Deutschland, um 1900
Messing, Glas, Blech; 45 cm
Deutsches Historisches Museum,
Berlin (Pro 68/319)
▶ Abb. S. 188 | © Deutsches Historisches Museum

**Armbinde des Adjutanten von
Max Hoelz in Falkenstein mit der
Aufschrift «Polizei»**
Deutschland, 1921
Baumwolle; 9 × 16 cm
Deutsches Historisches Museum,
Berlin (U 72/195)

Filmausschnitte zu Max Hoelz
Russisches Staatliches Archiv für Film-
und Fotodokumente, Krasnogorsk

**Reichsbanknote 200 000 Mark
mit antisemitischem Aufdruck
«Sowjet Jude Radeck»**
Reichsbankdirektorium
Deutschland, 9. August 1923
Papier, bedruckt; 7 × 11,5 cm
Deutsches Historisches Museum,
Berlin (N 2006/77)
▶ Abb. S. 189 | © Deutsches Historisches Museum

**Aufstand der Kommunistischen Partei
(KPD) in Barmbeck**
Willy Römer (1887–1979)
Barmbeck (heute: Hamburg-Barmbek),
23. – 25. Oktober 1923
Fotografie (Reproduktion)
bpk, Berlin (20038025)
▶ Abb. S. 190 | © bpk / Kunstbibliothek,
SMB, Photothek Willy Römer / Willy
Römer

*Reichsexekution. Vorgehen der Reichs-
wehr gegen Aufständische. Soldaten
mit aufgepflanztem Bajonett auf der
Straße Obermarkt / Ecke Korngasse*
Georg Pahl (1900–1963)
Freiberg, Oktober 1923
Fotografie (Reproduktion)
Bundesarchiv, Bild 102-00190, Berlin

**Fahnenspitze des Roten Front-
kämpferbundes (RFB)**
Deutschland, 1924–1929
Leichtmetall, bemalt; 36,2 × 14,8 cm
Deutsches Historisches Museum,
Berlin (Fa 2016/4)
▶ Abb. S. 191 | © Deutsches Historisches Museum

**Mitgliedsausweis des Roten Front-
kämpferbundes (RFB)**
Roter Frontkämpferbund e.V.,
Gau Ruhrgebiet
Recklinghausen, 1928
Buch; 12,6 × 10,4 cm
Deutsches Historisches Museum,
Berlin (Do 62/161)

**Reichstreffen des Roten Front-
kämpferbundes (RFB) im Berliner
Schillerpark**
Berlin, 5./6. Juni 1927
Fotografie (Reproduktion)
Deutsches Historisches Museum,
Berlin (BA 90/6025)

**Agitationswagen mit Mitgliedern
des Roten Frontkämpferbundes (RFB)**
Berlin, 1928
Fotografie (Reproduktion)
Deutsches Historisches Museum,
Berlin (F 65/1059)

**Schalmei des Roten Frontkämpfer-
bundes (RFB)**
Deutschland, 1924–1929
Metall; 25 × 18 cm
Deutsches Historisches Museum,
Berlin (U 79/29)

***Mein Kampf*, 1. Bd., 2. Auflage**
Adolf Hitler (1889–1945)
München, 1926
Buch; 23,5 × 16 × 2,5 cm
Deutsches Historisches Museum,
Berlin (R 92/5512-1<2>)

Die Internationale
Otto Griebel (1895–1972)
Dresden, 1929/30
Öl auf Leinwand; 123 × 183 cm
Deutsches Historisches Museum,
Berlin (Kg 62/61)
▶ Abb. S. 192/193 | © Deutsches
Historisches Museum / Matthias Griebel

**Tondokument: Revolutionslied
*Die Internationale***

*Die kurzlebige Räterepublik:
Ungarn*

**Revolutionäre während der «Astern-
revolution»**
Ungarn, Oktober 1918
Fotografien (Reproduktionen)
Verteidigungsministerium, Militär-
historisches Institut und Museum,
Budapest (28.958; 81.490)

***Köztársaságot!* (Republik!)**
Mihály Biró (1886–1948)
Budapest, November 1918
Plakat (Reproduktion)
Budapest History Museum, Museum
Kiscell (K 65.47.245)
▶ Abb. S. 195 | © Budapest History
Museum, Museum Kiscell

Objektverzeichnis

mit Bildnachweis

Filmausschnitte zur Ausrufung der Republik in Wien
Wien, 1918
Österreichisches Filmmuseum, Wien

Stärkt die Rote Welle – Die Rettung des Weltproletariats und wählet kommunistisch
Wahlplakat der Kommunistischen Partei Österreichs
Oszkar Glatzel
Wien, um 1920
Plakat; 63 × 92,3 cm
Deutsches Historisches Museum, Berlin (P 63/526)

Generalversammlung am Parlamentsplatz aus Anlass der Ausrufung der Ungarischen Räterepublik
Budapest, 23. März 1919
Fotografie (Reproduktion)
Verteidigungsministerium, Militärhistorisches Institut und Museum, Budapest (81.863)

Világforradalom (Weltrevolution)
Ferenc Márton (1884–1940)
Budapest, 1919
Papier; 31,4 × 22,4 cm
Verteidigungsministerium, Militärhistorisches Institut und Museum, Budapest (14309/Kp)
► Abb. S. 196 | © Verteidigungsministerium, Militärhistorisches Institut und Museum, Budapest

Felszabadulás (Befreiung)
Ferenc Márton (1884–1940)
Budapest, 1919
Papier; 30,5 × 21,5 cm
Verteidigungsministerium, Militärhistorisches Institut und Museum, Budapest (6291/Kp)

Bitangok! Ezt Akantátok? (Ihr Schurken, habt ihr das gewollt?)
Politisches Plakat zu den Auswirkungen der Erklärung der Räterepublik zur Pariser Friedenskonferenz
Mihály Biró (1886–1948)
Budapest, 1919
Plakat; 92,6 × 125,3 cm
Deutsches Historisches Museum, Berlin (P 90/84)

Proletárok! Elöre! Ti vagytok a világ megváltoi! (Proletarier! Nach vorn! Ihr seid die Erlöser der Welt!)
Szántó Lajos (1890–1965)
Budapest, um 1919
Plakat; 90,4 × 118,1 cm
Deutsches Historisches Museum, Berlin (P 62/1511)

Medaille *Tod den Unterdrückern*
Ungarn, 1919
Metall; 3,5 × 5,2 cm
Budapest History Museum, Museum Kiscell (25420)

Truppenabzeichen des Csepeler Eisenarbeiter-Regiments der Roten Armee
Szilard Szödy (1878–1939)
Ungarn, 1919
Metall; 4,3 × 5,1 cm
Budapest History Museum, Museum Kiscell (25.421)

Zerstörung der Standbilder der Monarchen auf dem Heldenplatz
Budapest, 1919
Fotografie (Reproduktion)
Budapest History Museum, Museum Kiscell (13127.32)

Tibor Szamuely (1890–1919) und Wladimir I. Lenin bei einer Militärparade auf dem Roten Platz
Moskau, 25. Mai 1919
Fotografie (Reproduktion)

Verteidigungsministerium, Militärhistorisches Institut und Museum, Budapest (29.002)
► Abb. S. 198 | © Verteidigungsministerium, Militärhistorisches Institut und Museum, Budapest

Samowar mit Schale
Russland, um 1870
Metall; 40,5 × 34 × 34 cm
Hungarian National Museum, Budapest (71.84 1.-1.)

«1. Mai-Feier» in Budapest 1919
Géza Ulrich (1881–1943)
Ungarn, 1919
Öl auf Leinwand; 55 × 69 cm
Budapest History Museum, Museum Kiscell (19228)
► Abb. S. 199 | © Budapest History Museum, Museum Kiscell

Verhüllung der alten Denkmäler in Vorbereitung des 1. Mai 1919
Budapest, 1919
Fotografie (Reproduktion)
Deutsches Historisches Museum, Berlin (F 88/191)

Der Rote Kommunistische 1. Mai in Budapest – Die Volksmenge besichtigt die dekorierte Stadt
Budapest, 1919
Fotografie (Reproduktion)
Széchényi Nationalbibliothek (OSZK), Budapest (FVD_177)

Kommunistische Plakate an einer Häuserwand
Budapest, 1919
Fotografie (Reproduktion)
Széchényi Nationalbibliothek (OSZK), Budapest (FVD_321)

Be a vörös hadseregbe!
(Auf in die Rote Armee!)
Ödön Dankó (1889 – 1958)
Ungarn, um 1919
Plakat; 126,2 × 94,9 cm
Deutsches Historisches Museum,
Berlin (P 62/1513)

Vörös katonák előre
(Rote Soldaten nach vorn)
János Tábor (1890 – 1956)
Ungarn, 1919
Plakat; 126,3 × 94,9 cm
Deutsches Historisches Museum,
Berlin (P 62/1521)
▶ Abb. S. 197 | © Deutsches Historisches Museum

Mützenabzeichen der Roten Armee
Ungarn, 1919
Metall; 4 × 4 cm
Verteidigungsministerium, Militärhistorisches Institut und Museum,
Budapest (306/89 gysz)

**Abzeichen der ungarischen
Sowjetrepublik**
Ungarn, 1919
Metall; 3,3 × 3 cm
Verteidigungsministerium, Militärhistorisches Institut und Museum,
Budapest (2451/É)

Vörös rohamzászlóalj jelvény
(Abzeichen des roten Sturmbataillons)
Ungarn, 1919
Metall; 4,7 × 4,1 cm
Verteidigungsministerium, Militärhistorisches Institut und Museum,
Budapest (2005.48.1./É)

Armband der Roten Armee
Ungarn, 1919
Textil; 10 × 40 cm
Verteidigungsministerium, Militärhistorisches Institut und Museum,
Budapest (4346/Ru)

Uniformmütze der Roten Armee
Ungarn, 1918/19
Textil; 25 × 25 × 12 cm
Verteidigungsministerium, Militärhistorisches Institut und Museum,
Budapest (2808/Ru)

Pártkönyvek a házfelügyelőnél!
(Parteibücher beim Hauswart!)
István Prihoda (1891 – 1965)
Ungarn, 1919
Plakat; 95,3 × 62,8 cm
Deutsches Historisches Museum,
Berlin (P 73/2455)

Velem vagy ellenem
(Mit mir oder gegen mich)
Marcell Vértes (1895 – 1961)
Ungarn, 1919
Plakat; 95,4 × 63,2 cm
Deutsches Historisches Museum,
Berlin (P 62/1515)
▶ Abb. S. 200 | © Deutsches Historisches Museum

**Rede Béla Kuns anlässlich der
Verstaatlichung der Manfréd Weiss
Stahl- und Metallwerke**
Ungarn, April 1919
Fotografie (Reproduktion)
Verteidigungsministerium, Militärhistorisches Institut und Museum,
Budapest (80.366)

Banknote über 25 Kronen
Budapest, 1919
Papier; 13,5 × 7,9 cm
Deutsches Historisches Museum,
Berlin (N 2017/1)

Schlägertrupp *Lenin-Jungs*
Kiskőrös, 1919
Fotografie (Reproduktion)
Széchényi Nationalbibliothek (OSZK),
Budapest (FVD_440)

Horthy!
Miltiades Manno (1879 – 1935)
Ungarn, 1920
Plakat; 126 × 90 cm
Deutsches Historisches Museum,
Berlin (P 73/3215)
▶ Abb. S. 202 | © Deutsches Historisches Museum

**Feldmütze der ungarischen
Nationalarmee**
Ungarn, 1919/20
Textil und Feder; 25 × 25 cm
Verteidigungsministerium, Militärhistorisches Institut und Museum,
Budapest (M. kir. 4002/3)

Portepee für Offiziere
Ungarn, 1919/20
Textil; 6 × 3 cm
Verteidigungsministerium, Militärhistorisches Institut und Museum,
Budapest (A 477)

**Abzeichen der ungarischen
Nationalarmee**
Ungarn, 1919
Kupferlegierung; 3,6 × 3 cm
Verteidigungsministerium, Militärhistorisches Institut und Museum,
Budapest (3213/É)

**Einzug Miklós Horthys in Budapest
nach dem Sturz der Räterepublik**
Budapest, 16. November 1919
Fotografie (Reproduktion)
akg-images, Berlin (AKG145389)

**Mitglieder der Sowjetregierung
des Verwaltungsbezirkes Tolna vor
ihrer Hinrichtung**
Tolna, August 1919
Fotografie (Reproduktion)
Hungarian National Museum, Budapest
(2713/1958 fk)

Objektverzeichnis
mit Bildnachweis

Reiseschreibmaschine aus dem Besitz von Béla Kun (1885–1938)
Ungarn, o. D.
Metall; 14 × 30 × 32 cm
Hungarian National Museum, Budapest (59.09.1)
▶ Abb. S. 201 | © Hungarian National Museum, Budapest

Der Reichsverweser amüsiert sich
Dein Vater – der Jud!
Juden, raus aus der Schul
Mihály Biró (1886–1948)
Budapest, 1920
Zeichnungen auf Papier; je 22 × 36 cm
Hungarian National Museum, Budapest (86.188.2; 86.188.9; 86.188.11)

Die Rechtsordnung ist hergestellt!
Mihály Biró (1886–1948)
Budapest, 1920
Chromolithografie; 22 × 36 cm
Hungarian National Museum, Budapest (86.188.14)
▶ Abb. S. 203 | © Hungarian National Museum, Budapest

Karte zu den Staatsgrenzen Ungarns nach dem Vertrag von Trianon 1920
Berlin, 2017
envision design, Chris Dormer, Berlin

Nem! Nem! Soha! (Nein! Nein! Niemals!)
Budapest, Ende 1919 / vor Juni 1920
Propagandazettel; 13,5 × 8,5 cm
Budapest History Museum, Museum Kiscell (K 65.46.70)
▶ Abb. S. 204 | © Budapest History Museum, Museum Kiscell

Protestdemonstration gegen den Friedensvertrag von Trianon
Budapest, 1920
Fotografie (Reproduktion)
Hungarian National Museum, Budapest (66.2890)
▶ Abb. S. 205 | © Hungarian National Museum, Budapest

Krieg gegen Sowjetrussland: Polen

Polnische Nike
Edward Wittig (1879–1941)
Warschau, 1917/18
Bronze; 68 × 60 × 52 cm
Muzeum Narodowe w Warszawie, Warschau (Rz.W.478)
▶ Abb. S. 207 | © Muzeum Narodowe w Warszawie, Warschau

Nationalmarsch in Warschau
Warschau, 17. November 1918
Postkarte; 9 × 14 cm
Muzeum Niepodległości w Warszawie, Warschau (P-1223)
▶ Abb. S. 208 | © Muzeum Niepodległości w Warszawie, Warschau

Ausweis der Kommunistischen Arbeiterpartei Polens von Alexander Snopek
Dąbrowa, 5. Februar 1919 / Reproduktion 1978
Papier (Faksimile); 10,5 × 9,2 cm
Muzeum Niepodległości w Warszawie, Warschau (854/Mak)

Glocke, mit der 1918 die Sitzungen der Delegierten des Arbeiterrates in Tomaszów Mazowiecki eröffnet wurde
Tomaszów Mazowiecki, 1918
Messing; 8 cm
Muzeum Niepodległości w Warszawie, Warschau (E266)

Polacy! (Polen!)
Aufruf zur Mobilisierung für die Freiwilligenarmee in Kleinpolen wegen der Gefahr des Bolschewismus
Polen, 1920
Plakat; 94 × 63 cm
Muzeum Niepodległości w Warszawie, Warschau (U.4603)

Na pomoc! Wszystko dla frontu! Wszyscy na front! (Hilfe! Alles für die Front! Alle an die Front!)
Edmund Bartłomiejczyk (1885–1950)
Polen, 1920
Plakat; 100 × 70 cm
Muzeum Wojska Polskiego, Warschau (MWP 14363/1A*)
▶ Abb. S. 209 | © Muzeum Wojska Polskiego, Warschau

Kto w Boga wierzy – w obronie Ostrobramskiej, pod sztandar Orła i Pogoni! (Wer an Gott glaubt – zur Verteidigung des Tores der Morgenröte, unter der Standarte des Adlers und der Jagd!)
Warschau, 1920
Plakat; 94 × 70 cm
Muzeum Wojska Polskiego, Warschau (MWP 28367/11)
▶ Abb. S. 210 | © Muzeum Wojska Polskiego, Warschau

Bolschewistische Vergnügungen
Polen, um 1920
Propagandaheft; 17,3 × 21,3 cm
Muzeum Wojska Polskiego, Warschau (35553/2X MW)

Russischer Revolver Modell 1895, System Nagant
Henri-Léon Nagant (1833–1900)
Tula, 1913
Stahl, Holz; 23,3 cm
Deutsches Historisches Museum, Berlin (W 57/273)

Kavallerie-Offizierssäbel für Angehörige der Polnischen Legionen
Polen, ab 1917
Stahl, Messing, Kupfer, Holz, Leder; 11,5 × 6,5 × 99,2 cm
Deutsches Historisches Museum, Berlin (W 88/10.a-b)

Propagandazettelchen
Polen, um 1920
Papier; 5,5 × 8 cm; 5,5 × 8,3 cm
Muzeum Wojska Polskiego, Warschau
(35525/2/2 MWP; 35525/2/3 MWP)

Projektil aus dem Körper von Bruno Romiszewski (1892–1986)
Polen, 1920
Metall; 2,8 cm
Muzeum Niepodległości w Warszawie,
Warschau (E16281)

Bruno Romiszewski als Soldat
Polen, 1912
Fotografie; 11,5 × 7,3 cm
Muzeum Niepodległości w Warszawie,
Warschau (F-14346)

Orden V. Klasse, *Virtuti Militari*, von Bruno Romiszewski
Polen, 1921
Metall; 3,5 × 3,5 × 9 cm
Muzeum Niepodległości w Warszawie,
Warschau (E16263)

Das Provisorische Revolutionskomitee für Polen
Polen, vermutlich 1. August 1920
Fotografie (Reproduktion)
Muzeum Niepodległości w Warszawie,
Warschau (F-907)
▶ Abb. S. 211 | © Muzeum Niepodle-
głości w Warszawie, Warschau

Polen und die Weltrevolution
Julian Marchlewski (1866–1925)
Hamburg, 1920
Buch; 20,2 × 14,5 cm
Deutsches Historisches Museum,
Berlin (55/4303)

***Znowu łapy żydowskie? Nie, przenigdy!* (Wieder jüdische Klauen? Nie und nimmer!)**
Piotr Danya
Polen, 1920
Plakat; 83,5 × 59 cm

Muzeum Niepodległości w Warszawie,
Warschau (Pl.2011)
▶ Abb. S. 212 | © Muzeum Niepodle-
głości w Warszawie, Warschau

Jüdische Soldaten im Camp von Jabłonna
Jabłonna, 7. September 1920
Fotografie (Reproduktion)
Archive of the YIVO Institute for Jewish
Research, New York

***Józef Piłsudski. Naczelnik Państwa i Naczelny Wódz – Pierwszy Marszałek Polski* (Józef Piłsudski. Staatsober-
haupt und Oberster Heerführer – Erster Marschall Polens)**
Michał Boruciński (1885–1976)
Polen, 1920/1922
Plakat (Reproduktion)
Muzeum Narodowe w Warszawie,
Warschau
▶ Abb. S. 213 | © Muzeum Narodowe
w Warszawie, Warschau

Karte zu den Staatsgrenzen Polens nach den Verträgen von Versailles 1919 und Riga 1921
Berlin, 2017
envision design, Chris Dormer, Berlin

Extreme Polarisierung: Italien

***Prestito della liberazione* (Anleihen für die Befreiung)**
Luciano Achille Mauzan (1883–1952)
Italien, 1915–1918
Plakat; 142,5 × 103 cm
Deutsches Historisches Museum,
Berlin (P 73/3078)

***Tutto il nostro risparmio alla Patria* (All unsere Ersparnisse für das Vaterland)**
Plinio Codognato (1878–1940)
Italien, 1915–1918
Plakat; 100,3 × 69,8 cm
Deutsches Historisches Museum,
Berlin (P 73/3061)

Interalliierte Siegesmedaille für Italien
Gaetano Orsolini (1884–1954)
Mailand, 1922
Bronze, geprägte Seide; 9,6 × 4,2 cm
Deutsches Historisches Museum,
Berlin (O 2005/45)

Vom Generalstreik in Mailand. Massenversammlung Streikender im Mailänder Stadion.
Mailand, 1920
Bildpostkarte (Reproduktion)
akg-images, Berlin (AKG236003)
▶ Abb. S. 215 | © akg-images

***Sciopero Generale del 21 Luglio 1919* (Generalstreik vom 21. Juli 1919)**
Italien, Juli 1919
Papier; 13,8 × 9,4 cm
Civica Raccolta delle Stampe «Achille
Bertarelli» – Castello Sforzesco –
Milano, Mailand (Cartoline 12-152)

Streik der italienischen Eisenbahner
Italien, Januar 1920
Postkarte; 14 × 9 cm
Civica Raccolta delle Stampe «Achille
Bertarelli» – Castello Sforzesco –
Milano, Mailand (Cartoline 13-14)

Elezioni Politiche 16 Novembre 1919 (Wahlen am 16. November 1919)
Italien, November 1919
Postkarte; 14 × 9 cm
Civica Raccolta delle Stampe «Achille
Bertarelli» – Castello Sforzesco –
Milano, Mailand (Cartoline 12-167)

Objektverzeichnis

mit Bildnachweis

Il Socialismo demolirà l'edificio borghese (Der Sozialismus wird das bürgerliche Gebäude niederreißen)
Giuseppe Scalarini (1873–1948)
Italien, um 1920
Postkarte; 14,3 × 9,1 cm
Civica Raccolta delle Stampe «Achille Bertarelli» – Castello Sforzesco – Milano, Mailand (Cartoline 13-4r)

Ieri alle Corporazioni comunali oggi a voi Cooperatori cristiani l'ardua ed alta Impresa della ricostruzione sociale (Gestern noch bei den kommunalen Verbänden, heute bei euch, den christlichen Kooperativen – das mühsame und große Unterfangen des sozialen Wiederaufbaus)
Italien, 1920
Postkarte; 14 × 9 cm
Civica Raccolta delle Stampe «Achille Bertarelli» – Castello Sforzesco – Milano, Mailand (Cartoline 13-3)

Ausgabe der sozialistischen Zeitung *Avanti!*
Mailand, 7. November 1919
Papier; 58,8 × 41 cm
Archivio Fondazione Anna Kuliscioff, Mailand (SALA 6 – 5/L)

Mitgliedsausweis der Sozialistischen Partei Italiens
Italien, 1920/21
Reproduktion
Archivio Fondazione Anna Kuliscioff, Mailand (SALA 1 – PSI/1)

Anche in Italia c'è la repubblica russa (Auch in Italien gibt es die Russische Republik)
I nemici (Die Feinde)
Il riconoscimento della repubblica Soviet di Russia (Die Anerkennung der Sowjetrepublik Russland)

Giuseppe Scalarini (1873–1948)
Mailand, 25. September 1917;
26. Januar 1921; 7. Oktober 1920
Papier; 12 × 13 cm; 13 × 13 cm; 16 × 15 cm
Scalarini Heirs, Mailand (1779; 2872; 2756)

Difendiamo la Rivoluzione russa (Lasst uns die Russische Revolution verteidigen)
Giuseppe Scalarini (1873–1948)
Mailand, 17. Oktober 1920
Papier; 13 × 12 cm
Scalarini Heirs, Mailand (2766)
▶ Abb. S. 216 | © Scalarini Heirs, Mailand

Porträt von Giuseppe Scalarini
Berlin, um 1903
Fotografie; 8 × 5,6 cm
Scalarini Heirs, Mailand

Terrine mit Zeichnungen Giuseppe Scalarinis
Giuseppe Scalarini (1873–1948)
Mailand, um 1920
Porzellan, 22 × 22 cm
Scalarini Heirs, Mailand
▶ Abb. S. 217 | © Scalarini Heirs, Mailand; Foto: Massimiliano Di Biase

Mitgliedsausweis des *Partito Comunista d'Italia*
Italien, 1925
Reproduktion
Privatsammlung Luigi Martini, Rom/Ravenna
▶ Abb. S. 218 | © Archivio Luigi Martini – Roma/Ravenna

III. Congresso Nazionale Fascista (III. Faschistischer Nationalkongress in Rom)
Italien, November 1921
Postkarte; 13,6 × 9 cm
Civica Raccolta delle Stampe «Achille Bertarelli» – Castello Sforzesco – Milano, Mailand (Cartoline 13-68)

Die faschistische Gruppe «Die Giftige» in Bibbiano Emilia
Bibbiano Emilia, 1921
Propagandapostkarte (Reproduktion)
akg-images / Fototeca Gilardi, Berlin

Schlagstock der faschistischen Miliz
Italien, um 1920
Holz, Leder; 92 cm
Archivio Fondazione Anna Kuliscioff, Mailand (SALA 7 – S/1)

Brandstiftung und Plünderung der Arbeiterkammer in Turin
aus dem Album «Incendio della Camera del Lavoro 1921»
Giancarlo Dall'Armi (1880–1928)
Turin, 1921
Fotografie (Reproduktion)
Privatsammlung Luca Ferrero und Maurizio Scazzi, Turin

Bisogna disarmare! – grida il lupo all'agnello («Entwaffnet euch!» – brüllt der Wolf das Lamm an)
Il Fascismo (Der Faschismus)
Giuseppe Scalarini (1873–1948)
Mailand, 28. August 1921;
28. August 1920
Papier; 8,2 × 12,5 cm; 14 × 13 cm
Scalarini Heirs, Mailand (3029; 2703)

Porträt von Antonio Gramsci (1891–1937)
IAM Image Asset Management
o. O., o. D.
Fotografie (Reproduktion)
akg-images / IAM, Berlin (AKG2092330)

Parade faschistischer Verbände in Rom
ADN-Zentralbild
Rom, 31. Oktober 1922
Fotografie (Reproduktion)
Deutsches Historisches Museum, Berlin (F 66/75)

È passato il Bolscevismo!
(Der Bolschewismus war hier!)
Italien, 1922
Plakat (Reproduktion)
Civica Raccolta delle Stampe «Achille
Bertarelli» – Castello Sforzesco –
Milano, Mailand (Manifesti A 494)

Chi ha salvato l'Italia? Il Fascismo!!
(Wer hat Italien gerettet?
Der Faschismus!!)
Italien, 1922
Postkarte; 14 × 9 cm
Civica Raccolta delle Stampe «Achille
Bertarelli» – Castello Sforzesco –
Milano, Mailand (Cartolina 13-141)
▶ Abb. S. 220 | © Civica Raccolta delle
Stampe «Achille Bertarelli» – Castello
Sforzesco – Milano, Mailand

Serie von sechs antibolschewis-
tischen Karikaturen
Commissario Militare
(Militärischer Kommissar)
Dama della Croce Rossa
(Eine Dame vom Roten Kreuz)
Propagandista **(Propagandist)**
Guardia Rossa **(Rote Garde)**
Manifestanti **(Demonstranten)**
Esercito Rosso – Il combattente
(Kämpfer der Roten Armee)
Italien, 1920
Papier; je 31 × 23,7 cm
Civica Raccolta delle Stampe «Achille
Bertarelli» – Castello Sforzesco – Milano,
Mailand (Op. V 36, tav. 1; 2; 3; 4; 5; 6)
▶ Abb. S. 219 | © Civica Raccolta delle
Stampe «Achille Bertarelli» – Castello
Sforzesco – Milano, Mailand

«Uccidete me: ma l'idea che è in me
non la uccidere mai»
(«Ermordet mich: Aber die Idee in mir
könnt ihr niemals töten»)
Gedenkpostkarte mit dem Porträt
von Giacomo Matteotti (1885–1924)
Mailand, um 1924
Postkarte; 14 × 9 cm
Archivio Fondazione Anna Kuliscioff,
Mailand (SALA 1 – GM/1)
▶ Abb. S. 221 | © Archivio Fondazione
Anna Kuliscioff, Mailand

Lamellenbild mit Porträts von
Papst Pius XI., König Viktor Emanuel III.
und Benito Mussolini
Italien, 1929
Pappe, Glas, Holz, Farboffset;
50,3 × 46,5 × 7,5 cm
Deutsches Historisches Museum,
Berlin (AK 95/771)

Integration der Kommunisten in die parlamentarische Demokratie: Frankreich

Metallarbeiterstreik –
Streikende bringen die rote Fahne
nach Billancourt
Billancourt, Juni 1919
Fotografie (Reproduktion)
Bibliothèque nationale de France,
Paris (Meurisse, 72619)

Odessa. La Rade **(Odessa. Die Reede)**
Odessa, März 1919
Fotografie (Reproduktion)
Bibliothèque de Documentation
Internationale Contemporaine (BDIC),
Nanterre (VAL_TIR_01_0106)

André Marty, le mutiné de la Mer Noire,
élu Conseiller Municipal **(André Marty,**
einer der Anführer des Aufstandes der
französischen Schwarzmeerflotte)
Frankreich, 1921
Fotografie (Reproduktion)
Bibliothèque nationale de France, Paris
(IFN-9053769)

Odessa. Le Jean-Bart en Rade
(Das französische Schlachtschiff
***Jean Bart* vor Anker in Odessa)**
Odessa, März 1919
Fotografie (Reproduktion)
Bibliothèque de Documentation
Internationale Contemporaine (BDIC),
Nanterre (VAL_TIR_01_0102)

Que dirais-tu si …
(Was würdest du sagen, wenn …)
Öffentlicher Aushang, an Fabrik-
arbeiter gerichtet
Guy Arnoux (1886–1951)
Paris, 1919
Papier; 31 × 23 cm
Bibliothèque de Documentation
Internationale Contemporaine (BDIC),
Nanterre (Im F2 77)
▶ Abb. S. 223 | © Bibliothèque de
Documentation Internationale
Contemporaine (BDIC), Nanterre

Que dirais-tu si …
(Was würdest du sagen, wenn …)
Öffentlicher Aushang, an Bauern
gerichtet
Guy Arnoux (1886–1951)
Paris, 1919
Papier; 31 × 23 cm
Bibliothèque de Documentation
Internationale Contemporaine (BDIC),
Nanterre (Im F2 78)

Objektverzeichnis

mit Bildnachweis

Comment voter contre le bolchevisme?
(Wie gegen den Bolschewismus abstimmen?)
Adrien Barrère (1874–1931)
Frankreich, 1919
Plakat
Bibliothèque nationale de France, Paris (FRBNF39837372)

Parteitag der *Section française de l'Internationale ouvrière* in Tours
Tours, 25.–30. Dezember 1920
Fotografie (Reproduktion)
Mémoires d'Humanité / Archives départementales de la Seine-Saint-Denis, Bobigny (AD093HP_0000002110)
▶ Abb. S. 224 | © Droits réservés – Mémoires d'Humanité / Archives départementales de la Seine-Saint-Denis, Bobigny

***Derrière le brave travailleur trompé par les communistes, il y a ceux qui attendent le «Grand Soir» pour piller, incendier, tuer.* (Hinter dem anständigen Arbeiter, getäuscht von den Kommunisten, stehen jene, die nur auf den «Grand Soir» warten, um zu plündern, zu brandschatzen, zu töten.)**
André Galland (1886–1965)
Paris, 1928
Plakat; 79,7 × 60,2 cm
Deutsches Historisches Museum, Berlin (P 96/784)
▶ Abb. S. 227 | © Deutsches Historisches Museum

***Aux Colonies les Communistes travaillent à poignarder la France* (In den Kolonien arbeiten die Kommunisten daran, Frankreich den Dolchstoß zu versetzen)**
André Galland (1886–1965)
Paris, 1928
Plakat; 60 × 79,4 cm

Deutsches Historisches Museum, Berlin (P 96/785)
▶ Abb. S. 225 | © Deutsches Historisches Museum

Infografik zur Entwicklung der Mitgliederzahlen der Kommunistischen Partei Frankreichs (KPF)
Deutsches Historisches Museum, Berlin

Die gefestigte Demokratie: Großbritannien

***Step into your place*
(Reih dich ein)**
The Parliamentary Recruiting Commitee
London, 1915
Plakat; 51 × 76,5 cm
Deutsches Historisches Museum, Berlin (P 95/566)

***Victory Loan* (Siegesanleihe)**
Werbeplakat für den Erwerb der Siegesanleihe
Großbritannien, 1919
Plakat; 91,4 × 61 cm
Deutsches Historisches Museum, Berlin (P 90/15994)

***British Labour Delegation among the Russian Soldiers* (Delegation der britischen Labour Party inmitten russischer Soldaten)**
Sowjetrussland, 1917
Fotografie; 19,9 × 24,1 cm
People's History Museum, Manchester (NMLH.2010.19.2)
▶ Abb. S. 229 | © People's History Museum, Manchester

***АНТАНТА* (Entente)**
Plakat gegen die Weiße Armee
Viktor Deni (1893–1946)
Sowjetrussland, 1919
Plakat; 67,7 × 52,2 cm
Deutsches Historisches Museum, Berlin (P 57/315)
▶ Abb. S. 231 | © Deutsches Historisches Museum

Ankündigung einer Demonstration der Kampagne *Hands off Russia* (Hände weg von Russland)
Großbritannien, um 1920
Plakat; 21,9 × 14,2 cm
People's History Museum, Manchester (NMLH.1994.102)

Demonstration der Kampagne *Hands off Russia* (Hände weg von Russland)
Großbritannien, 1919
Fotografie (Reproduktion)
People's History Museum, Manchester (NMLH.2000.10.739)
▶ Abb. S. 232 | © People's History Museum, Manchester

Porträt des Politikers Harry Pollitt (1890–1960)
Großbritannien, um 1919
Fotografie (Reproduktion)
ullstein bild, Berlin (1011646215)

***Soviet Russia as I saw it* (Sowjetrussland, wie ich es sah)**
Sylvia Pankhurst (1882–1960)
London, 1921
Buch; 18,4 × 12,4 cm
Staatsbibliothek zu Berlin – Preußischer Kulturbesitz (Ue 10605)

Porträt von Sylvia Pankhurst
Großbritannien, o. D.
Fotografie (Reproduktion)
Museum of London (NN22681)

**Gründungsversammlung der
Communist Party of Great Britain**
London, 31. Juli 1920
Fotografie (Reproduktion)
People's History Museum, Manchester
(NMLH.2000.10.470)
► Abb. S. 233 | © People's History
Museum, Manchester

Plakat für die Zeitung Workers' Weekly
Großbritannien, 1923
Plakat; 75,6 × 50 cm
People's History Museum, Manchester
(NMLH.1994.168.259)

Use Your Head! (Benutze deinen Kopf!)
Großbritannien, 1923
Plakat (Reproduktion)
People's History Museum, Manchester
(NMLH.1995.39.6)
► Abb. S. 234 | © People's History
Museum, Manchester

**Ramsay MacDonald nach seiner
Beauftragung zur Regierungsbildung
durch König Georg V.**
London, Januar 1924
Fotografie (Reproduktion)
akg-images, Berlin (AKG1069828)
► Abb. S. 235 | © akg-images / IAM

**Why Russia should be Recognised
(Was für die Anerkennung Russlands
spricht)**
W. P. Coates (1883–1963)
Großbritannien, Januar 1924
Broschüre; 21 × 13,8 cm
People's History Museum, Manchester
(CP/CENT/INT/65/04)

**So This is Socialism!
(Das also ist der Sozialismus!)**
Aushang der Conservative Party
Großbritannien, 1924
Papier; 25,4 × 19 cm
People's History Museum, Manchester
(ohne Inv.-Nr.)

Vote Unionist (Wähle die Unionist Party)
Gordon Jackson
Großbritannien, um 1924
Papier; 62,6 × 94,2 cm
People's History Museum, Manchester
(NMLH.1995.41)

**Do not weep, friends – we can always
dig him up again; Scarlet Fever
(Nicht weinen, Freunde – wenn die
Zeit reif ist, holen wir ihn wieder
hervor; Scharlachfieber)**
Karikaturen zum Red Scare in der
Zeitung The Star
David Low (1891–1963)
London, 28. Juni 1923; 2. Februar 1927
Papier (Reproduktionen)
British Cartoon Archive, University of
Kent, Canterbury (LSE6965; LSE7479)

The Shadow Show. (Das Schattenspiel.)
Karikatur zum Red Scare in der Zeitung
The Star
David Low (1891–1963)
London, 2. Oktober 1924
Papier (Reproduktion)
British Cartoon Archive, University
of Kent, Canterbury (LSE7168)
► Abb. S. 236 | © Solo Syndication

**The Bolshevist in Relation to Women
and Children (Der Bolschewist in
Beziehung zu Frauen und Kindern)**
Großbritannien, o. D.
Handzettel (Reproduktion)
Working Class Movement Library,
Salford (36024/80/AG/Communism –
Box 2 / A)

**Latest Novelty. A New Russian Toy:
Can perform loans and treaties by
mere pressure. (Letzte Neuigkeit.
Ein neues russisches Spielzeug:
Es kann Darlehen und Verträge auf
bloßen Druck vornehmen.)**
Populistischer Newsletter der Conserv-
ative Party

Daily Courier
London, Januar 1925
Papier (Reproduktion)
Bodleian Libraries, University of Oxford
(POB 210-1 1924)
► Abb. S. 237 | © Bodleian Libraries,
University of Oxford

**Filmausschnitte zum Generalstreik
in Großbritannien 1926**
Großbritannien, Mai 1926
British Pathé, London

Zuflucht in Europa

**Brief von Vladimir I. Lenin an Iosif
V. Stalin über die Notwendigkeit der
Ausweisung von Angehörigen der
Intelligenzija**
vermutlich Moskau, 16. Juli 1922
Papier (Reproduktion)
Russisches Staatsarchiv für sozial-
politische Geschichte, Moskau
(Ф. 2. Оп. 2. Д. 1338)
► Abb. S. 241 | © Russisches Staats-
archiv für sozialpolitische Geschichte,
Moskau

**Liste der «aktiven antisowjetischen
Intelligenzija» aus Moskau und
Petrograd**
zusammengestellt durch die Kommis-
sion von L. B. Kamenev, D. I. Kurskij,
I. S. Unšlicht
vermutlich Moskau, 31. Juli 1922
Papier (Reproduktion)
Russisches Staatsarchiv für sozial-
politische Geschichte, Moskau
(Ф. 2. Оп. 2. Д. 1245)

Objektverzeichnis

mit Bildnachweis

Dampfer *Oberbürgermeister Haken*
Deutschland, 1922
Fotografie (Reproduktion)
Deutsches Schiffahrtsmuseum,
Bremerhaven (DSM Fotoarchiv 93-2)

**Brief von Pjotr N. Vrangel' an
Konstantin G. Kromiadi**
Konstantinopel (heute Istanbul),
1. November 1921
Papier; 28 × 22 cm
Archiv der Forschungsstelle Osteuropa
an der Universität Bremen (FSO 01-034
Kromiadi-Kruzhin)

Gallipoli-Abzeichen
Gallipoli, um 1922
Emaille; 3,8 × 3,9 cm
Musée des Régiments Cosaques de la
Garde Impériale, Courbevoie

Abzug der Truppen aus Gallipoli
Fotografie (Reproduktion)
Haus Russland im Ausland, Moskau
(Альбом 61 006-3)

**Paradehelm der Garde-Kürassiere
der Kaiserin**
Russland, 1880–1917
Metall; 37 × 18 × 29 cm
Musée des Régiments Cosaques de la
Garde Impériale, Courbevoie

**Replik eines Halsschmucks von
Maria Fjodorovna (1847–1928),
Mutter des Zaren Nikolaus II.**
Großbritannien, 2010er Jahre
Juliette Designs, London (70012)

**Bitte des Arbeiterfürsorgeamtes
der jüdischen Organisationen
Deutschlands an die Presseabteilung
des Auswärtigen Amtes um eine
Aufenthaltserlaubnis für Pinchas
Kahanowitsch (1884–1950)**
Berlin, 12. Januar 1922
Papier; 29,5 × 21 cm
Auswärtiges Amt – Politisches Archiv,
Berlin (RZ 701-Presseabteilung, Band
R 121690)
▶ Abb. S. 244 | © Auswärtiges Amt –
Politisches Archiv

**Gruppenaufnahme russischer Emi-
granten in einem Lager in Wünsdorf**
Wünsdorf, Juli 1924
Fotografie (Reproduktion)
Bundesarchiv, Bild 102-01609, Berlin

**Schule für Kinder russischer Emigran-
ten in einem Lager in Wünsdorf**
Wünsdorf, Juli 1924
Fotografie (Reproduktion)
Bundesarchiv, Bild 102-07382 / Foto-
graf: Georg Pahl, Berlin

**Tamara Matul mit Marlene Dietrich
und Rudolf Sieber in Hollywood**
Hollywood, um 1934
Fotografie; 12,9 × 10,1 cm
Deutsche Kinemathek – Marlene
Dietrich Collection Berlin (4.2-93/16-
1, 1075)
▶ Abb. S. 243 | © Deutsche Kinemathek
– Marlene Dietrich Collection Berlin

Nansen-Pass von Tamara Matul
Paris, 23. März 1933
Papier; 108 × 23 cm
Deutsche Kinemathek – Marlene
Dietrich Collection Berlin (4.3-199316-
6.0 Matul, Tamara - 1.1.0)
▶ Abb. S. 242 | © Deutsche Kinemathek
– Marlene Dietrich Collection Berlin

Stilleben mit Säge und Palette
Iwan A. Puni (1892–1956)
Berlin, 1923
Öl auf Leinwand; 77,5 × 51 cm
Berlinische Galerie, Landesmuseum
für Moderne Kunst, Fotografie und
Architektur, Berlin (BG-M 190/92)
▶ Abb. S. 245 | © Berlinische Galerie,
Landesmuseum für Moderne Kunst,
Fotografie und Architektur, Berlin

**Die Organisatoren der Ersten Russi-
schen Kunstausstellung in Berlin**
Willy Römer (1887–1979)
Fotografie (Reproduktion)
bpk / Kunstbibliothek, SMB, Photothek
Willy Römer / Willy Römer, Berlin
(50131697)

Monument für einen Flughafen
Naum Gabo (1890–1977)
Berlin, 1924/1926;
wieder zusammengesetzt 1985
Glas, emailliertes Messing, Holz;
49 × 73,3 × 30 cm
Berlinische Galerie, Landesmuseum
für Moderne Kunst, Fotografie und
Architektur, Berlin (BG-S 4062/88)
▶ Abb. S. 246 | © Berlinische Galerie,
Landesmuseum für Moderne Kunst,
Fotografie und Architektur, Berlin
The Work of Naum Gabo © Nina &
Graham Williams

**Modell des Bühnenbildes zum
Theaterstück** *Prinzessin Brambilla*
**(nach E. T. A. Hoffmann), Regie:
Alexandr Ja. Tairov (1885–1950)**
Georgij B. Jakulov (1884–1928)
Moskau, 1920
Papier; 89 × 67,5 × 69,5 cm
Theaterwissenschaftliche Sammlung,
Universität zu Köln (TWS BM 86)

**Entwurf eines Bühnenvorhangs
für das Kabarett *Der Blaue Vogel***
Elena Liessner Blomberg (1897–1978)
Berlin, 1921
Papier; 6,7 × 31,3 cm
Kupferstich-Kabinett, Staatliche Kunst-
sammlungen Dresden (C 1977-190)

**Gruppenbild russischer Exilschrift-
steller in Berlin**
Berlin, 1922
Fotografie (Reproduktion)
akg-images, Berlin (AKG381139)

Russische Setzerei in Berlin
Berlin, 1924
Fotografie (Reproduktion)
ullstein bild – John Graudenz, Berlin
(00040144)

**Filmausschnitt aus *Schloß Vogelöd*
mit Olga Tschechowa (1897–1980)**
Regie: Friedrich Wilhelm Murnau
(1888–1931)
Drehbuch: Carl Mayer
Deutschland, 1921
Friedrich-Wilhelm-Murnau-Stiftung,
Wiesbaden

Flasche *Wodka Gorbatschow*
Deutschland, 2017
Privat

Der rote Terror in Russsland
Sergej P. Mel'gunov (1879–1956)
Berlin, 1924
Buch; 20,4 × 16,3 × 2,5 cm
Deutsches Historisches Museum,
Berlin (R 92/1325)
▶ Abb. S. 248 | © Deutsches Histo-
risches Museum

**Die Kunstismen. Les ismes de l'art.
The Isms of Art. 1914–1924**
Hans Arp (1886–1966), El Lissitzky
(1890–1941)
Erlenbach-Zürich, München, Leipzig,
1925
Buch; 26,5 × 20,5 × 0,5 cm
Deutsches Historisches Museum,
Berlin (RA 15/94)
▶ Abb. S. 247 | © Deutsches Histo-
risches Museum

Смѣна вѣхъ (Wechsel der Wegzeichen)
Sammelband
Prag, 1921
Buch; 22 × 29,9 cm
Staatsbibliothek zu Berlin – Preußi-
scher Kulturbesitz (Ue 890)

**Ikone *Moses – Einführung Mariä
in den Tempel* aus der Sammlung
Alexandre Popoffs (1885–1965)**
Russland, 17. Jahrhundert
Leinwand auf Holz; 59 × 24 cm
Ikonen-Museum Recklinghausen (884)
▶ Abb. S. 249 | © Ikonen-Museum
Recklinghausen

Der Sammler Alexandre Popoff
Serge Lido (1906–1984)
Paris, o. D.
Fotografie; 23 × 28,5 cm
Ikonen-Museum Recklinghausen

**Zimmeransicht mit Ikonen
des Sammlers Alexandre Popoff**
Paris, o. D.
Fotografie; 24 × 18 cm
Ikonen-Museum Recklinghausen

**Schreibmaschine mit kyrillischer
Tastatur**
Russland/Frankreich, 1927
Association de la Maison Russe.
Dépôt Musée national de l'histoire de
l'immigration, Paris

**Fotoalbum des Kindergartens für
russische Kinder in Paris-Billancourt**
Frankreich, 1929
Album
Centre d'archives de la Maison russe,
Sainte Geneviève des Bois / Dépôt Croix
Rouge Russe Ancienne Organisation

Fotoalbum des *Maison Russe*
Sainte-Geneviève-des-Bois,
1920er Jahre
Album
Centre d'archives de la Maison russe,
Sainte Geneviève des Bois

**Hochzeitskrone aus der Kapelle
des *Maison Russe***
Metall
Centre d'archives de la Maison russe,
Sainte Geneviève des Bois

Rutschnik (Hochzeitsschal)
Odessa, 1896
Textil; 37 × 293 cm
Piotr Mitzner, Warschau

**Tagebuch von Adèle C. Reznikoff
(1907–1988)**
verschiedene Orte, 1920–1924
Papier; 16,8 × 11 cm
Musée national de l'histoire de l'immigration, Paris (2010.37.1)
▶ Abb. S. 250 | © Famille Vorontzoff,
DR, Paris; Foto: Lorenzö

**Porträt von Adèle Vorontzoff
(geb. Reznikoff)**
Frankreich, 1920er Jahre
Fotografie (Reproduktion)
Musée national de l'histoire de l'immi-
gration, Paris

Objektverzeichnis
mit Bildnachweis

Horn von Alexandrovitch
C. Tikhomiroff (1896–1976)
Frankreich, o. D.
Messing; 61 × 41 × 35 cm
Musée national de l'histoire de l'immi-
gration, Paris (2012.2.1)
▶ Abb. S. 251 | © Musée national de
l'histoire de l'immigration, Paris

Russische Musiker des Orchesters
des Zirkus *Hagenbeck* während einer
Tournee in Marseille
Marseille, 1920er Jahre
Fotografie (Reproduktion)
Musée national de l'histoire de l'immi-
gration, Paris

Programmheft des Zirkus *Pinder*
Frankreich, 1920er Jahre
Broschüre
Musée national de l'histoire de l'immi-
gration, Paris (2012.2.3.1)

Nansen-Pass als Reisedokument
einer russischen Emigrantin
Papier
Centre d'archives de la Maison russe,
Sainte Geneviève des Bois

Koloriertes Porträt des Marinekadet-
ten Dimitry I. Atriaskin (1902–1987)
Russland, um 1916
Fotografie; 29 × 21,5 cm
Privatsammlung Maria von Moltke,
née Atriaskin, Berlin

Bibel von Dimitry I. Atriaskin
(1902–1987)
Russland, um 1916
Buch; 16 × 13 cm
Privatsammlung Maria von Moltke,
née Atriaskin, Berlin
▶ Abb. S. 252 und 253 | © Deutsches
Historisches Museum

Die Sowjetunion
als Sehnsuchts- und Exilort

Rote Metropole
Heinrich Vogeler (1872–1942)
o. O., 1923
Öl auf Leinwand; 100 × 92 cm
Staatliches Museum für Zeitgenössische Geschichte Russlands, Moskau
(ГИК-22439)
▶ Abb. S. 255 | © Staatliches Museum
für Zeitgenössische Geschichte Russlands, Moskau

Rollbrief von Heinrich Vogeler an die
Kinder im Barkenhoff in Worpswede
verschiedene Orte, 1923
Heinrich Vogeler (1872–1942)
Papier, bemalt; 17 × 276 cm
Staatliche Museen zu Berlin, Zentral-
archiv (SMB-ZA, IV/NL Vogeler 1195/1173)

Porträtbüste von Vladimir I. Lenin
Clare Sheridan (1885–1970)
Moskau, 1920
Bronze, gegossen; 42 × 56 × 33 cm
Das Staatliche Historische Museum,
Moskau (GIM 111071/1, ФМЛ С-333)

Fotoalbum vom Besuch einer
deutschen Arbeiterdelegation in
der Sowjetunion
Pjotr A. Ocup (1883–1963)
Moskau, 1925
Album; 25,4 × 32,4 cm
Deutsches Historisches Museum,
Berlin (Do 66/600)

Zaren, Popen, Bolschewiken
Egon Erwin Kisch (1885–1948)
Berlin, 1927
Buch; 21 × 14 × 2,5 cm
Deutsches Historisches Museum,
Berlin (R 67/1119)
▶ Abb. S. 256 | © Deutsches Histo-
risches Museum

Tondokument: Reportage von Egon
Erwin Kisch über die Revolutions-
feierlichkeiten auf dem Roten Platz
Moskau, 6. November 1931
Deutsches Rundfunkarchiv. Stiftung
von ARD und Deutschlandradio, Frankfurt am Main (B005235626)

Moskau 1937. Ein Reisebericht
für meine Freunde
Lion Feuchtwanger (1884–1958)
Amsterdam, 1937
Buch; 20,5 × 13 × 2 cm
Deutsches Historisches Museum,
Berlin (R 17/917)

Entwurfszeichnungen der Lenin-
grader Textilfabrik *Krasnoje Snamja*
(Rote Fahne)
Erich Mendelsohn (1887–1953)
o. O., 1925/26; 1927; 1925
roter Farbstift, Bleistift, Graphit auf
Papier/Transpartenpapier;
31,6 × 25,9 cm; 15,4 × 24,3 cm;
6 × 21,2 cm; 14,2 × 22,3 cm
Staatliche Museen zu Berlin, Kunstbibliothek (Hdz E.M. 48; Hdz E.M. 179;
Hdz E.M. 466; Hdz E.M. 460)

Entwurfszeichnung der Lenin-
grader Textilfabrik *Krasnoje Snamja*
(Rote Fahne)
Erich Mendelsohn (1887–1953)
o. O., 1925
Kohle, rote Kreide auf Papier;
14,4 × 26,3 cm
Staatliche Museen zu Berlin, Kunst-
bibliothek (Hdz E.M. 478)
▶ Abb. S. 257 | © bpk / Kunstbibliothek,
SMB / Dietmar Katz, Berlin

Deutsche bauen in der UdSSR
Das Neue Frankfurt. Internationale
Monatsschrift für die Probleme kultu-
reller Neugestaltung
Frankfurt am Main, 1930 (IV. Jahrgang,
Heft 9)
Buch; 25,5 × 24 × 0,2 cm
Universitätsbibliothek Heidelberg
(C 6051-17-8 RES)
▶ Abb. S. 258 | © Universitätsbibliothek
Heidelberg <http://digi.ub.uni-
heidelberg.de/diglit/neue_frankfurt>

Deutsche bauen in der UdSSR
Das neue Frankfurt. Internationale
Monatschrift für die Probleme kultu-
reller Neugestaltung
Frankfurt am Main, 1931 (V. Jahrgang,
Heft 7)
Buch; 25,5 × 24 × 0,1 cm
Universitätsbibliothek Heidelberg
(C 6051-17-8 RES)

Von dem deutschen Bauingenieur
Nikolaus Kelen (1894–1940) inspi-
zierte Wasserkraftanlage
Sowjetunion, 1928
Fotografie (Reproduktion)
Stiftung Deutsches Technikmuseum
Berlin (Nachlass Nikolaus Kelen)
▶ Abb. S. 259 | © Stiftung Deutsches
Technikmuseum Berlin, Historisches
Archiv; Foto: Clemens Kirchner

berliner proleten vom moskauer
elektrosawod erzählen
Fritz Pose, Erich Matté,
Erich Wittenberg
Moskau, 1932
Buch; 21,5 × 15 cm
Deutsches Historisches Museum,
Berlin (73/287)
▶ Abb. S. 260 | © Deutsches Histo-
risches Museum

Filmausschnitte zu Deutschen
in der Sowjetunion
Russisches Staatliches Archiv für Film-
und Fotodokumente, Krasnogorsk

Hut des Schweizer Kommunisten
Fritz Platten (1883–1942)
o. O., o. D.
Textil; 16 × 31 × 28,5 cm
Staatliches Museum für Politische
Geschichte Russlands, St. Petersburg
(КП-4571/25, Ф.I-2332)
▶ Abb. S. 261 | © Staatliches Museum
für Politische Geschichte Russlands,
St. Petersburg

Porträt Fritz Platten
Fotografie (Reproduktion)
Universitätsbibliothek Basel, Handschriften und Alte Drucke (NL 340 Platten, Fritz N.)

Fritz Platten (1. v. r.) neben Vladimir
I. Lenin (2. v. r.) auf dem Gründungs-
kongress der Kommunistischen Inter-
nationale
Moskau, 1919
Fotografie (Reproduktion)
Schweizerisches Sozialarchiv, Zürich
(Sozarch_F_Fc-0006-01)

Briefe und Postkarte von Fritz Platten
aus der Lagerhaft an Olga V. Svenzis-
kaja (1894–1975)
Gebiet Archangelsk, 27. Dezember 1939;
St. Njandoma, 10. Januar 1940;
Gebiet Archangelsk, 20. Januar 1940
Papier; 20,8 × 16,7 cm; 10,1 × 14,3 cm;
21 × 14,5 cm
Staatliches Museum für Politische
Geschichte Russlands, St. Petersburg
(КП-4571/2, Ф.II-14744/2; КП-4571/4,
Ф.II-14744/4; КП-4571/5, Ф.II-14744/5)

Wilhelm Pieck (1876–1960)
beim Weltkongress der Kommunis-
tischen Internationale
Abraham Pisarek (1901–1983)
Moskau, Juli/August 1935
Fotografie (Reproduktion)
ullstein bild, Berlin (00057772)
▶ Abb. S. 262 | © ullstein bild –
Abraham Pisarek

Gründungsversammlung des
Nationalkomitees Freies Deutschland
Krasnogorsk, 12. Juli 1943
Fotografie (Reproduktion)
ullstein bild, Berlin (00097063)

Zigarettenetui in blauer Lederkassette
aus dem Nachlass von Wilhelm Pieck
o. O., 1922–1956
Metall, vergoldet, Leder, Holz, Textil;
0,8 × 12 × 10,2 cm
Deutsches Historisches Museum,
Berlin (SI 90/1013)

Ernst Thälmann und Willi Leow
an der Spitze einer RFB-Schalmeien-
kapelle in Treptow
Retuschierte Fotografie *Ernst*
Thälmann an der Spitze eines RFB-
Aufmarsches in Berlin-Treptow
Berlin, 1926; retuschiert Berlin (Ost),
nach 1949
Fotografien (Reproduktionen)
Deutsches Historisches Museum,
Berlin (F 56/371)
▶ Abb. S. 263 | © Deutsches Histo-
risches Museum

Rückseite mit Notiz zur Retusche
des Fotos von Ernst Thälmann
Berlin (Ost), nach 1949
Fotografie; 13 × 17,5 cm
Deutsches Historisches Museum,
Berlin (F 56/371)

Objektverzeichnis
mit Bildnachweis

Epilog

Die Oktoberrevolution
Werner Schulz (* 1932)
Deutsche Demokratische Republik,
1976
Deutsches Historisches Museum, Berlin
▶ Abb. S. 264/265 und 268/269 |
© Deutsches Historisches Museum

Lenin on the Tribune (A. M. Gerasimov)
Georg Baselitz (* 1938)
Deutschland, 1999
Privatsammlung, Österreich, Courtesy
Galerie Thaddaeus Ropac, London/
Paris/Salzburg
▶ Abb. S. 271 | © Georg Baselitz 2017;
Foto: Lothar Schnepf, Köln

Hero, Leader, God
Alexander S. Kosolapov (* 1943)
USA, 2007
Galerie Vallois, Paris
▶ Abb. S. 272/273 | © Alexander
S. Kosolapov

Inklusive Kommunikations-Stationen (IKS)

IKS: Die Gesellschaftsordnung des Zarenreiches
Gesellschaftspyramide um 1900
Berlin, 2017
Deutsches Historisches Museum, Berlin

IKS: Der Sturz der Monarchie
Modell eines Doppeladlers mit
abnehmbarer Krone
Berlin, 2017
Deutsches Historisches Museum, Berlin

IKS: Die Oktoberrevolution und ihre Inszenierung
Filmausschnitt Oktober
Sergej M. Eisenstein (1898–1948)
Sowjetunion, 1928
Filmplakat Oktober
Foto Sergej Eisenstein, akg images /
Fototeca Gilardi, Berlin

IKS: Der Lenin-Kult
Lenin-Devotionalien, vor 1989
Deutsches Historisches Museum, Berlin

IKS: Die neue gesellschaftliche Rolle der Frau
Filmausschnitt Der schreckliche Wawila
und Tante Arina
Regie: Nikolaj P. Chodatajev;
Buch: Olga P. Chodotajeva
Sowjetunion, 1928
Filmedition Suhrkamp

IKS: Die kommunistische Symbolik der Sowjetunion
Hammer, Sichel, Ähren und roter Stern
Berlin, 2017
Deutsches Historisches Museum, Berlin

IKS: Die Russische Revolution und die Musik
Musikausschnitte: Klavierkonzert Nr. 2
c-Moll op. 18, Sergej V. Rachmaninov
(1873–1943), 1900/01
Brüder, zur Sonne, zur Freiheit,
Leonid P. Radin (1860–1900), 1895/96
Komsomolija, Nikolaj A. Roslavec
(1881–1943), 1928

IKS: Neue Formen in der Architektur
Vereinfachtes Architekturmodell der
Energiestation der Fabrik «Rote Fahne»
nach Erich Mendelsohn (1887–1953)
Berlin, 2017
Deutsches Historisches Museum, Berlin

IKS: Aufstände, Putsche und politische Morde in der Weimarer Republik 1919–1923
Taktile Karte
Deutsche Zentralbücherei für Blinde
zu Leipzig (DZB)
envision design, Chris Dormer, Berlin
Deutsches Historisches Museum, Berlin

IKS: Antibolschewismus in Europa
Plakat (Reproduktion)
Muzeum Wojska Polskiego, Warschau
(MWP 28367/11)

IKS: Der Nansen-Pass
Reproduktion
Deutsche Kinemathek – Marlene
Dietrich Collection Berlin

IKS: Russische Emigranten in Europa
Teedose mit Bouquet de Fleurs N° 108
Kusmi Tea, 2017
Deutsches Historisches Museum, Berlin

PROLOG Video-Installation
Kamera und Schnitt: Mirko Kubein
Berlin, 2017
Deutsches Historisches Museum, Berlin

Musikstation
Recherche und Inhalt: Yulia Vash-
chenko; technische Umsetzung:
Mirko Kubein
Berlin, 2017
Deutsches Historisches Museum, Berlin

Leihgeber

Das Deutsche Historische Museum dankt allen leihgebenden Institutionen und Personen für ihre Unterstützung und Kooperation:

Belarus

Staatliches Historisches Museum der Republik Belarus, Minsk

Deutschland

akg-images, Berlin

Archiv der Forschungsstelle Osteuropa an der Universität Bremen

Auswärtiges Amt – Politisches Archiv, Berlin

Badisches Landesmuseum, Karlsruhe

Bayerische Staatsbibliothek, Bildarchiv, München

Berlinische Galerie, Landesmuseum für Moderne Kunst, Fotografie und Architektur, Berlin

bpk, Berlin

Bundesarchiv, Berlin

Bundesarchiv-Filmarchiv, Berlin

Deutsche Kinemathek – Marlene Dietrich Collection Berlin

Deutsches Rundfunkarchiv. Stiftung von ARD und Deutschland-radio, Frankfurt am Main

Deutsches Schiffahrtsmuseum, Bremerhaven

Filmmuseum München

Freunde des Badischen Landes museums e. V., Karlsruhe

Friedrich-Wilhelm-Murnau-Stiftung, Wiesbaden

Gedenkstätte Buchenwald, Weimar

Georg Kolbe Museum, Berlin

Ikonen-Museum Recklinghausen

Kunstmuseum Bochum

Kupferstich-Kabinett, Staatliche Kunstsammlungen Dresden

Landesarchiv Berlin

Museum Wiesbaden

Privatsammlung Janeke, Berlin

Privatsammlung Maria von Moltke, née Atriaskin, Berlin

Privatsammlung Urbanczyk, Berlin

Sammlung Hoffmann, Berlin

Staatliche Museen zu Berlin, Kunstbibliothek

Staatliche Museen zu Berlin, Kupferstichkabinett

Staatliche Museen zu Berlin, Zentralarchiv

Staatsbibliothek zu Berlin – Preußischer Kulturbesitz

Stadtverwaltung Lutherstadt Eisleben

Stiftung Deutsches Technik-museum Berlin

Theaterwissenschaftliche Sammlung, Universität zu Köln

Tchoban Foundation, Museum für Architekturzeichnung, Berlin

ullstein bild, Berlin

Universitätsbibliothek Heidelberg

Frankreich

Association de la Maison Russe. Dépôt Musée national de l'histoire de l'immigration, Paris

Bibliothèque de Documentation Internationale Contemporaine (BDIC), Nanterre

Bibliothèque nationale de France, Paris

Centre d'archives de la Maison russe, Sainte Geneviève des Bois

Centre d'archives de la Maison russe, Sainte Geneviève des Bois / Dépôt Croix Rouge Russe Ancienne Organisation

Galerie Vallois, Paris

Mémoires d'Humanité / Archives départementales de la Seine-Saint-Denis, Bobigny

Musée des Régiments Cosaques de la Garde Impériale, Courbevoie

Musée national de l'histoire de l'immigration, Paris

Großbritannien

Bodleian Libraries, University of Oxford

British Cartoon Archive, University of Kent, Canterbury

British Pathé, London

Juliette Designs, London

Museum of London

People's History Museum, Manchester

SPUTNIK / Alamy Stock Foto, Abingdon

Working Class Movement Library, Salford

Leihgeber

Italien

Archivio Fondazione Anna Kuliscioff, Mailand

Civica Raccolta delle Stampe «Achille Bertarelli» – Castello Sforzesco – Milano, Mailand

Privatsammlung Luca Ferrero und Maurizio Scazzi, Turin

Privatsammlung Luigi Martini, Rom/Ravenna

Scalarini Heirs, Mailand

Österreich

Österreichisches Filmmuseum, Wien

Privatsammlung, Österreich, Courtesy Galerie Thaddaeus Ropac, London/Paris/Salzburg

Polen

Muzeum Narodowe w Warszawie, Warschau

Muzeum Niepodległości w Warszawie, Warschau

Muzeum Wojska Polskiego, Warschau

Piotr Mitzner, Warschau

Russische Föderation

Das staatliche A. W. Schtschussew Museum der Architektur, Moskau

Das Staatliche Historische Museum, Moskau

Die Staatliche Tretjakow Galerie, Moskau

Haus Russland im Ausland, Moskau

Multimedia Art Museum, Moskau

Russische Nationalbibliothek, St. Petersburg

Russische Staatsbibliothek, Moskau

Russisches Ethnografisches Museum, St. Petersburg

Russisches Staatsarchiv für sozial-politische Geschichte, Moskau

Russisches Staatliches Archiv für Film- und Fotodokumente, Krasnogorsk

Staatliches Archiv für Film- und Fotodokumente, St. Petersburg

Staatliches Literaturmuseum, Moskau

Staatliches Museum für Politische Geschichte Russlands, St. Petersburg

Staatliches Museum für Zeit-genössische Geschichte Russlands, Moskau

Swerdlowsk Regionalmuseum, Jekaterinburg

Schweiz

Fotografisches Archiv Zimmerwald, André Roulier

Martin Kamer, Schweiz

Schweizerisches Nationalmuseum, Zürich

Schweizerisches Sozialarchiv, Zürich

Universitätsbibliothek Basel, Handschriften und Alte Drucke

Ukraine

Nationales Museum der Geschichte der Ukraine, Kiew

Zentrales Staatliches Film- und Foto-archiv der Ukraine G. S. Pšeničnyj, Kiew

Ungarn

Budapest History Museum, Museum Kiscell – Department of City History

Budapest History Museum, Museum Kiscell – Municipal Gallery

Széchényi Nationalbibliothek (OSZK), Budapest

Hungarian National Museum, Budapest

Verteidigungsministerium, Militärhistorisches Institut und Museum, Budapest

USA

Archive of the YIVO Institute for Jewish Research, New York

sowie weiteren Leihgebern, die ungenannt bleiben wollen.

Dank

Für ihre Mitwirkung an der Video-Installation danken wir herzlich:

Marianne Birthler, Berlin

Gregor Gysi, Berlin

Victor W. Jerofejew, Moskau

Nino Haratischwili, Hamburg

Andrej Hermlin, Berlin

Wladimir Kaminer, Berlin

Gabriele Krone-Schmalz, Lindlar

Maria von Moltke, Berlin

Irina L. Scherbakowa, Moskau

Michail J. Schwydkoi, Moskau

Weiterhin sei allen gedankt, die zur Entstehung der Sonderausstellung beigetragen und sie mit Rat und Tat unterstützt haben:

Swetlana Artamonowa, Moskau

Jürgen Ast, Berlin

Swetlana Chodakowskaja, St. Petersburg

Roland Enke, Dresden

Jana Grischina, Moskau

Tatjana Gubanowa, Moskau

Stephanie von Hayek, Berlin

Werner Helber, Oberstenfeld/Gronau

Alexander Ishchuk, Kiew

Marina Isjumskaja, Moskau

Natalja Kargopolowa, Moskau

Karoline Kerkai, Budapest

Sarah Kindermann, Berlin

Maria Klassen, Bremen

Diana Kondratjenko, Moskau

Svetlana Korepanova, Jekaterinburg

Anne-Dorte Krause, Berlin

Zoya Kurjanowa, Minsk

Claudia Küchler, Berlin

Michael Kunzel, Berlin

Ferdinando Levi, Mailand

Noëla Levi, Mailand

Olga Litwinowa, Moskau

Sven Lüken, Berlin

Nick Mansfield, Manchester

Floriana Marini, Berlin

Swetlana Maslowa, Moskau

Pascale Meyer, Zürich

Matthias Miller, Berlin

Regula Moser, Zürich

Clemens Niedenthal, Berlin

Katarzyna Nowak, Berlin

Natalja Papanowa, Moskau

Roland Perényi, Budapest

Brigitte Reineke, Berlin

Gergely Sallay, Budapest

Darren Treatwell, Manchester

Natalja Tschewtajkina, Moskau

Philipp Steinkamp, Berlin

Yulia Vashchenko, Berlin

Anna-Sabina Wälli, Zürich

Thomas Weißbrich, Berlin

Anne-Katrin Ziesak, Berlin

sowie dem Deutsch-Russischen Museum Berlin-Karlshorst für die Unterstützung durch die Ausleihe von Tablets.

Schreibweisen und Kalender

Diese Veröffentlichung ist nach den Regeln der neuen Rechtschreibung gesetzt. Ausnahmen bilden Texte, bei denen künstlerische, philologische oder lizenzrechtliche Gründe einer Änderung entgegenstehen. Wenn aus Quellen zitiert wurde, werden die Originalvorlagen ohne sprachliche Veränderungen wiedergegeben. Aus Gründen der besseren Lesbarkeit wird auf die gleichzeitige Verwendung männlicher und weiblicher Sprachformen verzichtet. Sämtliche Personenbezeichnungen gelten gleichermaßen für beiderlei Geschlecht.

Die Umschrift russischer Wörter folgt der Dudenumschrift (Transkription). Dasselbe gilt für Personennamen, sofern sich hier keine eigene Schreibweise eingebürgert hat oder von Personen selbst gewählt wurde. Die Angaben in den Anmerkungen und im Objektverzeichnis folgen zugunsten der Eindeutigkeit der wissenschaftlichen Transliteration.

Die Hauptstadt Russlands war bis 1918 St. Petersburg, das 1914 nach Ausbruch des Ersten Weltkrieges in Petrograd umbenannt wurde. Von 1924 bis 1991 hieß die Stadt Leningrad, danach wieder St. Petersburg. Das Russische Reich wird in diesem Katalog bis zur Oktoberrevolution 1917 mit «Russland» bezeichnet. Bis zur Gründung der Sowjetunion, also bis zum 31. Dezember 1922, heißt der von den Bolschewiki beherrschte Teil des Landes, der größtenteils aus der Russischen Sozialistischen Föderativen Sowjetrepublik (RSFSR) bestand, «Sowjetrussland», seit 1923 heißt der Staat «Union der Sozialistischen Sowjetrepubliken» (UdSSR), hier kurz «Sowjetunion».

Die Angabe der historischen Daten folgt dem jeweils gültigen Kalender. In Russland galt bis zum 31. Januar 1918 der Julianische Kalender (alter Stil/a. St.), der gegenüber dem im übrigen Europa gültigen Gregorianischen Kalender (neuer Stil/n. St.) eine Differenz von 13 Tagen aufwies. Durch die Kalenderreform folgte demnach auf den 31. Januar der 14. Februar. Die Februarrevolution erfolgte also nach dem alten Stil am 27. Februar, nach dem neuen Stil am 12. März, die Oktoberrevolution am 25. Oktober bzw. 7. November.

Impressum

Diese Publikation erscheint anlässlich der Ausstellung

1917. Revolution.
Russland und Europa

Deutsches Historisches Museum, Berlin
18. Oktober 2017 – 15. April 2018
www.dhm.de

AUSSTELLUNG

**DEUTSCHES
HISTORISCHES
MUSEUM**

Gefördert von:

Die Beauftragte der Bundesregierung
für Kultur und Medien

Präsident
Raphael Gross

Abteilungsdirektorin
Ulrike Kretzschmar

Projektleitung
Arnulf Scriba

Konzept
Kristiane Janeke

Kuratorinnen
Julia Franke, Kristiane Janeke

Projektassistenz
Susanne Narock

Fachbeirat
Helmut Altrichter, Jörg Baberowski,
Stefan Karner, Horst Möller,
Igor Narskij, Werner Plumpe,
Martin Sabrow, Jutta Scherrer

Stud. Praktikanten
Freya Elvert, Stefan Jehne

Ausstellungsgestaltung
Nadine Rasche, Werner Schulte,
Lisa Jander (Stud. Praktikantin)

Inklusion und Barrierefreiheit
Allgemeiner Blinden- und Sehbehin-
dertenverein Berlin gegr. 1874 e. V.
AWO Büro Leichte Sprache, Berlin
Deutsche Zentralbücherei für Blinde
zu Leipzig (DZB), Leipzig (Taktile Me-
dien) / Sign support, Berlin (DGS-
Dolmetscherin) / yomma Schäfer &
Sequeira Gerardo GbR, Berlin

Hörführung
Katja Hauser, Florian Wieler
(Konzept und Texte)
Philipp Gromov, Stephen Locke
(Übersetzungen)
Tonstudio K 13, Kinomischung, Berlin

Ausstellungsgrafik
BOK + Gärtner GmbH, Berlin/Münster

Grafikproduktion
Digidax, Potsdam

Karten
envision design, Chris Dormer, Berlin

Ausstellungsplakat
Stan Hema GmbH, Berlin

Übersetzungen
ins Englische: Schneiders-
Sprach-Service, Berlin
aus dem Russischen: Natalja
Ilkewitsch, Kristiane Janeke

**Mediengestaltung/Medientechnik,
Schnitt Film und Ton**
Mirko Kubein

Musikstation
Yulia Vashchenko
(Recherche und Texte)

Medienstation
Juliane Haubold-Stolle
(Recherche und Texte)
Sandra Grabowski
(Technische Umsetzung)

Leihverkehr
Regina Gelbert

Controlling
Manuela Itzigehl, Nathalie Scholz

Ausstellungsaufbau/Werkstätten
Nicholas Kaloplastos (Leitung),
Jens Albert, Sven Brosig, Christin Elle,
Anette Forkert, Susanne Hennig,
Torsten Ketteniß, Katrin Kunze,
Klaus-Michael Kurze, Holger Lehmann,
Jörg Petzold, Ralf Schulze, Thomas
Strehl, Stefan Thimm, Gunnar Wilhelm

Tischlerarbeiten
Restaurierungswerkstätten Berlin
GmbH, Berlin

Malerarbeiten
Malermeister Antosch, Berlin

Exponateinrichtung
Abrell & van den Berg –
Ausstellungsservice GbR, Berlin